Zusätzliche digitale Inhalte für Sie!

Zu diesem Buch stehen Ihnen kostenlos folgende digitale Inhalte zur Verfügung:

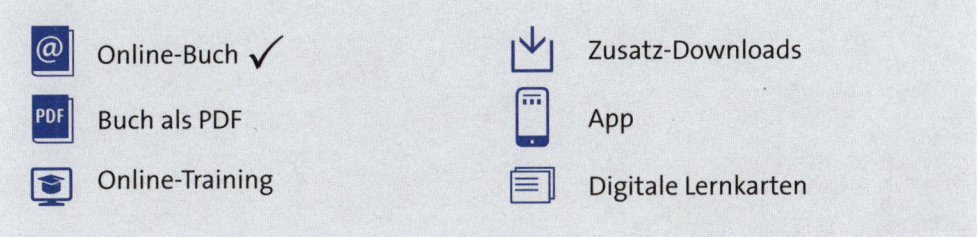

@ Online-Buch ✓	↓ Zusatz-Downloads
PDF Buch als PDF	App
Online-Training	Digitale Lernkarten

Schalten Sie sich das Buch inklusive Mehrwert direkt frei.

Scannen Sie den QR-Code **oder** rufen Sie die Seite **www.kiehl.de** auf. Geben Sie den Freischaltcode ein und folgen Sie dem Anmeldedialog. Fertig!

Ihr Freischaltcode

OHSL-DHVY-WOHK-LAEM-HBWF-W

www.kiehl.de

Prüfungsklassiker Rechnungswesen für Steuerfachangestellte

137 typische Prüfungsaufgaben und Lösungen

Von
Ass. jur. Heiko Schulz

6., aktualisierte Auflage

ISBN 978-3-470-65166-8 · 6., aktualisierte Auflage 2020

© NWB Verlag GmbH & Co. KG, Herne 2014
  www.kiehl.de

Kiehl ist eine Marke des NWB Verlags

Druck: medienHaus Plump GmbH, Rheinbreitbach – mdpkl

Vorwort

Kennen Sie das? Sie haben sich endlich dazu entschlossen, für die Abschlussprüfung zu lernen. Aber wo sollen Sie anfangen? Sie haben mehrere Lehrbücher zur Auswahl, aber die Zeit drängt und ein komplettes Durcharbeiten ist jetzt nicht mehr möglich. Sie haben Ihre Unterlagen aus dem theoretischen Unterricht der letzten Jahre und Sie stellen sich die Frage, ob es wirklich Sinn macht, da jetzt noch einmal einzusteigen.

Das Ihnen vorliegende Buch *Prüfungsklassiker Rechnungswesen für Steuerfachangestellte* bietet Ihnen die einmalige Möglichkeit, sich sicher, umfassend und zügig auf die Abschlussprüfung vorzubereiten. Es beinhaltet alle klassischen Prüfungsaufgaben der verschiedenen Bundesländer der letzten Jahre. Allein durch das sichere Beherrschen der Klassiker ist das Bestehen der Klausur sofort gewährleistet. Zu jedem einzelnen Thema gibt es einen Hinweis auf die Prüfungswahrscheinlichkeit – dies hilft Ihnen enorm, das Wichtige vom Unwichtigen zu trennen, insbesondere wenn die Zeit drängt. Zudem gibt es nützliche Informationen zur Aufgabenstellung des Prüfungsamtes, denn des Öfteren besteht die Schwierigkeit gar nicht in der eigentlichen Lösung, sondern in dem Erfassen des Sachverhaltes (was möchte das Prüfungsamt eigentlich von mir?). Außerdem wird auf die klassischen Fehlerquellen und die „Fallen" des Prüfungsamtes besonders hingewiesen.

Zudem erschöpfen sich die Prüfungsklassiker nicht in der Darstellung der Lösung zu den entsprechenden Aufgaben, sondern handeln die einzelnen Themengebiete in der gebotenen Kürze theoretisch ab und erklären die Lösungen. Insofern halten Sie eine Mischung aus einem Lehrbuch und einer Fallsammlung von klassischen Prüfungsaufgaben in Ihren Händen.

Der Aufbau des Buches gibt Ihnen die Gelegenheit, die einzelnen Themengebiete schichtweise auf dem erforderlichen Prüfungsniveau abzuarbeiten. So wird der am Anfang als unüberwindbar angesehene Berg der zu bewältigenden Stoffmenge Stück für Stück kleiner.

Die Prüfungsklassiker eignen sich aber nicht nur zur direkten Prüfungsvorbereitung, sondern auch schon während der Ausbildung bzw. zur Begleitung des theoretischen Unterrichts als ideale Lernkontrolle nach jedem Themenabschnitt. Je früher Sie auf Abschlussprüfungsniveau üben, desto besser!

Auch für die Ausbilder und Dozenten dürften die Prüfungsklassiker interessant und bei der Suche nach passenden Übungsfällen in den verschiedenen Varianten mit dem unterschiedlichen Schwierigkeitsgrad der verschiedenen Bundesländer behilflich sein. Es gibt Anreize für neue Fragestellungen und eine Füllmenge an neuen Übungsaufgaben.

Aufbau, Stoffauswahl und Didaktik wurden in langjährigen Lehrveranstaltungen erprobt und haben sich im Unterricht ausgesprochen gut bewährt.

Bremen, im Januar 2020   *Heiko Schulz*

Benutzungshinweise

Diese Symbole erleichtern Ihnen die Arbeit mit diesem Buch:

 TIPP

Hier finden Sie nützliche Hinweise zum Thema.

 MERKE

Das X macht auf wichtige Merksätze oder Definitionen aufmerksam.

 ACHTUNG

Das Ausrufezeichen steht für Beachtenswertes, wie z. B. Fehler, die immer wieder vorkommen, typische Stolpersteine oder wichtige Ausnahmen.

 INFO

Hier erhalten Sie nützliche Zusatz- und Hintergrundinformationen zum Thema.

 RECHTSGRUNDLAGEN

Das Paragrafenzeichen verweist auf rechtliche Grundlagen, wie z. B. Gesetzestexte.

 MEDIEN

Das Maus-Symbol weist Sie auf andere Medien hin. Sie finden hier Hinweise z. B. auf Download-Möglichkeiten von Zusatzmaterialien, auf Audio-Medien oder auf die Website von Kiehl.

Feedbackhinweis

Kein Produkt ist so gut, dass es nicht noch verbessert werden könnte. Ihre Meinung ist uns wichtig. Was gefällt Ihnen gut? Was können wir in Ihren Augen verbessern? Bitte schreiben Sie einfach eine E-Mail an: **feedback@kiehl.de**

Vorbemerkung

Zu Beginn eines jeden Kapitels erhalten Sie nützliche Hinweise zur Prüfungswahrscheinlichkeit der einzelnen Themengebiete. Diese ist immer in Tabellenform dargestellt und soll im Folgenden anhand des >>**Kapitels 1. Buchungen im Warenverkehr** erläutert werden:

Steuerberater-kammern	Anzahl ausgewerteter Klausuren	Prüfungswahr-scheinlichkeit	Erreichbare Punktzahl
Verbund	15	100 %	3,0 - 10,0
NRW	25	20 %	4,0 - 11,0

Seit der Sommerprüfung 2012 werden die Abschlussprüfungen der Steuerfachangestellten im **Klausurenverbund**[1] bundesweit einheitlich gestellt. Vorliegend wurden **alle** bisherigen Klausuren des Verbundes (vom Sommer 2012 bis einschließlich Sommer 2019 – also insgesamt 15 Klausuren) ausgewertet.

Für **NRW** (nicht im Verbund) konnten insgesamt 25 Klausuren (ab Sommer 2007 bis einschließlich Sommer 2019) ausgewertet werden.

Im **Verbund** ist z. B. das Themengebiet *Buchungen im Warenverkehr* bisher in allen 15 Klausuren Aufgabenstellung gewesen. Daraus folgt eine Prüfungswahrscheinlichkeit von 100 %.

In **NRW** ist dieses Themengebiet hingegen lediglich 5x abgeprüft worden. Daraus folgt eine Prüfungswahrscheinlichkeit von 20 % (5 aus 25).

Die Bandbreite der erreichbaren Punktzahl resultiert einmal aus der Klausur, in welcher es die geringste Punktzahl für das entsprechende Themengebiet gab (z. B. bei den *Buchungen im Warenverkehr* im Verbund ist das die Sommerprüfung 2016) und einmal aus der Klausur, in welcher es die höchste Punktzahl für das entsprechende Themengebiet gab (z. B. bei den *Buchungen im Warenverkehr* im Verbund ist das die Sommerprüfung 2013).

Diese Tabellen mit den Prüfungswahrscheinlichkeiten geben Ihnen die Möglichkeit das Wichtige vom Unwichtigen zu trennen, insbesondere wenn die Zeit drängt und die Abschlussprüfung unmittelbar bevorsteht. Bedenken Sie aber, dass diese statistische und stochastische Auswertung sich naturgemäß nur auf die Vergangenheit beziehen kann. Eine ganz sichere Prognose für die Gegenwart (Abschlussprüfungen 2020) ist nie möglich.

Es gilt aber auch:

„Wer vor der Vergangenheit die Augen verschließt, wird blind für die Gegenwart."
(Richard von Weizsäcker)

---

[1] Der Klausurenverbund besteht aus 13 von insgesamt 21 Steuerberaterkammern. Die folgenden Kammern beteiligen sich am Klausurenverbund: Berlin, Brandenburg, Bremen, Hamburg, Mecklenburg-Vorpommern, München, Niedersachsen, Nürnberg, Rheinland-Pfalz, Sachsen, Sachsen-Anhalt, Schleswig-Holstein und Thüringen.

1. Buchungen im Warenverkehr

 INFO

Steuerberater-kammern	Anzahl ausgewer-teter Klausuren	Prüfungswahr-scheinlichkeit	Erreichbare Punktzahl
Verbund	15	100 %	3,0 - 10,0
NRW	25	20 %	4,0 - 11,0

Besonderheiten: Alle bisherigen **Verbundklausuren** haben mit diesem Themengebiet (oder mit Import/Export-Aufgaben) begonnen. In **NRW** hingegen sind die Buchungen im Warenverkehr bereits Bestandteil in den **Zwischenprüfungen** (dort ein absoluter Klassiker).

Grundsätzlich sind folgende aufeinander aufbauende Geschäftsvorfälle denkbar:

Aus Sicht des **Käufers:**

► Zieleinkauf von Waren (eventuell mit Bezugsnebenkosten)

► Warenrücksendungen und Gutschriften

► Preisnachlässe und Preisabzüge (insbesondere **erhaltener Skonto**).

Aus Sicht des **Verkäufers:**

► Zielverkauf von Waren (eventuell mit Vertriebskosten)

► Warenrücksendungen und Gutschriften

► Preisnachlässe und Preisabzüge (insbesondere **gewährter Skonto**).

Aus Sicht des **Käufers** ergeben sich folgende Buchungssätze:

Zieleinkauf von Waren ohne Bezugsnebenkosten

Sollkonto (SKR 04/SKR 03)	Habenkonto (SKR 04/SKR 03)
5200/3200 Wareneingang	3310/1610 VerbaLuL
1400/1570 Abziehbare VoSt	

Zieleinkauf von Waren mit Bezugsnebenkosten

Sollkonto (SKR 04/SKR 03)	Habenkonto (SKR 04/SKR 03)
5200/3200 Wareneingang	3310/1610 VerbaLuL
5800/3800 Bezugsnebenkosten	
1400/1570 Abziehbare VoSt	

Warenrücksendungen

Sollkonto (SKR 04/SKR 03)	Habenkonto (SKR 04/SKR 03)
3310/1610 VerbaLuL	5200/3200 Wareneingang
	1400/1570 Abziehbare VoSt

Gutschriften und Preisnachlässe

Sollkonto (SKR 04/SKR 03)	Habenkonto (SKR 04/SKR 03)
3310/1610 VerbaLuL	5700/3700 Nachlässe Wareneingang[1]
	1400/1570 Abziehbare VoSt

Erhaltener Skonto

Sollkonto (SKR 04/SKR 03)	Habenkonto (SKR 04/SKR 03)
3310/1610 VerbaLuL	1800/1200 Bank
	5700/3700 Nachlässe Wareneingang[2]
	1400/1570 Abziehbare VoSt

Aus Sicht des **Verkäufers** ergeben sich folgende Buchungssätze:

Zielverkauf von Waren ohne Vertriebskosten

Sollkonto (SKR 04/SKR 03)	Habenkonto (SKR 04/SKR 03)
1210/1410 FordaLuL	4000/8000 Umsatzerlöse
	3800/1770 USt

Zielverkauf von Waren mit Vertriebskosten, die vom Verkäufer getragen werden:

Sollkonto (SKR 04/SKR 03)	Habenkonto (SKR 04/SKR 03)
1210/1410 FordaLuL	4000/8000 Umsatzerlöse
	3800/1770 USt

---

[1] NRW: 5200/3200 Wareneingang.

[2] NRW: Erhaltener Skonto.

Sollkonto (SKR 04/SKR 03)	Habenkonto (SKR 04/SKR 03)
6700/4700 Kosten der Warenabgabe	3310/1610 VerbaLuL
1400/1570 Abziehbare VoSt	

Warenrücksendungen

Sollkonto (SKR 04/SKR 03)	Habenkonto (SKR 04/SKR 03)
4000/8000 Umsatzerlöse	1210/1410 FordaLuL
3800/1770 USt	

Gutschriften und Preisnachlässe

Sollkonto (SKR 04/SKR 03)	Habenkonto (SKR 04/SKR 03)
4700/8700 Erlösschmälerungen[1]	1210/1410 FordaLuL
3800/1770 USt	

Gewährter Skonto

Sollkonto (SKR 04/SKR 03)	Habenkonto (SKR 04/SKR 03)
1800/1200 Bank	1210/1410 FordaLuL
4700/8700 Erlösschmälerungen[2]	
3800/1770 USt	

Aufgabe 1: Zieleinkauf von Waren mit Rücksendung und Skonto

Griesion Strauß kaufte Waren für insgesamt 6.000 € zzgl. 19 % USt auf Ziel. Griesion Strauß schickte einen Teil der Waren zurück, da diese mangelhaft waren. Er erhielt hierüber eine Gutschriftanzeige des Lieferanten über 900 € zzgl. 19 % USt. Der Restbetrag wurde unter Abzug von 3 % Skonto überwiesen.

Buchen Sie den Rechnungseingang, die Gutschriftsanzeige und die Banküberweisung.

Lösung s. Seite 126

Aufgabe 2: Zieleinkauf von Waren mit Bezugsnebenkosten und Skonto

Griesion Strauß kaufte Waren auf Ziel (25.550 € Warenwert zzgl. 19 % USt). Für den Transport dieser Waren wurden ihm weitere 780 € zzgl. 19 % USt in Rechnung gestellt. Er bezahlte die Rechnung unter Abzug von **3 % Skonto auf den Warenwert** in bar.

Buchen Sie die Eingangsrechnung und den Zahlungsvorgang.

Lösung s. Seite 126

---

[1] NRW: 4000/8000 Umsatzerlöse.

[2] NRW: Gewährter Skonto.

Aufgabe 3: Zieleinkauf von Waren mit Bezugsnebenkosten, Rücksendung, Gutschrift und Skonto

Griesion Strauß kaufte Waren (10 Dynavox AS-301 High-Class-Satelliten-Lautsprecher) auf Ziel und erhielt folgende **ordnungsgemäße** Rechnung:

Nettolistenpreis 10 Lautsprecher à 31,70 €	317,00 €
abzgl. 8 % Sondersofortrabatt	25,36 €
Rechnungspreis, netto	**291,64 €**
zzgl. Fracht und Verpackung	60,00 €
Rechnungspreis, netto	**351,64 €**
zzgl. 19 % USt	66,81 €
Rechnungsbetrag, brutto	**418,45 €**

Als gewissenhafter Kaufmann überprüfte Herr Strauß die Lautsprecher direkt beim Erhalt der Waren (vgl. § 377 Abs. 1 HGB). Erbost stellte er fest, dass 7 Lautsprecher völlig unbrauchbar waren. Griesion Strauß schickte diese 7 Lautsprecher deshalb direkt an seinen Lieferanten zurück und vereinbarte eine Gutschrift für die **anteiligen** Fracht- und Verpackungskosten. Für die anderen 3 Lautsprecher erhielt Herr Strauß einen Preisnachlass i. H. v. 40 %, da diese leichte Farbunregelmäßigkeiten aufwiesen.

Herr Strauß überwies den **Restbetrag** unter Abzug von 3 % Skonto auf den Warenwert.

a) Buchen Sie den Rechnungseingang.

b) Buchen Sie die Rücksendung der 7 Lautsprecher.

c) Buchen Sie den Preisnachlass für die 3 Lautsprecher.

d) Buchen Sie den Zahlungsvorgang unter Abzug des Skontos.

Lösung s. Seite 127

Aufgabe 4: Zielverkauf von Waren mit Rücksendung und Skonto

Griesion Strauß verkaufte Waren für insgesamt 18.900 € netto auf Ziel. Der Käufer schickte Herrn Strauß ¼ der Waren zurück, da diese mangelhaft waren. Den Restbetrag überwies der Käufer unter Abzug von 3 % Skonto.

Buchen Sie den Zielverkauf, die Warenrücksendung und die Bankgutschrift.

Lösung s. Seite 129

Aufgabe 5: Die Eingangs- und Ausgangsrechnung

Folgende ordnungsgemäße Rechnung liegt vor (Auszug):

Fußball (Derbystar)	77,80 €
+ Porto	4,90 €
+ Verpackung	3,30 €
Rechnungspreis netto	**86,00 €**
+ USt (19 %)	16,34 €
Rechnungsbetrag brutto	**102,34 €**

a) Buchen Sie diese Rechnung aus Sicht des Käufers (Eingangsrechnung).

b) Buchen Sie diese Rechnung aus Sicht des Verkäufers (Ausgangsrechnung).

Lösung s. Seite 129

Aufgabe 6: (Nur) Zahlungsvorgang unter Abzug von Skonto

Griesion Strauß hatte vor ein paar Tagen Waren auf Ziel verkauft. Nun erhält er hierfür eine Bankgutschrift i. H. v. 3.462,90 €. Der Käufer hatte bei der Überweisung zulässigerweise Skonto i. H. v. 3 % abgezogen.

Buchen Sie die Bankgutschrift.

Lösung s. Seite 130

Aufgabe 7: Bratwürstchen aus Nürnberg

Griesion Strauß betreibt in Bremen eine Landschlachterei. Aufgrund der großen Nachfrage handelt er seit einiger Zeit auch mit Bratwürstchen aus Nürnberg. Bei seiner Großhändlerin Katja Rost kaufte er 8.000 Bratwürstchen für insgesamt 1.037,90 € inkl. USt.

Buchen Sie den Rechnungseingang.

Abwandlung:
In dem o. a. Gesamtkaufpreis befinden sich auch Fracht- und Verpackungskosten i. H. v. 32,10 €.

Lösung s. Seite 131

Aufgabe 8: Das verflixte Verpackungsmaterial

Die Kunden von Griesion Strauß können sich diverse Waren auf Bestellung nach Hause liefern lassen. Aus diesem Grund bestellt Griesion Strauß regelmäßig Verpackungsmaterial zum Versand seiner Waren. Er erhält eine Rechnung für den Kauf von Verpackungsmaterial i. H. v. 1.800 € zzgl. 19 % USt. Zusätzlich werden ihm Versandkosten H. v. 105 € zzgl. 19 % USt in Rechnung gestellt. 10 Tage nach Erhalt dieser Rechnung zahlt Griesion Strauß vereinbarungsgemäß unter Abzug von 3 % Skonto auf den Warenwert per Überweisung.

Buchen Sie den Rechnungseingang und den Zahlungsvorgang.

Lösung s. Seite 131

Aufgabe 9: Die MMS Transport und Umwelt GmbH

Buchen Sie die Überweisung der folgenden ordnungsgemäßen Eingangsrechnung der MMS Transport und Umwelt GmbH für Griesion Strauß von seinem betrieblichen Bankkonto:

Warentransport zur Kundin Bar Rafaello	150,00 €
Warentransport von der Lieferantin Mandarine Kerr	250,00 €
Umzugstransport für Milka Kunis (das ist die Tochter von Griesion Strauß)	400,00 €
Transport eines Schreibtisches von der Verkäuferin Megan Fix zu Griesion Strauß	40,00 €
zzgl. 19 % USt	159,60 €
Bruttorechnungsbetrag	**999,60 €**

Lösung s. Seite 132

2. Import – Export

 INFO

Steuerberater-kammern	Anzahl ausgewer-teter Klausuren	Prüfungswahr-scheinlichkeit	Erreichbare Punktzahl
Verbund	15	100 %	2,0 - 15,0
NRW	25	32 %	3,0 - 14,5

Besonderheiten: In **allen** bisherigen Verbundklausuren ist dieses Themenge-biet als **zweite Aufgabe** (nach den Buchungen im Warenverkehr) oder als erste Aufgabe (vor den Buchungen im Warenverkehr) gestellt worden.

Grundsätzlich vorstellbar sind folgende Geschäftsvorfälle:

▸ **Variante 1:** Verkauf von Waren in das übrige Gemeinschaftsgebiet (= **inner-gemeinschaftliche Lieferung**)

▸ **Variante 2:** Kauf von Waren aus dem übrigen Gemeinschaftsgebiet (= **inner-gemeinschaftlicher Erwerb**)

▸ **Variante 3:** Verkauf von Waren in ein Drittland (= **Ausfuhrlieferung**)

▸ **Variante 4:** Kauf von Waren aus einem Drittland (= **Einfuhr**).

Damit ergeben sich grundsätzlich folgende Buchungssätze:

Variante 1 (innergemeinschaftliche Lieferung)
Eine innergemeinschaftliche Lieferung liegt vor, wenn die Ware vom Inland in das üb-rige Gemeinschaftsgebiet gelangt. Die **innergemeinschaftliche Lieferung** ist unter den Voraussetzungen des **§ 4 Nr. 1b i. V. m. § 6a Abs. 1 UStG steuerfrei.**

Sollkonto (SKR 04/SKR 03)	Habenkonto (SKR 04/SKR 03)
1210/1410 FordaLuL	4125/8125 Steuerfreie innergemeinschaft-liche Lieferungen (i. L.)

Variante 2 (innergemeinschaftlicher Erwerb)
Ein innergemeinschaftlicher Erwerb liegt vor, wenn die Ware vom übrigen Gemein-schaftsgebiet in das Inland gelangt. Vorsteuerabzugsberechtigte Unternehmer kön-nen gem. **§ 15 Abs. 1 Nr. 3 UStG** als Erwerber die Erwerbsteuer als **Vorsteuer abziehen.** Der **innergemeinschaftliche Erwerb** gegen Entgelt ist unter den Voraussetzungen des **§ 1 Abs. 1 Nr. 5 i. V. m. § 1a Abs. 1 UStG steuerbar.**

Damit ist die **Lieferung im Bestimmungsland steuerpflichtig**, d. h. **Steuerschuldner** ist nicht der Lieferer, sondern der **Erwerber.**

Sollkonto (SKR 04/SKR 03)	Habenkonto (SKR 04/SKR 03)
5425/3420 Innergemeinschaftlicher Erwerb (i. E.)	3310/1610 VerbaLuL
1402/1572 Vorsteuer aus i. E.	3802/1772 USt aus i. E.

Variante 3 (Ausfuhrlieferung)

Eine Ausfuhrlieferung liegt vor, wenn die Ware vom Inland in ein Drittland gelangt. Die **Ausfuhrlieferung** ist unter den Voraussetzungen des **§ 4 Nr. 1a i. V. m. § 6 Abs. 1 Satz 1 Nr. 1 und 2 UStG steuerfrei**.

Sollkonto (SKR 04/SKR 03)	Habenkonto (SKR 04/SKR 03)
1210/1410 FordaLuL	**4120/8120 Steuerfreie Umsätze § 4 Nr. 1a UStG**

Variante 4 (Einfuhr)

Eine Einfuhr liegt vor, wenn die Ware aus dem Drittland in das Inland gelangt. Die bei der Einfuhr entrichtete **Einfuhrumsatzsteuer (EUSt)** ist für den Unternehmer gem. **§ 15 Abs. 1 Nr. 2 UStG als Vorsteuer abziehbar**.

Sollkonto (SKR 04/SKR 03)	Habenkonto (SKR 04/SKR 03)
5559/3559 Einfuhren	3310/1610 VerbaLuL

Ist im Kaufvertrag die Lieferkondition „unverzollt und unversteuert" vereinbart, schuldet der Leistungsempfänger (also der Käufer) Zoll und EUSt, die er laut Aufgabenstellung meistens per Banküberweisung begleicht.

Sollkonto (SKR 04/SKR 03)	Habenkonto (SKR 04/SKR 03)
5840/3850 Zölle	1800/1200 Bank
1433/1588 Entstandene EUSt	1800/1200 Bank

 INFO

In den ersten Verbundklausuren sind lediglich diese vier Varianten in der Grundkonstellation abgeprüft worden. In den neueren Verbundklausuren gibt es auch **bei Import/Export** Aufgaben, in denen **Warenrücksendungen, Gutschriften** und **Preisnachlässe** (insbesondere **Skonto**) gebucht werden müssen. Dies ist aber lediglich eine konsequente Weiterentwicklung der vier Grundvarianten, denn aus welchem Grund soll es z. B. bei einem Zahlungsvorgang nach einem innergemeinschaftlichen Erwerb keinen Skonto geben?

Sachverhalt und Aufgabenstellung
Die Unternehmerin Martina Kreuzberg betreibt in Berlin einen Fanshop für diverse Eishockey-Fanartikel. Buchen Sie die folgenden Geschäftsvorfälle und geben Sie die Gewinnauswirkung (gewinnerhöhend, gewinnmindernd oder gewinnneutral) in Euro an.

Aufgabe 1: Einfuhr mit Bezugsnebenkosten

Zieleinkauf von 10.000 Krefeld Pinguine Schlüsselbändern aus Sichuan (China) für umgerechnet insgesamt 19.900 € (1,99 €/Stück).

Für den Transport wurden Frau Kreuzberg pro angefangene 250 Stück zusätzlich umgerechnet 7,50 € in Rechnung gestellt.

Die Einfuhrabgaben wurden aufgrund des Einfuhrabgabenbescheids von Frau Kreuzberg an das Hauptzollamt per Banküberweisung bezahlt: Zoll i. H. v. 4 % (808 €) und EUSt.

Lösung s. Seite 133

Aufgabe 2: Innergemeinschaftlicher Erwerb mit Preisnachlass und Skonto

Zieleinkauf von 500 Krefeld Pinguine Deutscher Meister 2003 Pin Bilderrahmen aus Concarneau (Frankreich) für 2.495 € (4,99 €/Stück).

Leider musste Frau Kreuzberg bei Erhalt der Lieferung am 28.05. feststellen, dass 100 Bilderrahmen leichte Kratzer aufweisen. Sie einigte sich mit ihrem Lieferanten aus Concarneau am 01.06. auf einen Preisnachlass i. H. v. 40 % auf die beschädigten Bilderrahmen.

Schließlich überwies Frau Kreuzberg am 05.06. den Restbetrag unter Abzug von 3 % Skonto per Banküberweisung.

Lösung s. Seite 133

Aufgabe 3: Innergemeinschaftliche Lieferung mit Gutschrift und Skonto

Martina Kreuzberg verkaufte am 09.06. 30 der aus Concarneau eingekauften Bilderrahmen (ohne Kratzer) für 374,25 € an einen Unternehmer in Gedesby (Dänemark) auf Ziel. Für den Versand berechnete sie zusätzlich 25,75 €.

Leider hatte Frau Kreuzberg die Bilderrahmen nicht in der bestellten Farbe geliefert. Gegen eine Gutschrift i. H. v. 20 % des Warenwertes erklärte sich der Unternehmer in Gedesby am 11.06. bereit, die Bilderrahmen zu behalten.

Am 17.06. überwies der Unternehmer aus Dänemark den Restbetrag unter Abzug von 2 % Skonto auf den (restlichen) Warenwert.

Lösung s. Seite 134

Aufgabe 4: Ausfuhrlieferung mit Preisnachlass und Skonto

An eine **Privatperson** in Moskau verkaufte Martina Kreuzberg am 10.06. ein Original-trikot der Krefeld Pinguine aus der Meistersaison 2003 für 89,90 € auf Ziel. Für den Versand berechnete sie zusätzlich 9,90 €.

Am 20.06. meldete sich der Käufer bei Frau Kreuzberg telefonisch und teilte mit, er hät-te ein Trikot mit der Namensbeflockung des damaligen Topscorers Prad Purdie bestellt. Tatsächlich geliefert worden sei aber ein Trikot mit der Beflockung Christoph Brandner.

Nachdem Frau Kreuzberg den Irrtum ihres Käufers am Telefon aufklären konnte (die Bestellung bezog sich nur auf den Topscorer – der tatsächliche Topscorer der Saison 2002/2003 war Christoph Brandner), erklärte sie sich aus Kulanz bereit, einen Preis-nachlass i. H. v. 10 % auf das Trikot zu gewähren. Damit war der Käufer einverstan-den und überwies zwei Tage später den Restbetrag der Rechnung unter Abzug von 3 % Skonto.

Lösung s. Seite 135

Aufgabe 5: Ronaldo aus Portugal

Ein weiteres Originaltrikot der Krefeld Pinguine aus der Meistersaison 2003 verkaufte Martina Kreuzberg an Christian Ronaldo (**Privatperson**) in Portugal für 98,77 € auf Ziel.

Versandkosten wurden nicht in Rechnung gestellt.

Den Kaufpreis zahlte C. Ronaldo vereinbarungsgemäß unter Abzug von 3 % Skonto per Banküberweisung.

Bearbeitungshinweis:
Die Lieferschwellen der einzelnen EU-Länder werden beim Versandhandel nicht über-schritten.

Lösung s. Seite 135

3. Geleistete und erhaltene Anzahlungen

 INFO

Steuerberater-kammern	Anzahl ausgewer-teter Klausuren	Prüfungswahr-scheinlichkeit	Erreichbare Punktzahl
Verbund	15	13,33 %	5,0 - 8,0
NRW	25	16 %	10,5 - 19,5

Grundsätzlich vorstellbar sind folgende aufeinander aufbauende Geschäfts-vorfälle:

Aus Sicht des **Käufers:**

➤ Zieleinkauf von Waren (alternativ Pkw, BGA, Maschine ...)

➤ Geleistete Anzahlung

➤ Lieferung der Waren (alternativ Pkw, BGA, Maschine ...)

➤ Zahlungsvorgang (ggf. unter Abzug von Skonto).

Aus Sicht des **Verkäufers:**

➤ Zielverkauf von Waren

➤ Erhaltene Anzahlung

➤ Lieferung der Waren

➤ Zahlungsvorgang (ggf. unter Abzug von Skonto).

Aufgabe 1: Geleistete Anzahlungen auf Waren

Isabelle Bündchen aus Ulm schloss im Januar einen Kaufvertrag über den Kauf von Waren (Warenwert: 15.000 € netto). Vereinbarungsgemäß sollte die Lieferung erst nach einer Anzahlung i. H. v. 20 % des Kaufpreises erfolgen. Am 02.02. leistete Isabel-le Bündchen die entsprechende Anzahlung (ordnungsgemäße Anzahlungsrechnung liegt vor) per Banküberweisung. Daraufhin wurden die Waren am 10.02. geliefert. Acht Tage später zahlte Isabelle Bündchen den Rest der Rechnung unter Abzug von 3 % Skonto in bar.

Buchen Sie zum 02.02., zum 10.02. und zum 18.02.

Lösung s. Seite 137

Aufgabe 2: Erhaltene Anzahlungen auf Waren

Isabelle Bündchen aus Ulm schloss im März einen Kaufvertrag über den Verkauf von Waren (Warenwert: 30.000 € netto). Vereinbarungsgemäß sollte die Lieferung erst nach einer Anzahlung i. H. v. 30 % des Kaufpreises erfolgen. Am 02.04. erhielt Isabelle Bündchen den entsprechenden Anzahlungsbetrag auf ihrem Bankkonto gutgeschrieben. Daraufhin lieferte sie die Waren am 10.04. aus. Acht Tage später zahlte der Käufer per Überweisung unter Abzug von 2 % Skonto.

Buchen Sie zum 02.04., zum 10.04. und zum 18.04.

Lösung s. Seite 138

Aufgabe 3: Geleistete Anzahlungen auf Pkw

Isabelle Bündchen aus Ulm kaufte im August einen neuen BMW 4er Cabrio als Firmenfahrzeug für 50.000 € netto. Vereinbarungsgemäß sollte die Lieferung erst nach einer Anzahlung i. H. v. 40 % des Kaufpreises erfolgen. Am 07.08. leistete Isabelle Bündchen die entsprechende Anzahlung (ordnungsgemäße Anzahlungsrechnung liegt vor) in bar. Daraufhin wurde das Fahrzeug am 11.08. geliefert. Am 14.08. zahlte Isabelle Bündchen den Rest der Rechnung unter Abzug von 2 % Skonto per Überweisung.

Buchen Sie zum 07.08., zum 11.08. und zum 14.08.

Lösung s. Seite 140

4. Sachanlagenabgang

 INFO

Steuerberater-kammern	Anzahl ausgewer-teter Klausuren	Prüfungswahr-scheinlichkeit	Erreichbare Punktzahl
Verbund	15	60 %	3,0 - 7,0
NRW	25	16 %	7,0 - 10,0

Klassischerweise wird ein in den Vorjahren **aktiviertes** und seitdem **planmäßig abgeschriebenes Anlagegut** (Pkw, Maschine, BGA ...) **verkauft**.

Grundsätzlich vorstellbar sind folgende aufeinander aufbauende Geschäfts-vorfälle/Buchungen:

- ▸ Ermittlung und Buchung der Abschreibung bis zum Zeitpunkt des Verkaufs
- ▸ Ermittlung des Restbuchwerts und Buchung des Anlagenabgangs
- ▸ Buchung des Verkaufs.

Folgende Buchungssätze ergeben sich hieraus:

Ermittlung und Buchung der Abschreibung bis zum Zeitpunkt des Verkaufs

Sollkonto (SKR 04/SKR 03)	Habenkonto (SKR 04/SKR 03)
6220/4830 Abschreibungen auf Sach-anlagen	0440/0240 Maschinen oder
	0650/0410 BGA oder
	0520/0320 Fuhrpark ...

Ermittlung des Restbuchwerts und Buchung des Anlagenabgangs

Sollkonto (SKR 04/SKR 03)	Habenkonto (SKR 04/SKR 03)
6895/2310 Anlagenabgänge (Buchverlust) oder	0440/0240 Maschinen oder
4855/2315 Anlagenabgänge (Buchgewinn)	0650/0410 BGA oder
	0520/0320 Fuhrpark ...

Vor dieser Buchung muss unbedingt ein Vergleich mit dem Restbuchwert/Anlagen-abgang und dem **Netto**verkaufspreis vorgenommen werden, um erkennen zu kön-nen, ob mit einem Buchverlust oder Buchgewinn verkauft wird. Ansonsten kann die Wahl des richtigen Aufwandskontos im Soll nicht getroffen werden.

Buchung des Verkaufs

Sollkonto (SKR 04/SKR 03)		Habenkonto (SKR 04/SKR 03)	
1800/1200	Bank oder	6885/8800	Erlöse aus Anlagenverkäufen (Buchverlust) oder
1600/1000	Kasse oder	4845/8820	Erlöse aus Anlagenverkäufen (Buchgewinn)
1210/1410	FordaLuL	3800/1770	USt

Ist das richtige Konto für den Anlagenabgang gefunden, wird auch das richtige Erlöskonto identifiziert werden können („Pärchenkonten").

Aufgabe 1: Verkauf eines Pkw

Avatar Frase erwarb am 22.09.2016 einen Pkw für 34.272 € inkl. 19 % USt. Der Anschaffungsvorgang ist in 2016 ordnungsgemäß gebucht worden. Der Pkw wird ausschließlich betrieblich genutzt und hat eine Nutzungsdauer von sechs Jahren. Am 28.02.2019 verkaufte Avatar Frase den Pkw für 19.997,95 € an einen Gebrauchtwagenhändler in bar.

Nehmen Sie alle notwendigen Buchungen für das Jahr **2019** vor.

Lösung s. Seite 143

Aufgabe 2: Verkauf einer Maschine

Avatar Frase erwarb am 02.10.2017 eine Maschine zu Anschaffungskosten i. H. v. 144.000 € netto. Der Anschaffungsvorgang ist bereits ordnungsgemäß gebucht worden. Die Maschine hat eine betriebsgewöhnliche Nutzungsdauer von 12 Jahren. Am 30.04.2019 wurde die Maschine zu einem Gesamtpreis von 142.800 € brutto auf Ziel verkauft.

Nehmen Sie alle notwendigen Buchungen für das Jahr **2019** vor.

Lösung s. Seite 144

Aufgabe 3: Verkauf eines Schreibtisches

Avatar Frase verkaufte einen alten, auf 1 € abgeschriebenen Schreibtisch für 250 € brutto gegen Barzahlung.

Nehmen Sie alle erforderlichen Buchungen vor.

Lösung s. Seite 144

5. Privatentnahmen – Warenentnahme

 INFO

Steuerberater-kammern	Anzahl ausgewer-teter Klausuren	Prüfungswahr-scheinlichkeit	Erreichbare Punktzahl
Verbund	15	33,33 %	2,0 - 3,0
NRW	25	4 %	3,5

Die Schwierigkeit bei einer Warenentnahme liegt nicht im Bilden des Buchungssatzes. Das „Problem" liegt in der **Bewertung** der Warenentnahme. Fast immer werden Sie mit zwei oder drei verschiedenen Eurobeträgen konfrontiert sein. Das sind meistens der **ursprüngliche Einkaufspreis** (netto oder brutto) und/oder der aktuelle **Verkaufspreis** (netto oder brutto) und/oder der **aktuelle Einkaufspreis** (netto oder brutto). Letztlich geht es nur darum, den richtigen Eurobetrag festzustellen.

Beim **Einkauf** der Waren liegt folgende Buchung zugrunde:

Sollkonto (SKR 04/SKR 03)	Habenkonto (SKR 04/SKR 03)
5200/3200 Wareneingang	3310/1610 VerbaLuL oder 1600/1000 Kasse oder 1800/1200 Bank
1400/1570 Abziehbare VoSt	

Entnimmt der Steuerpflichtige nun diese Waren, sind der gebuchte Aufwand im Wareneinkaufskonto und auch der gebuchte Vorsteuerabzug (aktuell) zu hoch.

Dies muss nun durch die zu buchende Warenentnahme „korrigiert" werden.

Der entsprechende Buchungssatz lautet:

Sollkonto (SKR 04/SKR 03)	Habenkonto (SKR 04/SKR 03)
2100/1800 Privatentnahmen	4620/8910 Warenentnahme
	3800/1770 USt

Der Originalkontoname *4620/8910* lautet: *Entnahme durch den Unternehmer für Zwecke außerhalb des Unternehmens (Waren) 19 % USt.* Die Abkürzung *Warenentnahme* als Kontentitel dürfte vom Prüfungsamt nicht zu beanstanden sein.

Der aktuell zu viel gebuchte Aufwand im Konto *5200/3200 Wareneingang* wird durch die entsprechende Buchung auf dem Ertragskonto *4620/8910 Warenentnahme* neutralisiert.

Die aktuell zu viel gebuchte VoSt wird <u>nicht</u> durch eine Korrektur der VoSt i. S. d. § 17 UStG neutralisiert. Gemäß **§ 1 Abs. 1 Nr. 1 UStG i. V. m. § 3 Abs. 1b Satz 1 Nr. 1 UStG** handelt es sich bei einer Warenentnahme um eine **steuerbare unentgeltliche Leistung**, d. h. die Warenentnahme unterliegt der Umsatzsteuer.

Hinsichtlich der **Bewertung** gilt **§ 6 Abs. 1 Nr. 4 Satz 1 EStG:** Entnahmen des Steuerpflichtigen für sich, für seinen Haushalt oder für andere betriebsfremde Zwecke sind mit dem **Teilwert** anzusetzen.

Der **Teilwert** ist gemäß **§ 6 Abs. 1 Nr. 1 Satz 3 EStG** wie folgt **definiert:** Teilwert ist der Betrag, den ein Erwerber des ganzen Betriebs im Rahmen des Gesamtkaufpreises für das einzelne Wirtschaftsgut ansetzen würde; dabei ist davon auszugehen, dass der Erwerber den Betrieb fortführt.

Von dieser längeren und ggf. auch auf den ersten Blick verwirrenden Definition darf man sich nicht verunsichern lassen. Im Regelfall entspricht der **Teilwert** dem **Verkehrswert oder Marktpreis** bzw. den **Wiederbeschaffungskosten** im Zeitpunkt der Entnahme. Einen höheren Wert würde ein Erwerber des ganzen Betriebs im Rahmen des Gesamtkaufpreises für das einzelne Wirtschaftsgut niemals ansetzen; stattdessen würde er das einzelne Wirtschaftsgut zum aktuellen Marktpreis selber erwerben.

Um das Konzept des Teilwerts handhabbar zu machen, wurden von der Rechtsprechung detaillierte Vorgaben zur Teilwertermittlung, die sogenannten **Teilwertvermutungen**, entwickelt. Für Wirtschaftsgüter des **Umlaufvermögens** (wie vorliegend bei einer Warenentnahme) entspricht der Teilwert demnach im Anschaffungs- oder Herstellungszeitpunkt den Anschaffungs- oder Herstellungskosten und in späteren Zeitpunkten den jeweiligen **Wiederbeschaffungskosten**.

Zur Vertiefung und zu Einzelfragen vgl. **R 6.7 EStR** und **H 6.7 EStH Teilwertvermutungen**.

Aufgabe 1: Warenentnahme I

Arndt Zunke hat seinen Kindheitstraum endlich wahrgemacht und in Aachen einen Fahrradladen eröffnet. Er tätigte diverse Investitionen, u. a. kaufte er im Januar ein Kinderfahrrad für 499 € zzgl. 19 % USt. Als sein Neffe im August Geburtstag feierte, fuhr er mit dem Kinderfahrrad zu seinem Neffen und schenkte es ihm. Der aktuelle Einkaufspreis im August lag bei 450 € zzgl. 19 % USt. Arndt Zunke hatte ursprünglich vor, das Fahrrad für 995,95 € im Laden zu verkaufen.

Buchen Sie diesen Geschäftsvorfall.

Lösung s. Seite 146

Aufgabe 2: Warenentnahme II

Arndt Zunke entnahm einen Hundeanhänger für Fahrräder aus seinem Warenlager und schenkte diesen seiner Tochter zur Einschulung. Der Verkaufspreis zum Zeitpunkt der Entnahme betrug 99,98 €, der Einkaufspreis betrug beim Kauf 45 € zzgl. 19 % USt.

Buchen Sie diesen Geschäftsvorfall.

Lösung s. Seite 146

Aufgabe 3: Warenentnahme III

Arndt Zunke entnahm im Dezember seinem Betrieb eine Mannesmann M0170 Elektro-Luftpumpe 230 Volt und schenkte diese seinem Sohn. Die Elektro-Luftpumpe hatte Arndt Zunke zu Beginn des Jahres für 14,99 € zzgl. 19 % USt erworben. In seinem Laden bietet Arndt Zunke diese Elektro-Luftpumpe für 19,99 € an (Bruttoverkaufspreis). Im Dezember ist der Bezugspreis der zu Beginn des Jahres erworbenen Elektro-Luftpumpe um 15 % gestiegen.

Buchen Sie diesen Geschäftsvorfall.

Lösung s. Seite 146

6. Privatentnahmen – Nutzungsentnahme (Pkw)

 INFO

Steuerberater-kammern	Anzahl ausgewer-teter Klausuren	Prüfungswahr-scheinlichkeit	Erreichbare Punktzahl
Verbund	15	46,67 %	4,0 - 9,0
NRW	25	20 %	10,5 - 21,5

6.1 Fahrtenbuchmethode

Gemäß **§ 6 Abs. 1 Nr. 4 Satz 3 EStG** kann die private Nutzung abweichend von Satz 2 (1 %-Regelung) mit den auf die Privatfahrten entfallenden Aufwendungen angesetzt werden, wenn die für das Kraftfahrzeug insgesamt entstehenden Aufwendungen durch Belege und das Verhältnis der privaten zu den übrigen Fahrten durch ein **ordnungsgemäßes Fahrtenbuch** nachgewiesen werden.

Möchte das Prüfungsamt die Fahrtenbuchmethode abprüfen, muss es deshalb den **privaten oder betrieblichen Nutzungsanteil** laut ordnungsgemäßem Fahrtenbuch angeben. Hierbei ist eine **Angabe in Prozent** möglich (z. B.: privater Nutzungsanteil 30 % oder betrieblicher Nutzungsanteil 70 %). Auch eine **Kilometerangabe** ist möglich (z. B.: gefahrene km insgesamt: 100.000 – davon privat gefahrene km: 30.000 oder betrieblich gefahrene km: 70.000).

Außerdem muss das Prüfungsamt diverse Kosten im Zusammenhang mit dem Pkw angeben, die während des laufenden Jahres als Aufwand gebucht worden sind. Das sind klassischerweise: **Benzinkosten, Reparaturen, Kfz-Versicherung, Kfz-Steuer und die Abschreibung**, die ggf. vorher selber ausgerechnet werden muss.

Die Aufgabenstellung wird dann lauten: **Berechnen** und **buchen** Sie die Nutzungsentnahme mittels Fahrtenbuchmethode.

Unabhängig von der gewählten Methode (Fahrtenbuch oder 1 %-Regelung) muss wie folgt gebucht werden:

Sollkonto (SKR 04/SKR 03)	Habenkonto (SKR 04/SKR 03)
2100/1800　Privatentnahmen	4645/8921　Verwendung von Gegenständen 19 % (Kfz-Nutzung)
	4639/8924　Verwendung von Gegenständen 0 % (Kfz-Nutzung)
	3800/1770　USt

Die Originalkontennamen *4645/8921* bzw. *4639/8924* lauten: *Verwendung von Gegenständen für Zwecke außerhalb des Unternehmens 19 % USt* bzw. ohne USt (Kfz-Nutzung). Die Abkürzungen VvG 19 % bzw. VvG 0 % dürften vom Prüfungsamt nicht zu beanstanden sein.

Bei den Konten **4645/8921** und **4639/8924** handelt es sich jeweils um **Ertragskonten**, wodurch die während des laufenden Jahres durch den privaten Nutzungsanteil zu viel gebuchten Aufwendungen neutralisiert werden.

Die während des laufenden Jahres durch den privaten Nutzungsanteil zu viel gebuchte VoSt wird durch die USt-Buchung neutralisiert. Gemäß **§ 1 Abs. 1 Nr. 1 UStG i. V. m. § 3 Abs. 9a Nr. 1 UStG** ist die private Nutzung betrieblicher Gegenstände **steuerbar**.

Haben Sie die erforderliche Buchung erst einmal verinnerlicht, müssen lediglich die verschiedenen Kosten unter Berücksichtigung des privaten Nutzungsanteils den entsprechenden Konten zugeordnet werden: Beim Bezahlen der **Kfz-Versicherung** und der **Kfz-Steuer** (während des laufenden Jahres bereits in voller Höhe als Aufwand erfasst) war **kein Vorsteuerabzug** möglich. Deshalb sind diese Kosten bei der Nutzungsentnahme nicht der **USt** zu unterwerfen und gehören dem Konto **4639/8924 VvG 0 %** zugeordnet. Am übersichtlichsten ist dies rechnerisch wie folgt zu ermitteln:

(Kfz-Versicherung in Euro + Kfz-Steuer in Euro) • privater Nutzungsanteil in Prozent = 4639/8924 VvG 0 %

Beim Bezahlen des **Benzins**, der **Reparaturen** und auch beim Kauf des Pkw (daraus resultierend – wenn auch „versteckt" – auch bei der **Abschreibung**) war ein **Vorsteuerabzug möglich**. Deshalb sind diese Kosten bei der Nutzungsentnahme der **USt zu unterwerfen** und gehören dem Konto **4645/8921 VvG 19 % (Kfz-Nutzung)** zugeordnet. Rechnerisch am übersichtlichsten wie folgt zu ermitteln:

(Benzin netto in Euro + Reparaturen netto in Euro + Abschreibung in Euro) • privater Nutzungsanteil in Prozent = 4645/8921 VvG 19 %

Folglich kann die USt ausgerechnet werden und die Summe der Habenbuchungen dem Sollkonto Privatentnahmen zugeordnet werden.

Aufgabe 1: Nutzungsentnahme Pkw (Fahrtenbuchmethode) mit einfacher Kilometerangabe

Jantjelinha Strauß benutzt den betrieblichen Pkw, den sie im Jahre 2017 mit vollem Vorsteuerabzug erworben hat, auch für diverse Privatfahrten. Insgesamt wurden mit dem Pkw 80.000 km gefahren, davon entfallen laut ordnungsgemäß geführtem Fahrtenbuch 8.000 km auf die Privatfahrten. Im Jahr 2017 sind folgende Kosten für den Pkw angefallen:

- Benzin: 10.000 € zzgl. 19 % USt
- Kfz-Steuer: 300 €
- Kfz-Versicherung: 500 €
- Abschreibung: 14.000 €.

Berechnen und buchen Sie die Nutzungsentnahme mittels Fahrtenbuchmethode.

Lösung s. Seite 148

Aufgabe 2: Nutzungsentnahme Pkw (Fahrtenbuchmethode) Kauf von Privatperson

Jantjelinha Strauß benutzt den betrieblichen Pkw, den sie im Jahre 2017 von einem **Privatmann** erworben hat, auch für diverse Privatfahrten. Laut ordnungsgemäß geführtem Fahrtenbuch liegt der private Nutzungsanteil bei 30 %. Im Jahr 2017 sind folgende Kosten für den Pkw angefallen:

- Abschreibung: 5.000 €
- Kfz-Versicherung: 800 €
- Kfz-Steuer: 500 €
- Benzin und Öl: 3.000 € netto
- Reparaturen: 1.666 € **brutto**.

Berechnen und buchen Sie die Nutzungsentnahme mittels Fahrtenbuchmethode.

Lösung s. Seite 148

Aufgabe 3: Nutzungsentnahme Pkw (Fahrtenbuchmethode) mit komplexer Kilometerangabe

Der Pkw von Jantjelinha Strauß wurde im Wirtschaftsjahr 2017 laut Aufzeichnungen des ordnungsgemäß geführten Fahrtenbuchs 14.400 km für betriebliche Zwecke und 3.600 km für private Zwecke genutzt.

Für das Fahrzeug sind im Wirtschaftsjahr 2017 insgesamt neben der AfA i. H. v. 4.676 € folgende laufende Kfz-Aufwendungen angefallen, die ordnungsgemäß gebucht worden sind:

- Benzin und Wartung: 1.200 € netto
- Reparaturen: 400 € netto
- Kfz-Steuer und Kfz-Versicherung: 2.223 €.

Berechnen und buchen Sie die Nutzungsentnahme mittels Fahrtenbuchmethode.

Lösung s. Seite 148

6.2 1 %-Regelung

 **INFO**

Gemäß **§ 6 Abs. 1 Nr. 4 Satz 2 EStG** ist die private Nutzung eines Kraftfahrzeugs, das zu mehr als 50 % betrieblich genutzt wird, für jeden **Kalendermonat** mit 1 % des **inländischen Listenpreises im Zeitpunkt der Erstzulassung zzgl. der Kosten für Sonderausstattung einschließlich USt** anzusetzen.

Damit muss das **Prüfungsamt** zwingend den inländischen **Bruttolistenpreis** im Zeitpunkt der Erstzulassung zzgl. der Kosten für eine eventuelle Sonderausstattung **angeben** oder zumindest solche Sachverhaltsangaben machen, die Sie in die Lage versetzen, den Bruttolistenpreis selber auszurechnen (es könnte z. B. der Nettolistenpreis angegeben sein).

Da, wie oben bereits erwähnt, der entsprechende Buchungssatz für die Nutzungsentnahme unabhängig von der gewählten Methode feststeht, muss nun ausgehend vom Bruttolistenpreis der private Nutzungsanteil pauschalisiert ausgerechnet werden:

Bruttolistenpreis (BLP) im Zeitpunkt der Erstzulassung zzgl. Kosten Sonderausstattung
(vgl. § 6 Abs. 1 Nr. 4 Satz 2 EStG)
Abrundung auf volle 100 € (vgl. R 8.1 Abs. 9 Satz 6 LStR)
Davon 1 % = Monatswert (vgl. § 6 Abs. 1 Nr. 4 Satz 2 EStG)
ggf. • 12, falls Jahreswert gewünscht
Pauschaler Abschlag i. H. v. 20 % für die nicht mit VoSt belasteten Kosten

Aufgabe 4: Nutzungsentnahme Pkw (1 %-Regelung) Nettolistenpreis

Jantjelinha Strauß nutzt ihren Betriebs-Pkw im gesamten Wirtschaftsjahr 2017 auch für private Fahrten. Ein Fahrtenbuch führt Frau Strauß nicht. Der Listenpreis betrug bei der Anschaffung 2017 24.285,70 € netto.

Berechnen und buchen Sie die Nutzungsentnahme für den Monat Mai 2017.

Lösung s. Seite 149

Aufgabe 5: Nutzungsentnahme Pkw (1 %-Regelung)
Sonderausstattung

Jantjelinha Strauß hat am 01.11.2017 einen neuen Pkw angeschafft. Folgende Rechnung liegt vor:

Neuwagen (Listenpreis)	85.050,00 €
abzgl. Einmaliger Sondersofortrabatt	5.000,00 €
Überführungskosten	500,00 €
Kosten für die erste Tankfüllung	100,00 €
Autoradio	800,00 €
Zwischensumme	**81.450,00 €**
19 % USt	15.475,50 €
Rechnungsbetrag	**96.925,50 €**

Frau Strauß nutzt den Pkw auch privat. Sie führt kein Fahrtenbuch. Berechnen und buchen Sie die Nutzungsentnahme für die Monate **November** und **Dezember 2017**.

Lösung s. Seite 150

Aufgabe 6: Nutzungsentnahme Pkw (1 %-Regelung)
Nettoeinkaufspreis

Jantjelinha Strauß nutzt einen Pkw aus ihrem Betriebsvermögen für private Zwecke. Diesen Pkw hatte sie von einem Händler für 20.000 € zzgl. 3.800 € USt erworben; seit dem Zeitpunkt des Erwerbs wird der Pkw wie folgt genutzt: zu 70 % für betriebliche Fahrten und zu 30 % für private Fahrten; ein Fahrtenbuch wird nicht geführt. Der Bruttolistenpreis im Zeitpunkt der Erstzulassung betrug 25.660 €.

Berechnen und buchen Sie die Nutzungsentnahme für das gesamte Jahr.

Lösung s. Seite 151

6.3 Fahrten zwischen Wohnung und Betriebsstätte

 INFO

Nach gebuchter Nutzungsentnahme drängt sich aus Sicht des Prüfungsamtes die Ermittlung der nicht abzugsfähigen Betriebsausgaben bei Fahrten zwischen Wohnung und Betriebsstätte nahezu auf.

Dennoch ist eine solche Aufgabe **nicht immer Bestandteil einer Nutzungsentnahme-Aufgabe**. Dies mag vor allem daran liegen, dass ggf. schon vor der Nutzungsentnahme diverse andere Sachverhalte im Zusammenhang mit dem Pkw abgearbeitet werden mussten (z. B. Kauf mit ANK, erste Tankfüllung, spätere Lackierung etc.). Eine weitere Aufgabe – hier die Ermittlung der nicht abzugsfähigen Betriebsausgaben (BA) – würde in solchen Fällen zu einer überfrachtung des Pkw-Sachverhalts führen.

Die Kürze dieser Thematik sollte aber Motivation genug sein, sich mit ihr zu beschäftigen und damit Sorge zu tragen, auch diese Punkte mitzunehmen.

Abhängig von der gewählten Methode muss das Prüfungsamt entweder den **BLP** und die **Entfernung** zwischen **Wohnung** und **Betriebsstätte** in km (**notwendige Sachverhaltsangaben für die 1 %-Regelung**) oder die **tatsächlichen Kosten pro km**, die **Entfernung** zwischen **Wohnung** und **Betriebsstätte** in km und die **Anzahl der „Arbeitstage"** (**notwendige Sachverhaltsangaben für die Fahrtenbuchmethode**) angeben.

Mithilfe dieser Angaben können nun die **nicht abzugsfähigen BA** ermittelt werden. Diese sind in **§ 4 Abs. 5 Satz 1 Nr. 6 EStG** geregelt. Diese Nr. 6 ist leider verhältnismäßig lang und relativ unübersichtlich, was insbesondere an den diversen Verweisen auf § 9 EStG liegt. Die in diesem Zusammenhang durchzuführende Rechnung ist allerdings einfach, insbesondere, wenn Sie sich einmal den Sinn und Zweck dieser Norm verdeutlichen: Arbeitnehmer (auch ohne Kfz) können in ihrer Steuererklärung die Pendlerpauschale als Werbungskosten abziehen. Unternehmer, die einen im Betriebsvermögen vorhandenen Pkw auch für Fahrten zwischen Wohnung und Betriebsstätte nutzen, sollen im Ergebnis nicht „mehr" (als Arbeitnehmer) als Betriebsausgabe abziehen dürfen. Hierdurch schafft der Gesetzgeber also eine Gleichstellung zwischen Arbeitnehmer und Unternehmer. Aus diesem Grund ist ein **Abgleich zwischen** den tatsächlichen Kosten (bei der Fahrtenbuchmethode) **und der Pendlerpauschale** bzw. zwischen den **pauschalisiert zu ermittelnden** (bei der 1 %-Regelung) **Kosten** und der **Pendlerpauschale** vorzunehmen. **Verbleibende Aufwendungen in Höhe des positiven Unterschiedsbetrags dürfen den Gewinn nicht mindern und sind deshalb nicht abzugsfähige BA (vgl. § 4 Abs. 5 Satz 1 Nr. 6 EStG).**

Einfacher ist es vielleicht, wenn Sie sich zunächst die durchzuführende Rechnung anschauen und dann noch einmal einen Blick in den Gesetzestext werfen.

Bei der **Fahrtenbuchmethode** ermitteln sich die nicht abzugsfähigen BA wie folgt:

	Tatsächliche Kosten pro km • km Hin- und Rückfahrt • Anzahl Tage
-	0,30 € • km einfache Entfernung • Anzahl Tage
=	**nicht abzugsfähige BA**

Bei der **1 %-Regelung** ermitteln sich die nicht abzugsfähigen BA wie folgt:

	BLP • 0,03 % • km einfache Entfernung • Anzahl Monate
-	0,30 € • km einfache Entfernung • Anzahl Tage
=	**nicht abzugsfähige BA**

Aufgabe 7: Fahrten zwischen Wohnung und Betriebsstätte (1 %-Regelung)

Jantjelinha Strauß nutzt ihren Pkw auch für private Fahrten zwischen Wohnung und Betriebsstätte. Der BLP beträgt 28.800 €. Die einfache Entfernung zwischen Wohnung und Betrieb beträgt 35 km. Insgesamt ist Frau Strauß an 235 Tagen zu ihrer Betriebsstätte gefahren.

Berechnen Sie die nicht abzugsfähigen BA für die Fahrten zwischen Wohnung und Betriebsstätte für das gesamte Jahr 2017. Führen Sie die erforderliche Buchung durch und nennen Sie die handelsrechtliche und steuerrechtliche Gewinnauswirkung (gewinnmindernd, gewinnerhöhend, gewinnneutral) in Euro, die sich aus Ihrer Buchung ergibt.

Lösung s. Seite 153

Aufgabe 8: Fahrten zwischen Wohnung und Betriebsstätte (Fahrtenbuchmethode)

Jantjelinha Strauß erwarb am 01.08.2017 einen neuen Pkw und führte für diesen ein ordnungsgemäßes Fahrtenbuch. Sie fuhr regelmäßig an fünf Arbeitstagen in der Woche mit diesem Pkw zu ihrem 90 km entfernten Betrieb. Die betriebswirtschaftliche Auswertung zeigte, dass der Pkw im Betrieb Kosten i. H. v. 0,55 €/km verursachte. Alle Kfz-Kosten sind bereits als BA gebucht worden. Es ist mit 20 Arbeitstagen je Monat zu rechnen.

Berechnen Sie die nicht abzugsfähigen BA für die Fahrten zwischen Wohnung und Betriebsstätte ab dem 01.08.2017 für das Jahr 2017. Führen Sie die erforderliche Buchung durch und nennen Sie die handelsrechtliche und steuerrechtliche Gewinnauswirkung (gewinnmindernd, gewinnerhöhend, gewinnneutral) in Euro, die sich aus Ihrer Buchung ergibt.

Lösung s. Seite 153

7. Privateinlagen

 INFO

Steuerberater-kammern	Anzahl ausgewer-teter Klausuren	Prüfungswahr-scheinlichkeit	Erreichbare Punktzahl
Verbund	15	13,33 %	2,5 - 5,0
NRW	25	32 %	2,5 - 16,0

Besonderheiten: In **NRW** ein **Klassiker**. Im **Verbund** in den ersten 11 Klausuren (Sommer 2012 bis einschließlich Sommer 2017) nicht Bestandteil der Abschlussprüfungen. Wie bereits in der 4. Auflage prognostiziert, war zu erwarten, dass die Bewertung (und Buchung) auch im Verbund einmal Gegenstand der Abschlussprüfung sein wird. Im Winter 2017 war es dann soweit. Gehen Sie davon aus, dass weitere Aufgaben folgen werden. Vielleicht schon in den Prüfungen Sommer und Winter 2020.

Vorstellbar ist, dass

▸ die **Einlage** eines abnutzbaren oder nicht abnutzbaren Wirtschaftsgutes **außerhalb der Dreijahresfrist** oder

▸ die **Einlage** eines abnutzbaren oder nicht abnutzbaren Wirtschaftsgutes **innerhalb der Dreijahresfrist**

nach Ermittlung des Einlagewertes gebucht werden muss.

Gemäß **§ 4 Abs. 1 Satz 8 EStG** sind Einlagen alle Wirtschaftsgüter (Bareinzahlungen und sonstige Wirtschaftsgüter), die der Steuerpflichtige dem Betrieb im Laufe des Wirtschaftsjahres zugeführt hat.

Daher muss der für die Einlage erforderliche Buchungssatz von der Struktur her lauten:

Sollkonto (SKR 04/SKR 03)	Habenkonto (SKR 04/SKR 03)
Aktives Bestandskonto	2180/1890 Privateinlagen

Die **Schwierigkeit** dieses Themengebiets liegt nicht in der Bildung des Buchungssatz, sondern in der **Bewertung der Einlage**; d. h. in der Wahl des richtigen Einlagewertes.

Gemäß **§ 6 Abs. 1 Nr. 5 Satz 1 EStG** sind **Einlagen** mit dem **Teilwert** für den Zeitpunkt der Zuführung **anzusetzen**; sie sind jedoch **höchstens** mit den **Anschaffungs-** (AK) oder Herstellungs**kosten** (HK) **anzusetzen, wenn** das zugeführte Wirtschaftsgut **innerhalb der letzten drei Jahre** vor dem Zeitpunkt der Zuführung angeschafft oder hergestellt worden ist.

Ist die Einlage ein **abnutzbares Wirtschaftsgut**, so sind gem. **§ 6 Abs. 1 Nr. 5 Satz 2 EStG** die **Anschaffungs-** oder Herstellungs**kosten um AfA zu kürzen**, die auf den Zeitraum zwischen der Anschaffung oder Herstellung des Wirtschaftsguts und der Einlage entfallen.

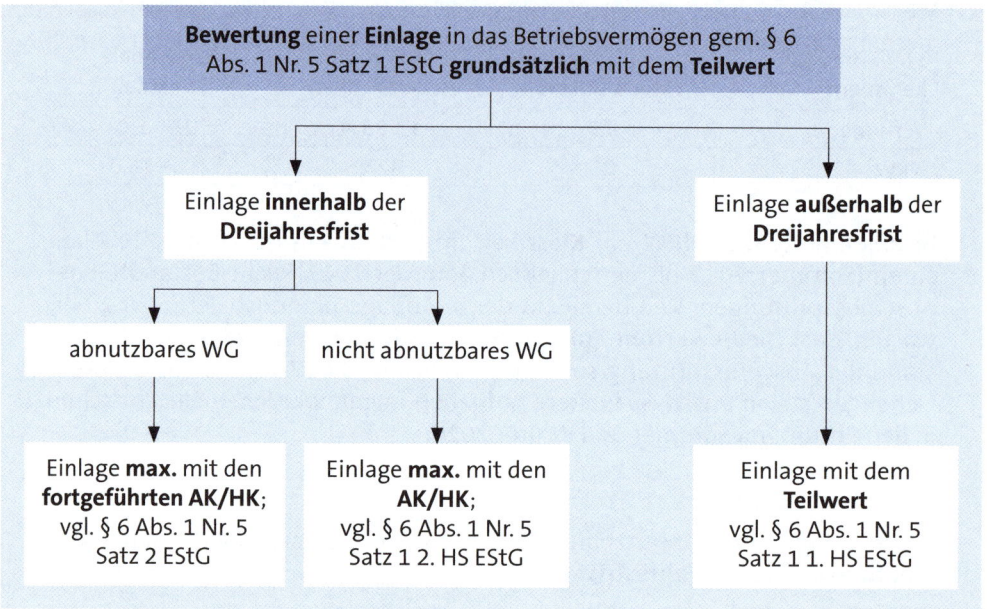

Aufgabe 1: Einlage eines nicht abnutzbaren Wirtschaftsgutes außerhalb der Dreijahresfrist

Alexa Wegelagerer hatte am 29.01.2016 ein unbebautes Grundstück für 300.000 € privat erworben. Am 28.05.2019 legte sie dieses Grundstück in ihr Betriebsvermögen ein. Der aktuelle Verkehrswert im Zeitpunkt der Einlage betrug 335.000 € (Abwandlung: 280.000 €).

Buchen Sie zum 28.05.2019 und begründen Sie Ihren Wertansatz zum 28.05.2019 unter Nennung der einschlägigen Norm aus dem EStG.

Lösung s. Seite 155

Aufgabe 2: Einlage eines abnutzbaren Wirtschaftsgutes außerhalb der Dreijahresfrist

Alexa Wegelagerer hatte am 03.03.2016 ein Kfz für 45.220 € brutto privat erworben. Am 30.05.2019 legte sie dieses Kfz in ihr Betriebsvermögen ein. Der Teilwert im Zeitpunkt der Einlage betrug 14.500 €.

Buchen Sie zum 30.05.2019 und begründen Sie Ihren Wertansatz zum 30.05.2019 unter Nennung der einschlägigen Norm aus dem EStG.

Lösung s. Seite 155

Aufgabe 3: Einlage eines nicht abnutzbaren Wirtschaftsgutes innerhalb der Dreijahresfrist

Alexa Wegelagerer hatte am 01.11.2016 ein unbebautes Grundstück für 500.000 € privat erworben. Am 01.06.2019 legte sie dieses Grundstück in ihr Betriebsvermögen ein. Der aktuelle Verkehrswert im Zeitpunkt der Einlage betrug 550.000 € (Abwandlung: 480.000 €).

Buchen Sie zum 01.06.2019 und begründen Sie Ihren Wertansatz zum 01.06.2019 unter Nennung der einschlägigen Norm aus dem EStG.

Lösung s. Seite 155

Aufgabe 4: Einlage eines abnutzbaren Wirtschaftsgutes innerhalb der Dreijahresfrist

Alexa Wegelagerer hatte am 01.11.2016 einen Konferenztisch (Nutzungsdauer: 13 Jahre) für 3.120 € brutto privat erworben. Am 05.06.2019 legte sie diesen Konferenztisch in ihr Betriebsvermögen ein. Der aktuelle Verkehrswert im Zeitpunkt der Einlage betrug 2.600 € (Abwandlung: 2.400 €).

Buchen Sie zum 05.06.2019 und begründen Sie Ihren Wertansatz zum 05.06.2019 unter Nennung der einschlägigen Norm aus dem EStG.

Lösung s. Seite 156

Aufgabe 5: AfA nach Einlage

Berechnen Sie in einer übersichtlichen Darstellung die Bilanzansätze des Konferenztisches aus Aufgabe 4 zum 31.12.2019 und zum 31.12.2020 in der Ausgangssituation (aktueller Verkehrswert im Zeitpunkt der Einlage: 2.600 €) und nehmen Sie die erforderlichen Buchungen zum 31.12.2019 und zum 31.12.2020 vor.

Lösung s. Seite 157

8. Nicht abzugsfähige Betriebsausgaben
8.1 Geschenke gem. § 4 Abs. 5 Satz 1 Nr. 1 EStG

 INFO

Steuerberater-kammern	Anzahl ausgewer-teter Klausuren	Prüfungswahr-scheinlichkeit	Erreichbare Punktzahl
Verbund	15	40 %	2,0
NRW	25	16 %	5,0 - 8,5

In **NRW** ein **Exot** (4 von 25). Eine erhöhte Prüfungswahrscheinlichkeit in NRW bzgl. der nicht abzugsfähigen BA ist eher im Bereich der Bewirtungskosten und der Reisekosten zu finden.

Bei den **Geschenken** sind einfache Geschäftsvorfälle vorstellbar, z. B.

➤ Barkauf eines Geschenks bis 35 € netto

➤ Barkauf eines Geschenks über 35 € netto.

Gut möglich sind aber auch Geschenke aus dem **Warensortiment**, z. B.

➤ Geschenk bis 35 € netto aus dem Warensortiment (beim Einkauf als Waren-eingang erfasst)

➤ Geschenk über 35 € netto aus dem Warensortiment (beim Einkauf als Wa-reneingang erfasst).

Schließlich könnte es auch sein, dass ein **Kunde mehrere Geschenke** in einem Jahr bekommen hat und erst durch das zweite Geschenk die Freigrenze von 35 € netto überstiegen wird.

Aufgabe 1: Die Weinflasche

Die Unternehmerin Yvonne Rater schenkt einem guten Kunden eine Weinflasche. Diese Weinflasche hatte sie zuvor für 36,89 € inkl. 19 % USt erworben und bar bezahlt.

Buchen Sie diesen Geschäftsvorfall.

Lösung s. Seite 160

Aufgabe 2: Die Pralinen

Yvonne Rater schenkt einem anderen guten Kunden eine Schachtel Pralinen. Diese hatte sie zuvor für 41,73 € **inkl. 7 % USt** erworben und bar bezahlt.

Buchen Sie diesen Geschäftsvorfall.

Lösung s. Seite 160

Aufgabe 3: Die Weinhandlung I

Yvonne Rater betreibt in Bremen eine kleine Weinhandlung. Eine Weinflasche schenkt sie einem guten Kunden am 06.12. zu Nikolaus. Diese hatte sie im September für 38,08 € inkl. 19 % USt eingekauft und zeitnah ordnungsgemäß verbucht.

Buchen Sie sachgerecht zum 06.12.

Lösung s. Seite 160

Aufgabe 4: Die Weinhandlung II

Yvonne Rater betreibt in Bremen eine kleine Weinhandlung. Eine Weinflasche schenkt sie einem guten Kunden am 06.12. zu Nikolaus. Diese hatte sie im September für 65,45 € inkl. 19 % USt eingekauft und zeitnah ordnungsgemäß verbucht.

Buchen Sie sachgerecht zum 06.12.

Lösung s. Seite 161

Aufgabe 5: Die Sonnenbrille und das Handtuch

Bei der Durchsicht des Kontos *6610/4630 Geschenke abzugsfähig* stellt Yvonne Rater fest, dass ein Kunde im Februar zum Geburtstag eine Sonnenbrille (28,90 € zzgl. 19 % USt) und im Juni ein Handtuch (11,10 € zzgl. 19 % USt) geschenkt bekommen hat.

Buchen Sie sachgerecht zum 31.12.

Lösung s. Seite 162

8.2 Bewirtungskosten gem. § 4 Abs. 5 Satz 1 Nr. 2 EStG

 INFO

Steuerberater-kammern	Anzahl ausgewer-teter Klausuren	Prüfungswahr-scheinlichkeit	Erreichbare Punktzahl
Verbund	15	33,33 %	2,0 - 4,0
NRW	25	20 %	5,0 - 10,5

Bei den **Bewirtungskosten** sind folgende Geschäftsvorfälle vorstellbar, z. B.

➤ **angemessene** Bewirtungskosten mit und ohne Trinkgeld

➤ **angemessene und unangemessene** Bewirtungskosten mit und ohne Trinkgeld.

Aufgabe 6: Die Geschäftsfreunde

Yvonne Rater hat für die Bewirtung von Geschäftsfreunden 800 € zzgl. 19 % USt bar aufgewendet. Die Aufwendungen sind angemessen und werden durch einen ordnungsgemäßen Beleg nachgewiesen. Der Kellnerin Roberta gab sie ein Trinkgeld i. H. v. 50 €, welches diese quittierte.

Buchen Sie diesen Geschäftsvorfall in einem oder zwei Buchungssätzen.

Lösung s. Seite 164

Aufgabe 7: Das Sternerestaurant

Yvonne Rater hat für die Bewirtung von Geschäftsfreunden im Sternerestaurant „à la Chefkoch" 4.000 € zzgl. 19 % USt per betrieblicher EC-Karte überwiesen. 1.000 € von den Aufwendungen gelten als unangemessen.

Buchen Sie diesen Geschäftsvorfall.

Lösung s. Seite 165

Aufgabe 8: Richtig oder Falsch?

Yvonne Rater hat für die Bewirtung von Geschäftsfreunden 500 € zzgl. 19 % USt bar aufgewendet. Die Aufwendungen sind angemessen und werden durch einen ordnungsgemäßen Beleg nachgewiesen.

Gebucht wurde:

Sollkonto (SKR 04/SKR 03)	Betrag (Euro)	Habenkonto (SKR 04/SKR 03)	Betrag (Euro)
6640/4650 Bewirtungskosten	595,00	1600/1000 Kasse	595,00

a) Nehmen Sie die ggf. erforderliche **handelsrechtliche** Korrekturbuchung vor. Geben Sie dabei auch die einschlägige Rechtsgrundlage an.

b) Nehmen Sie die ggf. erforderliche **steuerrechtliche** Korrekturbuchung vor. Geben Sie dabei auch die einschlägige Rechtsgrundlage an.

c) Geben Sie die Höhe der handelsrechtlichen und steuerrechtlichen Gewinnauswirkung (gewinnerhöhend, gewinnmindernd oder gewinnneutral in Euro) an, die sich aus Ihren Buchungen zu a) und b) ergibt.

Lösung s. Seite 166

8.3 Reisekosten gem. § 4 Abs. 4 und § 4 Abs. 5 Satz 1 Nr. 5 EStG

 INFO

Steuerberater-kammern	Anzahl ausgewer-teter Klausuren	Prüfungswahr-scheinlichkeit	Erreichbare Punktzahl
Verbund	15	20 %	4,5 - 6,0
NRW	25	20 %	11,0 - 25,0

Besonderheiten: In **NRW** erhöhte Prüfungswahrscheinlichkeit (bei den nicht abzugsfähigen BA (Geschenke, Bewirtungskosten, Reisekosten) sogar die höchste Prüfungswahrscheinlichkeit). Im **Verbund** in den ersten sieben Klausuren nicht Bestandteil. Das erste Mal relevant in der Winterprüfung 2015. Wie bereits in der 3. Auflage prognostiziert, dann zügig noch einmal Gegenstand der Abschlussprüfung (Sommer 2017). Bisher mussten hinsichtlich der Verpflegungsmehraufwendungen nur diese gebucht werden, d. h. bisher waren keine tatsächlichen Verpflegungskosten im Sachverhalt angegeben. Mithin konnten bisher auch keine diesbezüglichen nicht abzugsfähigen BA ermittelt und gebucht werden. Rechnen Sie daher in naher Zukunft mit einer weiteren Reisekostenaufgabe, die genau diese Ermittlung und Buchung beinhaltet.

Bei den **Reisekosten** spielen häufig verschiedene Kostenpositionen eine Rolle, z. B.

▸ Fahrtkosten

▸ Übernachtungskosten (mit und ohne Frühstück)

▸ Taxikosten

▸ tatsächliche Verpflegungskosten/Verpflegungsmehraufwendungen.

Aufgabe 9: Reisekosten

Yvonne Rater, Unternehmerin aus Bremen, besucht aus betrieblichen Gründen eine Messe in München. Sie fuhr am **05.05., 15:00 Uhr** mit der Deutschen Bahn nach München. Am **08.05.** fuhr sie mit der Deutschen Bahn wieder zurück nach Bremen (**Ankunft: 23:00 Uhr**). Die Fahrtkosten für diese **Bahnfahrt** betrugen 284 €. Die **Übernachtungskosten** (ohne Frühstück) im Hotel Vier Jahreszeiten Starnberg lagen bei 200 €/Übernachtung. Außerdem musste sie für diverse **Taxifahrten** in München insgesamt 94,16 € bezahlen. Schließlich sind tatsächliche **Verpflegungskosten** i. H. v. insgesamt 190,40 € angefallen, die Frau Rater anhand von ordnungsgemäß ausgestellten Rechnungen nachweisen kann.

Frau Rater bezahlte sämtliche Rechnungen (im Sachverhalt angegebene Beträge sind **Bruttobeträge**) mit der firmeneigenen EC-Karte.

a) Ermitteln Sie in einer übersichtlichen Darstellung die Höhe des möglichen Vorsteuerabzugs.

b) Ermitteln Sie in einer übersichtlichen Darstellung die Höhe der nicht abzugsfähigen Betriebsausgaben.

c) Buchen Sie die gesamten Reisekosten in einem Buchungssatz.

Lösung s. Seite 167

9. Geringwertige Wirtschaftsgüter

 INFO

Steuerberater-kammern	Anzahl ausgewer-teter Klausuren	Prüfungswahr-scheinlichkeit	Erreichbare Punktzahl
Verbund	15	60 %	3,0 - 11,0
NRW	25	32 %	5,0 - 16,0

Besonderheiten: Einfache GWG-Aufgaben finden sich in **NRW** bereits in den Zwischenprüfungen.

Komplexere GWG-Aufgaben (insbesondere Korrekturbuchungen und Günstigerprüfungen) sind in **NRW** erst Bestandteil der Abschlussprüfung.

Der **Verbund** kannte bis zur Sommerprüfung 2018 keine Günstigerprüfung, d. h. entweder sollte laut ausdrücklicher Aufgabenstellung § 6 Abs. 2 EStG oder § 6 Abs. 2a EStG angewendet werden. Erstmals sollte eine Günstigerprüfung im Sommer 2018 vorgenommen werden (hierfür gab es dann auch gleich 7 Punkte). Gehen Sie davon aus, dass weitere Aufgaben folgen werden. Vielleicht schon in den Prüfungen Sommer und Winter 2020.

 ACHTUNG

Am 27.04.2017 hat der Bundestag dem Gesetz gegen schädliche Steuerpraktiken im Zusammenhang mit Rechteüberlassungen zugestimmt. Nach der Zustimmung des Bundesrats und der Veröffentlichung im BGBl. (BGBl. I 2017, S. 2074) ist das Gesetz in Kraft getreten. Trotz des Namens beinhaltet das Gesetz eine für die Praxis bedeutsame Anhebung der Grenzwerte für geringwertige Wirtschaftsgüter (GWG):

- **Die GWG-Grenze innerhalb des § 6 Abs. 2 EStG ist von 410 € auf 800 € angehoben worden.**
- **Für den Sammelposten gem. § 6 Abs. 2a EStG ist der untere Grenzwert von 150 € auf 250 € angehoben worden. Der obere Wert (1.000 €) bleibt unverändert.**
- **Nach § 52 Abs. 12 EStG gelten diese Veränderungen für solche Investitionen, die nach dem 31.12.2017 getätigt werden, also ab dem 01.01.2018.**
- **Da Sie in den Prüfungen 2020 im Regelfall mit dem Rechtsstand 2019 arbeiten sollen, ist diese Änderung für Sie relevant!**

9.1 Geringwertige Wirtschaftsgüter gem. § 6 Abs. 2 EStG

Im Anwendungsbereich des **§ 6 Abs. 2 EStG** kann es nur einen kurzen Geschäftsvorfall geben, der zu buchen ist. Hierbei ist zu differenzieren zwischen **offensichtlichen GWG** (Kaufpreis netto bis einschließlich 800 € oder Kaufpreis brutto bis einschließlich 952 €) und **„versteckten" GWG** (Kaufpreis netto über 800 € oder brutto über 952 € und damit eigentlich kein GWG – aufgrund eines Rabatts oder eines Skontos am Ende aber doch ein GWG).

Zur Verdeutlichung des Anwendungsbereichs von **§ 6 Abs. 2 EStG** folgende Übersicht:

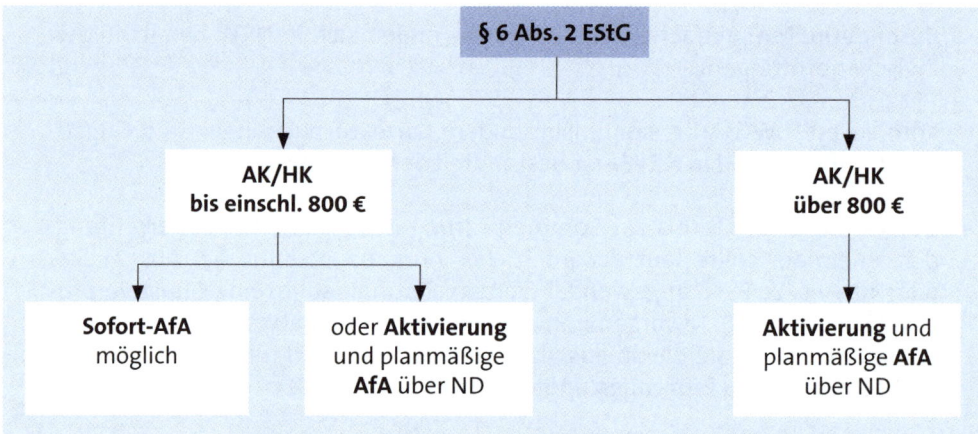

§ 6 Abs. 2 EStG ist als **Wahlrecht** (vgl. Formulierung in Satz 1 „können") ausgestaltet. Wirtschaftsgüter können also unter den Voraussetzungen des § 6 Abs. 2 EStG sofort als BA abgezogen werden, müssen aber nicht. Alternativ können sie auch aktiviert und planmäßig abgeschrieben werden. Da das Prüfungsamt in den allgemeinen Angaben immer einen **möglichst niedrigen steuerlichen Gewinn** wünscht, besteht in der Klausur **de facto kein Wahlrecht. Falls möglich, muss** das entsprechende Wirtschaftsgut **sofort abgeschrieben** werden.

Unter folgenden **Voraussetzungen** ist eine Sofort-AfA i. S. d. **§ 6 Abs. 2 EStG** möglich:

➤ Anschaffungs-/Herstellungskosten (oder auch Einlagewert) ≤ 800 € (netto)

➤ Wirtschaftsgut gehört zum Anlagevermögen

➤ Wirtschaftsgut muss abnutzbar, beweglich und einer selbstständigen Nutzung fähig sein.

Meistens werden diese Voraussetzungen unproblematisch vorliegen.

Aufgabe 1: Der Laptop

Dirk Hase kaufte im Juli einen Laptop (Nutzungsdauer: 3 Jahre) für 476 € brutto, den er per Banküberweisung zahlte.

Buchen Sie den Kauf im Juli und buchen Sie zum 31.12. die höchstmögliche steuerliche Abschreibung.

Lösung s. Seite 169

Aufgabe 2: Die Telefonanlage

Dirk Hase kaufte im Weihnachtsgeschäft 2018 eine Telefonanlage (Nutzungsdauer: 5 Jahre) für 1.547 € brutto auf Ziel. Aufgrund seines großartigen Verhandlungsgeschicks gelang es ihm, einen einmaligen sofortigen Sonderrabatt i. H. v. 40 % auszuhandeln.

Nehmen Sie alle erforderlichen Buchungen für das Jahr 2018 vor.

Lösung s. Seite 170

Aufgabe 3: Die Schreibtischlampe

Dirk Hase kaufte im August eine Schreibtischlampe für 979,37 € brutto auf Ziel. Anfang September zahlte er die Rechnung unter Abzug von 3 % per Banküberweisung.

Buchen Sie den Kauf im August. Buchen Sie den Zahlungsvorgang Anfang September. Nehmen Sie ggf. weitere erforderliche Buchungen vor (Nutzungsdauer: 13 Jahre).

Lösung s. Seite 171

Aufgabe 4: Der Kopierer

Dirk Hase kaufte im März einen gebrauchten Kopierer für 950,81 € brutto. Für den Transport wurden Hase 59,50 € brutto in Rechnung gestellt.

Buchen Sie den Kauf des Kopierers und der Transportrechnung in einem oder in zwei Buchungssätzen.

Lösung s. Seite 172

9.2 Geringwertige Wirtschaftsgüter gem. § 6 Abs. 2a EStG (Sammelposten)

Zur Verdeutlichung des Anwendungsbereichs von **§ 6 Abs. 2a EStG (Sammelposten)** dient folgende Übersicht:

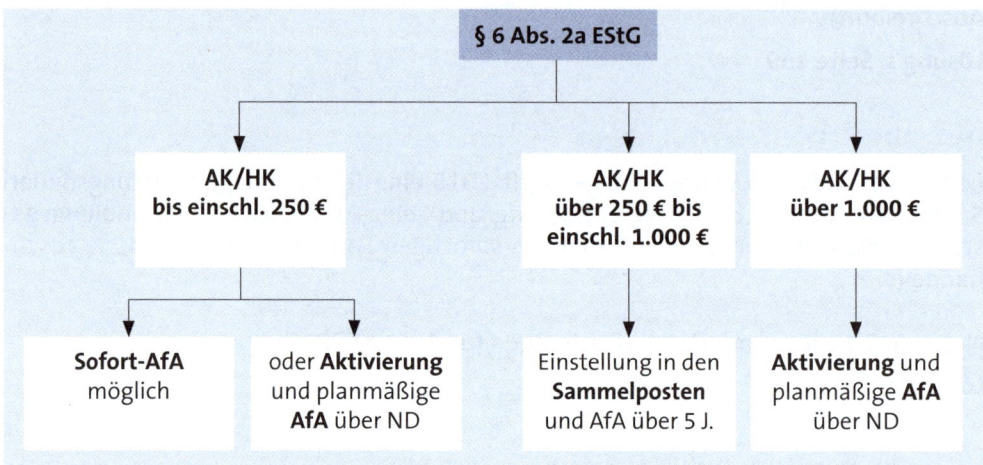

Auch **§ 6 Abs. 2a EStG** ist als **Wahlrecht** (vgl. Formulierung in Satz 1 „kann ein Sammelposten gebildet werden") ausgestaltet. Wirtschaftsgüter können also unter den Voraussetzungen des § 6 Abs. 2a EStG in einen Sammelposten eingestellt werden (keine Pflicht). Alternativ (wenn man insgesamt auf die Anwendung des § 6 Abs. 2a EStG verzichten möchte) können sie auch aktiviert und planmäßig abgeschrieben werden. Da das Prüfungsamt in den allgemeinen Angaben immer einen **möglichst niedrigen steuerlichen Gewinn** wünscht, besteht **in der Klausur de facto kein Wahlrecht**. Falls also z. B. ein Wirtschaftsgut mit AK i. H. v. 900 € und einer Nutzungsdauer von 8 Jahren eingekauft wird, muss das entsprechende Wirtschaftsgut in den Sammelposten eingestellt werden.

Unter folgenden **Voraussetzungen** ist die Einstellung in einen **Sammelposten** gem. **§ 6 Abs. 2a EStG** möglich:

▶ Anschaffungs-/Herstellungskosten (oder auch Einlagewert) müssen 250 € (netto) übersteigen, jedoch ≤ 1.000 € netto

▶ Wirtschaftsgut gehört zum Anlagevermögen

▶ Wirtschaftsgut muss abnutzbar, beweglich und einer selbstständigen Nutzung fähig sein.

Meistens werden diese Voraussetzungen unproblematisch vorliegen.

Aufgabe 5: Der Schreibtisch

Anna Hase-Talhaupt kaufte am 08.08.2018 einen Schreibtisch für 1.011,50 € brutto auf Ziel. Der Schreibtisch hat eine Nutzungsdauer von 13 Jahren.

Buchen Sie den Kauf des Schreibtisches zum 08.08.2018. Nehmen Sie auch die erforderliche Buchung zum 31.12.2018 vor.

Lösung s. Seite 173

Aufgabe 6: Verkauf aus Sammelposten

Anna Hase-Talhaupt hatte in 2018 ein Wirtschaftsgut (BGA) zulässigerweise in den Sammelposten gem. § 6 Abs. 2a EStG eingestellt. Am 02.02.2019 verkaufte sie dieses Wirtschaftsgut für 350 € netto in bar.

Nehmen Sie die erforderliche Buchung zum 02.02.2019 vor.

Lösung s. Seite 174

Aufgabe 7: Günstigerprüfung

Anna Hase-Talhaupt kaufte im März 2018 einen neuen **Schreibtisch für 1.000 € netto** und einen neuen **Schreibtischstuhl für 309,40 € brutto**. Nutzungsdauer jeweils 13 Jahre.

Buchen Sie die Rechnung vom März. Nehmen Sie auch alle erforderlichen Buchungen zum 31.12. vor.

Lösung s. Seite 174

Aufgabe 8: Abschreiben erlaubt

Anna Hase-Talhaupt hat in 2016 diverse Wirtschaftsgüter zulässigerweise in einen Sammelposten eingestellt und ordnungsgemäß gebucht. Der Stand dieses Sammelpostens aus 2016 betrug zum 01.01.2018 3.225 €.

Ermitteln Sie in einer übersichtlichen Darstellung den Bilanzansatz des Sammelpostens aus 2016 zum 31.12.2018 und führen Sie die erforderliche Buchung zum 31.12.2018 durch.

Lösung s. Seite 175

10. Wertpapiere/Aktien

 INFO

Steuerberater-kammern	Anzahl ausgewer-teter Klausuren	Prüfungswahr-scheinlichkeit	Erreichbare Punktzahl
Verbund	15	0 %	0,0
NRW	25	20 %	10,0 - 33,5

Besonderheiten: Der **Verbund** kennt keine Wertpapiere/Aktien. Korrespondierend dazu fehlen die entsprechenden Konten auf dem Prüfungskontenrahmen. Zwar ist eine Anpassung des Prüfungskontenrahmens jederzeit möglich, ich halte es aber für äußerst unwahrscheinlich, dass Wertpapiere/Aktien in den Prüfungen 2020 im Verbund eine Rolle spielen werden.

In **NRW** gehören die Wertpapiere/Aktien aufgrund ihrer Prüfungswahrscheinlichkeit eher in die Kategorie „Exoten", sollten aber dennoch unbedingt beherrscht werden, denn (beachten Sie hier insbesondere die erreichbare Punktzahl) wenn Wertpapiere/Aktien in NRW kommen, dann richtig.

Grundsätzlich vorstellbar sind folgende aufeinander aufbauende Geschäftsvorfälle:

▸ Kauf von Aktien mit Anschaffungsnebenkosten

▸ Bankgutschrift von laufenden Erträgen aus Aktien (Dividendenerträge)

▸ Verkauf von Aktien mit Veräußerungsverlust

▸ Verkauf von Aktien mit Veräußerungsgewinn

▸ Bewertung von Aktien zum Abschlussstichtag bei gestiegenen und/oder gefallenen Kursen.

Dies führt zu folgenden Buchungssätzen:

Kauf von Aktien

Sollkonto (SKR 04/SKR 03)	Habenkonto (SKR 04/SKR 03)
1510/1348 Sonstige Wertpapiere[1]	1800/1200 Bank

---

[1] Dieses Konto gibt es auf dem Prüfungskontenrahmen.

Bankgutschrift von laufenden Erträgen aus Aktien (Dividendenerträge)

Sollkonto (SKR 04/SKR 03)	Habenkonto (SKR 04/SKR 03)
1800/1200 Bank	
2150/1810 Privatsteuern	7103/2655 Erträge aus Anteilen an Kapitalgesellschaften (UV)

Verkauf von Aktien mit Veräußerungsverlust

Sollkonto (SKR 04/SKR 03)	Habenkonto (SKR 04/SKR 03)
1800/1200 Bank	1510/1348 Sonstige Wertpapiere
6903/2323 Verluste aus der Veräußerung von Anteilen an Kapitalgesellschaften	

Verkauf von Aktien mit Veräußerungsgewinn

Sollkonto (SKR 04/SKR 03)	Habenkonto (SKR 04/SKR 03)
1800/1200 Bank	1510/1348 Sonstige Wertpapiere
	4901/2723 Erträge aus der Veräußerung von Anteilen an Kapitalgesellschaften

 INFO

Die **Konten 7103/2655** *Erträge aus Anteilen an Kapitalgesellschaften* (UV), **6903/2323** *Verluste aus der Veräußerung von Anteilen an Kapitalgesellschaften* und **4901/2723** *Erträge aus der Veräußerung von Anteilen an Kapitalgesellschaften* **gibt es auf dem Prüfungskontenrahmen nicht**. Ich werte das als Indiz dafür, dass solche Geschäftsvorfälle (Dividendenerträge, Verkauf mit Gewinn oder Verlust) nicht Gegenstand der Abschlussprüfung des **Verbundes** sein können; vgl. auch o. a. Info zu den Wertpapieren/Aktien. Der Prüfungskontenrahmen wird zwar in regelmäßigen Abständen verändert/erneuert. Dies ist aber gerade für die Prüfungen in 2017 geschehen. Mit einer erneuten Veränderung/Anpassung ist daher in naher Zukunft nicht zu rechnen.

Sollte dennoch der meiner Meinung nach höchst unwahrscheinliche Fall eintreten, dass solche Geschäftsvorfälle gebucht werden müssen, müsste auf folgende Konten „ausgewichen" werden:

Originalkonto		Vergleichbares Konto auf dem Prüfungskontenrahmen	
1510/1348	Sonstige Wertpapiere	1510/1348	Wertpapiere
7103/2655	Erträge aus Anteilen an Kapitalgesellschaften (UV)	7100/2650	Zinsen und ähnliche Erträge
6903/2323	Verluste aus der Veräußerung von Anteilen an Kapitalgesellschaften	6905/2325	Verluste aus Abgang von Gegenständen des UV außer Vorräte
4901/2723	Erträge aus der Veräußerung von Anteilen an Kapitalgesellschaften	4905/2725	Erträge aus Abgang von Gegenständen des UV außer Vorräte

Aufgabe 1: Kauf von Aktien

Am 30.11. kaufte Brigitte Scholz 5.000 Aktien der Volkswagen AG zum Kurs von 190 €/Aktie. Für die Durchführung dieser Order berechnete ihre Hausbank 1,5 % des Kaufpreises als Bankprovision.

Frau Scholz hoffte auf kurzfristige Wertsteigerungen und ordnete die Wertpapiere deshalb zulässigerweise dem Umlaufvermögen zu.

Buchen Sie den Kauf zum 30.11. Abgewickelt wurde der Kauf über die Hausbank von Frau Scholz.

Lösung s. Seite 177

Aufgabe 2: Dividendenerträge

Anfang Dezember erhielt Brigitte Scholz eine Dividende für die in Aufgabe 1 gekauften 5.000 Aktien der Volkswagen AG (3,56 €/Aktie).

Buchen Sie die entsprechende Bankgutschrift zum Dezember. Die Kapitalertragsteuer und der Solidaritätszuschlag ist von der Hausbank einbehalten worden.

Lösung s. Seite 177

Aufgabe 3: Verkauf von Aktien mit Veräußerungsverlust und Veräußerungsgewinn

Aufgrund der schlechten Kursentwicklung und aus Angst vor weiteren Kursverlusten verkaufte Brigitte Scholz Mitte Dezember 4.000 Aktien der Volkswagen AG zum Kurs von 182,50 €/Aktie (Abwandlung: 200,00 €/Aktie). Sie hatte diese Aktien (vgl. Aufgabe 1) am 30.11. gekauft. Für die Durchführung dieser Order berechnete ihre Hausbank 1,5 % des Verkaufspreises als Bankprovision. Der entsprechende Betrag wurde dem Bankkonto gutgeschrieben.

Buchen Sie den Verkauf der Aktien. Geben Sie auch die **handelsrechtliche und steuerrechtliche Gewinnauswirkung** (gewinnerhöhend, gewinnmindernd oder gewinnneutral) in Euro an.

Hinweis für die Abwandlung: Der Abzug von Kapitalertragsteuer und Solidaritätszuschlag unterbleibt; vgl. § 43 Abs. 2 Satz 3 Nr. 2 EStG.

Lösung s. Seite 177

Aufgabe 4: Gewinne oder Verluste?

Brigitte Scholz eröffnete Anfang 2018 ein neues Depot bei der Spaßkasse Bremen. Als Neukundin sind die ersten fünf Orders kostenlos. Noch im Januar 2018 kaufte sie 1.000 Aktien der Deutschen Telekom AG zum Kurs von 14 €/Aktie. Im Februar 2018 kaufte sie noch einmal 1.000 Aktien der Deutschen Telekom AG zum Kurs von 16 €/Aktie. Die beiden Anschaffungsvorgänge sind jeweils ordnungsgemäß gebucht worden. Die Aktien sind ordnungsgemäß auf dem Konto *1510/1348 Sonstige Wertpapiere* aktiviert worden. Im März 2018 verkaufte Frau Scholz 500 Aktien der Deutschen Telekom AG zum Kurs von 15 €/Aktie. Die Spaßkasse Bremen überwies nach ordnungsgemäßer Abrechnung einen Betrag i. H. v. 7.500 € auf das betriebliche Bankkonto von Frau Scholz.

Buchen Sie den Verkauf der Aktien. Ein eventueller Abzug von Kapitalertragsteuer und Solidaritätszuschlag unterbleibt; vgl. § 43 Abs. 2 Satz 3 Nr. 2 EStG.

Lösung s. Seite 179

11. Löhne und Gehälter

 INFO

Steuerberater-kammern	Anzahl ausgewer-teter Klausuren	Prüfungswahr-scheinlichkeit	Erreichbare Punktzahl
Verbund	15	100 %	5,0 - 8,5
NRW	25	24 %	4,5 - 22,0

In diesem umfangreichen Themengebiet sind folgende Aufgaben/Buchungen vorstellbar:

Häufig werden abgeprüft:

▶ Buchen einer „normalen" Gehaltsabrechnung nach der Bruttomethode

▶ Buchen von Gehaltsvorschüssen und spätere Verrechnung

▶ Buchen von vermögenswirksamen Leistungen (drei Varianten möglich)

▶ Buchen von Sachzuwendungen an Arbeitnehmer (Wohnung und Unterkunft, Verpflegung, Gestellung von Kfz).

Seltener werden abgeprüft:

▶ Buchen von geringfügigen Beschäftigungen.

Aufgabe 1: Der Vorschuss

Arbeitgeber Knecht Ruprecht (K. R.) zahlte seiner Angestellten Biene Maya (B. M.) zu Beginn des Monats Februar einen Gehaltsvorschuss i. H. v. 1.000 € in bar.

Außerdem liegen folgende Werte für die Gehaltsabrechnung vor:

Bruttogehalt	4.000,00 €
Lohn- und Kirchensteuer, Solidaritätszuschlag	809,33 €
Sozialversicherung AN-Anteil	821,00 €
Sozialversicherung AG-Anteil	777,00 €

Der Auszahlungsbetrag wird per Bank überwiesen.

Buchen Sie die Auszahlung des Gehaltsvorschusses zu Beginn des Monats.

Buchen Sie die Gehaltsabrechnung (dabei soll der Vorschuss verrechnet werden) und den AG-Anteil zur Sozialversicherung.

Lösung s. Seite 181

Aufgabe 2: Vermögenswirksame Leistungen

Willi von der Tulpe ist bei Arbeitgeber Knecht Ruprecht angestellt. Folgende Werte für die Gehaltsabrechnung liegen vor:

Bruttogehalt	4.000,00 €
Lohn- und Kirchensteuer, Solidaritätszuschlag	809,33 €
Sozialversicherung AN-Anteil	821,00 €
Sozialversicherung AG-Anteil	777,00 €
Vermögenswirksame Leistungen (vom AN alleine getragen)	40 €

Der Auszahlungsbetrag wird per Bank überwiesen.

Buchen Sie die Gehaltsabrechnung und den AG-Anteil zur Sozialversicherung.

Abwandlungen:

a) Wie wäre zu buchen, wenn der AG Knecht Ruprecht die vermögenswirksamen Leistungen alleine tragen würde?

b) Wie wäre zu buchen, wenn der AG Knecht Ruprecht einen Zuschuss i. H. v. 10 € zu den vermögenswirksamen Leistungen gewähren würde (bei einer monatlichen Sparrate von insgesamt 40 €)?

Bearbeitungshinweis:
Gehen Sie für die beiden Abwandlungen a) und b) davon aus, dass sich aus Vereinfachungsgründen die Höhe des AN-Anteils und des AG-Anteils zur Sozialversicherung und die Steuern nicht verändern.

Lösung s. Seite 181

Aufgabe 3: Der ungerechte Arbeitgeber

AG Knecht Ruprecht beschäftigt drei AN: Biene Maya, Willi von der Tulpe und Alois Siebenpunkt.

Folgende Werte für die drei Gehaltsabrechnungen liegen vor:

	Biene Maya	**Willi von der Tulpe**	**Alois Siebenpunkt**
Bruttogehalt	3.500,00 €	3.500,00 €	3.500,00 €
Lohn- und Kirchen-steuer, Solidaritäts-zuschlag	645,24 €	913,00 €	809,33 €
Sozialversicherung AN-Anteil	718,38 €	882,58 €	821,00 €
Sozialversicherung AG-Anteil	679,88 €	835,28 €	777,00 €
Wohnung	Biene Maya residiert in einer Wohnung von Knecht Ruprecht zur **ortsüblichen Miete** i. H. v. 800 €. Die Miete wird vom Gehalt einbehalten und soll bei der Gehaltsabrechnung verrechnet werden.	Willi von der Tulpe residiert **kostenlos** in einer Wohnung von Knecht Ruprecht. Die ortsübliche Miete beträgt 800 €.	Alois Siebenpunkt residiert **verbilligt** in einer Wohnung von Knecht Ruprecht. Die tatsächliche Miete i. H. v. 300 € wird vom Gehalt einbehalten und soll bei der Gehaltsabrechnung verrechnet werden (ortsübliche Miete: 800 €).

Die Auszahlungsbeträge werden jeweils per Bank überwiesen.

Buchen Sie die drei Gehaltsabrechnungen und den AG-Anteil zur Sozialversicherung.
Lösung s. Seite 183

Aufgabe 4: Der Firmenwagen

Paul Emsig ist Angestellter bei Knecht Ruprecht. Paul Emsig fährt einen betrieblichen Firmenwagen von Knecht Ruprecht, den er ausweislich des Arbeitsvertrages auch zu Privatfahrten nutzen darf. Die einfache Entfernung zwischen Wohnung und Arbeitsstätte beträgt 25 km. Knecht Ruprecht hatte diesen Firmenwagen für 25.000 € zzgl. 19 % USt erworben. Der inländische Listenpreis im Zeitpunkt der Erstzulassung lag bei 29.000 € zzgl. 19 % USt. Eine Lohnsteuerpauschalierung wird nicht gewünscht.

Berechnen Sie in einer übersichtlichen Darstellung den gesamten monatlichen geldwerten Vorteil aus der Firmenwagennutzung für Paul Emsig.

Außerdem liegen noch folgende Werte für die Gehaltsabrechnung von Paul Emsig vor:

Bruttogehalt	3.300,00 €
Lohn- und Kirchensteuer, Solidaritätszuschlag	776,62 €
Sozialversicherung AN-Anteil	801,24 €
Sozialversicherung AG-Anteil	758,30 €
Geldwerter Vorteil aus Kfz-Nutzung	? €

Der Auszahlungsbetrag wird per Bank überwiesen.

Buchen Sie die Gehaltsabrechnung und den AG-Anteil zur Sozialversicherung.

Bearbeitungshinweis:
Die Steuern, der AN-Anteil und der AG-Anteil sind aufgrund des geldwerten Vorteils **nicht** neu zu berechnen. Der geldwerte Vorteil ist bereits in den o. a. Beträgen berücksichtigt.

Lösung s. Seite 184

Aufgabe 5: Kostenlos Essen

Die Gehaltsabrechnung von Biene Maya ist noch zu erfassen. Neben dem u. a. Bruttogehalt i. H. v. 3.300 € gewährt der AG Knecht Ruprecht seiner AN Biene Maya zusätzlich noch freie Verpflegung.

Für die Gehaltsabrechnung von Biene Maya liegen folgende Werte vor:

Bruttogehalt	3.300,00 €
Lohn- und Kirchensteuer, Solidaritätszuschlag	658,30 €
Sozialversicherung AN-Anteil	726,79 €
Sozialversicherung AG-Anteil	687,84 €
Pauschalen gem. § 2 Abs. 1 Sozialversicherungsentgeltverordnung (SvEV) für die freie Verpflegung	241,00 €

Der Auszahlungsbetrag wird per Bank überwiesen.

Buchen Sie die Gehaltsabrechnung und den AG-Anteil zur Sozialversicherung.

Lösung s. Seite 185

Aufgabe 6: Immerhin steuerfrei

Knecht Ruprecht beschäftigt im Rahmen eines geringfügigen Beschäftigungsverhältnisses Theodor Storm als Aushilfskraft. Der Lohn i. H. v. 440 € wurde in bar ausgezahlt. Die pauschalen Arbeitgeberbeiträge zur Sozialversicherung und die pauschale Lohnsteuer soll berechnet werden. Die entsprechenden Beträge wurde von Knecht Ruprecht bereits per Banküberweisung bezahlt. Aus Vereinfachungsgründen ist auf die Umlagen nicht einzugehen. Theodor Storm hat auf die Rentenversicherungspflicht wirksam verzichtet.

Buchen Sie die Barzahlung und die Überweisung von Knecht Ruprecht.

Lösung s. Seite 185

Aufgabe 7: Alles selber ausrechnen

Folgende Gehaltsabrechnung für die AN Biene Maya ist noch vorzunehmen:

Bruttogehalt	3.300,00 €
Lohn- und Kirchensteuer, Solidaritätszuschlag	587,25 €
Sozialversicherung AN-Anteil	? €
Sozialversicherung AG-Anteil	? €
Kindergartenzuschuss	150,00 €
Vermögenswirksame Leistungen (monatliche Sparrate insgesamt 40 €) **Zuschuss vom AG**	**15,00 €**

Biene Maya (25 Jahre) hat die Steuerklasse 1, ist in der Kirche, wohnt in Baden-Württemberg und hat ein Kind. Aus diesen Gründen ist mit einem AG-Anteil i. H. v. 19,425 % und einem AN-Anteil von 20,525 % zu rechnen.

Der Auszahlungsbetrag wird per Bank überwiesen.

Buchen Sie die Gehaltsabrechnung und den AG-Anteil zur Sozialversicherung.

Lösung s. Seite 186

12. Periodengerechte Erfassung von Aufwand und Ertrag

 INFO

Steuerberater- kammern	Anzahl ausgewer- teter Klausuren	Prüfungswahr- scheinlichkeit	Erreichbare Punktzahl
Verbund	15	100 %	2,0 - 10,0
NRW	25	40 %	3,5 - 13,0

In **NRW** unter den **TOP 5** der prüfungsrelevantesten Themengebieten.

Grundsätzlich wird es sich in diesem Bereich um ganz normale **Geschäftsvor-fälle aus der Fibu** (z. B. Bankgutschrift für Miete, Banklastschrift für Zinsen, Zahlung einer Versicherung per Banküberweisung etc.) handeln, **die** (damit der Aufwand bzw. Ertrag periodengerecht erfasst werden kann) **über den Ab-schlussstichtag hinausgehen**.

In diesem Bereich sind **vier Varianten** vorstellbar:

► Ausgabe vor dem Abschlussstichtag, Aufwand teilweise danach

► Einnahme vor dem Abschlussstichtag, Ertrag teilweise danach

► Aufwand teilweise vor dem Abschlussstichtag, Ausgabe danach

► Ertrag teilweise vor dem Abschlussstichtag, Einnahme danach.

Gemäß **§ 252 Abs. 1 Nr. 5 HGB** sind Aufwendungen und Erträge des Geschäftsjahres unabhängig von den Zeitpunkten der entsprechenden Zahlungen im Jahresabschluss zu berücksichtigen (**GoB**).

Hierfür stellt die Bilanz nach **§ 266 Abs. 2** und **Abs. 3** HGB **vier Bilanzposten** zur Verfügung:

	Abschlussstichtag 31.12.	
ARAP	Ausgabe	Aufwand
PRAP	Einnahme	Ertrag
Sonst. Verb.	Aufwand	Ausgabe
Sonst. VG	Ertrag	Einnahme

12.1 Aktive Rechnungsabgrenzungsposten (ARAP)

Gemäß **§ 250 Abs. 1 HGB** bzw. **§ 5 Abs. 5 Satz 1 Nr. 1 EStG** sind als Rechnungsabgrenzungsposten auf der Aktivseite Ausgaben vor dem Abschlussstichtag auszuweisen, soweit sie Aufwand für eine bestimmte Zeit nach diesem Tag darstellen.

In der Grundkonstellation eines ARAP handelt es sich also um Geschäftsvorfälle, bei denen die Ausgabe (Bank oder Kasse nimmt ab) vor dem Abschlussstichtag und der Aufwand teilweise nach dem Abschlussstichtag liegt.

Möchte man die Rechnungsabgrenzung nicht erst zum Abschlussstichtag vornehmen, sondern sie auch schon bei der Buchung der Ausgabe berücksichtigen, ergibt sich folgende Struktur des Buchungssatzes:

Sollkonto (SKR 04/SKR 03)	Habenkonto (SKR 04/SKR 03)
Aufwandskonto	1600/1000 Kasse oder 1800/1200 Bank
1900/0980 ARAP	

Muss der im Vorjahr gebildete ARAP aufgelöst werden, ergibt sich folgende Struktur des Buchungssatzes:

Sollkonto (SKR 04/SKR 03)	Habenkonto (SKR 04/SKR 03)
Aufwandskonto	**1900/0980 ARAP**

12.2 Passive Rechnungsabgrenzungsposten (PRAP)

Gemäß **§ 250 Abs. 2 HGB** bzw. **§ 5 Abs. 5 Satz 1 Nr. 2 EStG** sind als Rechnungsabgren-zungsposten auf der Passivseite Einnahmen vor dem Abschlussstichtag auszuweisen, soweit sie Ertrag für eine bestimmte Zeit nach diesem Tag darstellen.

In der Grundkonstellation eines PRAP handelt es sich also um Geschäftsvorfälle, bei denen die Einnahme (Bank oder Kasse nimmt zu) vor dem Abschlussstichtag und der Ertrag teilweise nach dem Abschlussstichtag liegt.

Möchte man die Rechnungsabgrenzung nicht erst zum Abschlussstichtag vorneh-men, sondern sie auch schon bei der Buchung der Einnahme berücksichtigen, ergibt sich folgende Struktur des Buchungssatzes:

Sollkonto (SKR 04/SKR 03)	Habenkonto (SKR 04/SKR 03)
1600/1000 Kasse oder 1800/1200 Bank	Ertragskonto
	3900/0990 PRAP

Muss der im Vorjahr gebildete PRAP aufgelöst werden, ergibt sich folgende Struktur des Buchungssatzes:

Sollkonto (SKR 04/SKR 03)	Habenkonto (SKR 04/SKR 03)
3900/0990 PRAP	Ertragskonto

12.3 Sonstige Verbindlichkeiten

Nach **R 5.6 Abs. 3 EStR** dürfen antizipative Posten (Ausgaben oder Einnahmen nach dem Bilanzstichtag, die Aufwand oder Ertrag für einen Zeitraum vor diesem Tag dar-stellen) nur in den Fällen des § 5 Abs. 5 Satz 2 EStG ausgewiesen werden. **Soweit sich aus den ihnen zugrunde liegenden Geschäftsvorfällen bereits Forderungen oder Ver-bindlichkeiten ergeben haben, sind sie als solche** *(3500/1700 Sonstige Verbindlichkei-ten* **oder** *1300/1500 Sonstige Vermögensgegenstände)* **zu bilanzieren.**

In der Grundkonstellation der sonstigen Verbindlichkeiten handelt es sich also um Geschäftsvorfälle, bei denen die Ausgabe (Bank oder Kasse nimmt ab) nach dem Ab-schlussstichtag und der Aufwand teilweise vor dem Abschlussstichtag liegt.

Daraus ergibt sich folgende Struktur des Buchungssatzes:

Sollkonto (SKR 04/SKR 03)	Habenkonto (SKR 04/SKR 03)
Aufwandskonto	3500/1700 **Sonstige Verbindlichkeiten**

Müssen die im Vorjahr gebildeten sonstigen Verbindlichkeiten aufgelöst werden, ergibt sich folgende Struktur des Buchungssatzes:

Sollkonto (SKR 04/SKR 03)	Habenkonto (SKR 04/SKR 03)
3500/1700 Sonstige Verbindlichkeiten	1600/1000 Kasse oder 1800/1200 Bank

oder falls Aufwand auch noch im neuen Jahr zu erfassen ist:

Sollkonto (SKR 04/SKR 03)	Habenkonto (SKR 04/SKR 03)
3500/1700 Sonstige Verbindlichkeiten	1600/1000 Kasse oder 1800/1200 Bank
Aufwandskonto	

12.4 Sonstige Vermögensgegenstände

Nach **R 5.6 Abs. 3 EStR** dürfen antizipative Posten (Ausgaben oder Einnahmen nach dem Bilanzstichtag, die Aufwand oder Ertrag für einen Zeitraum vor diesem Tag darstellen) nur in den Fällen des § 5 Abs. 5 Satz 2 EStG ausgewiesen werden. **Soweit sich aus den ihnen zugrunde liegenden Geschäftsvorfällen bereits Forderungen oder Verbindlichkeiten ergeben haben, sind sie als solche** *(3500/1700 Sonstige Verbindlichkeiten oder 1300/1500 Sonstige Vermögensgegenstände)* **zu bilanzieren.**

In der Grundkonstellation der sonstigen Vermögensgegenstände handelt es sich also um Geschäftsvorfälle, bei denen die Einnahme (Bank oder Kasse nimmt zu) **nach** dem Abschlussstichtag und der Ertrag teilweise **vor** dem Abschlussstichtag liegt.

Daraus ergibt sich folgende Struktur des Buchungssatzes:

Sollkonto (SKR 04/SKR 03)	Habenkonto (SKR 04/SKR 03)
1300/1500 Sonstige Vermögensgegenstände	Ertragskonto

Müssen die im Vorjahr gebildeten sonstigen Vermögensgegenstände aufgelöst werden, ergibt sich folgende Struktur des Buchungssatzes:

Sollkonto (SKR 04/SKR 03)	Habenkonto (SKR 04/SKR 03)
1600/1000 Kasse oder 1800/1200 Bank	**1300/1500 Sonstige Vermögensgegenstände**

oder falls Ertrag auch noch im neuen Jahr zu erfassen ist:

Sollkonto (SKR 04/SKR 03)	Habenkonto (SKR 04/SKR 03)
1600/1000 Kasse oder 1800/1200 Bank	**1300/1500 Sonstige Vermögensgegenstände**
	Ertragskonto

12.5 Gemischte Aufgaben ╳

Aufgabe 1: Das SEPA-Lastschriftmandat

Für die Zahlung der Kfz-Steuer hat Fernanda Brandao (F. B.) dem zuständigen Hauptzollamt in 2016 ein SEPA-Lastschriftmandat (Formular 032021) erteilt. Die Kfz-Steuer wird im Rahmen dieses SEPA-Lastschriftverfahrens regelmäßig für zwölf Monate im Voraus abgebucht. Für die Folgejahre ergeht kein erneuter Steuerbescheid oder Zahlungshinweis.

Bei der Durchsicht ihrer Kontoauszüge des betrieblichen Bankkontos entdeckte F. B. eine Lastschrift vom 05.11.2018 über 138 € für die Kfz-Steuer für die Zeitspanne 01.11.2018 - 31.10.2019.

Buchen Sie diese Lastschrift, wenn

a) noch gar nichts gebucht wurde,

b) bereits

Sollkonto (SKR 04/SKR 03)	Betrag (Euro)	Habenkonto (SKR 04/SKR 03)	Betrag (Euro)
7685/4510 Kfz-Steuer	138,00	1800/1200 Bank	138,00

gebucht wurde und

c) bereits

Sollkonto (SKR 04/SKR 03)	Betrag (Euro)	Habenkonto (SKR 04/SKR 03)	Betrag (Euro)
1900/0980 ARAP	138,00	1800/1200 Bank	138,00

gebucht wurde.

Führen Sie auch die erforderliche Buchung für das Jahr 2019 durch.

Lösung s. Seite 188

Aufgabe 2: Das vermietete Ladenlokal ╳

Fernanda Brandao (F. B.) hat ein dem Betriebsvermögen zugeordnetes Ladenlokal ab dem 01.09.2018 vermietet. Ausweislich des Mietvertrags ist die Miete jeweils für ein halbes Jahr im Voraus zu zahlen. F. B. hat wirksam auf die Steuerbefreiung verzichtet (§ 9 UStG). Pünktlich zum 03.09.2018 überwies der Mieter insgesamt 17.136 € inkl. 19 % USt für die Zeitspanne 01.09.2018 - 28.02.2019.

Buchen Sie diese Gutschrift für F. B., wenn

a) noch gar nichts gebucht wurde,

b) bereits

Sollkonto (SKR 04/SKR 03)	Betrag (Euro)	Habenkonto (SKR 04/SKR 03)	Betrag (Euro)
1800/1200 Bank	17.136,00	4860/2750 Grundstücks-erträge	14.400,00
		3800/1770 USt	2.736,00

gebucht wurde und

c) bereits

Sollkonto (SKR 04/SKR 03)	Betrag (Euro)	Habenkonto (SKR 04/SKR 03)	Betrag (Euro)
1800/1200 Bank	17.136,00	3900/0990 PRAP	14.400,00
		3800/1770 USt	2.736,00

gebucht wurde.

Führen Sie auch die erforderliche Buchung für das Jahr 2019 durch.

Lösung s. Seite 188

Aufgabe 3: Die nachträgliche Zinszahlung

Zur Aufstockung ihres Warensortiments nahm Fernanda Brandao (F. B.) am 30.11.2018 ein Darlehen bei der BNP Paribas Bank i. H. v. 30.000 € auf. Die Zinsen (Zinssatz: 4,9 % p. a.) werden nachträglich vierteljährlich erstmals am 28.02.2019 vom Bankkonto abgebucht. Ein Damnum/Disagio wurde nicht einbehalten. Die Aufnahme des Darlehens wurde bereits ordnungsgemäß gebucht.

Buchen Sie – falls erforderlich – zum 31.12.2018 und zum 28.02.2019 (1. Zinszahlung).

Lösung s. Seite 189

Aufgabe 4: Die Boutique in Krefeld

Shakira W. Wacka (S. W.) betreibt seit 2017 eine kleine Boutique in der Krefelder Innenstadt, in der sie Kleidung und Schmuck verkauft. Da bei Abschluss des Gewerbemietvertrags am 01.08.2017 völlig unklar war, ob S.W. die erhofften Umsätze überhaupt erwirtschaften konnte, wurde nur eine kurze Laufzeit von zwei Jahren und eine monatliche Miete i. H. v. 1.178,10 € inkl. 19 % USt vereinbart. S. W. erhielt auch noch eine einseitige Verlängerungsoption. Im Gegenzug musste S. W. die Miete für 18 Monate im Voraus zahlen. Für die letzten sechs Monate der Laufzeit wurde zudem eine turnover rent (Umsatzmiete) festgelegt.

S. W. buchte zum 01.08.2017:

Sollkonto (SKR 04/SKR 03)	Betrag (Euro)	Habenkonto (SKR 04/SKR 03)	Betrag (Euro)
6310/4210 Miete	17.820,00	1800/1200 Bank	21.205,80
1400/1570 Abziehbare VoSt	3.385,80		

Beurteilen Sie die von S. W. vorgenommene Buchung unter Nennung der einschlägigen Rechtsvorschriften aus dem EStG, HGB und UStG und führen Sie die erforderliche(n) Buchung(en) für die Jahre 2017, 2018 und 2019 durch.

Lösung s. Seite 189

Aufgabe 5: Die überraschende Steuererstattung

Shakira W. Wacka (S. W., vgl. Aufgabe 4) hatte zum 31.12.2017 eine Gewerbesteuerrückstellung i. H. v. 500 € gebildet und ordnungsgemäß wie folgt gebucht:

Sollkonto (SKR 04/SKR 03)	Betrag (Euro)	Habenkonto (SKR 04/SKR 03)	Betrag (Euro)
7610/4320 Gewerbesteuer	500,00	3035/0956 GewSt-Rückstellung	500,00

Am 30.12.2018 erhielt S. W. den Gewerbesteuerbescheid 2017. Darin wurde die Gewerbesteuer für 2017 mit 9.800 € festgesetzt. An Vorauszahlungen hatte S. W. in 2017 insgesamt 10.000 € geleistet. Den Erstattungsbetrag i. H. v. 200 € überwies das Finanzamt am 03.01.2019 (= Geldeingang auf dem betrieblichen Bankkonto).

Die Rückstellung 2017 hatte S. W. bereits ordnungsgemäß mit folgendem Buchungssatz aufgelöst:

Sollkonto (SKR 04/SKR 03)	Betrag (Euro)	Habenkonto (SKR 04/SKR 03)	Betrag (Euro)
3035/0956 GewSt-Rückstellung	500,00	7643/2283 Erträge aus d. Aufl. v. GewSt-Rückst.	500,00

Buchen Sie – falls erforderlich – zum 31.12.2018 und zum 03.01.2019.

Lösung s. Seite 190

Aufgabe 6: Der Wartungsvertrag

Shakira W. Wacka (S.W.) hatte in 2018 einen Wartungsvertrag für ihre EDV-Anlage abgeschlossen. Turnusmäßig wurde die Wartung im Dezember 2018 durchgeführt. Die Kosten hierfür i. H. v. 415,31 € inkl. 19 % USt wurden vereinbarungsgemäß am 31.01.2019 vom betrieblichen Bankkonto der S. W. abgebucht.

Buchen Sie – falls erforderlich – zum 31.12.2018 und zum 31.01.2019.

Lösung s. Seite 190

Aufgabe 7: Die Reparatur des Firmenwagens

Glückspilz Gustav Gans (G. G.) hatte mal wieder im Lotto gewonnen und daraufhin bei Shakira W. Wacka (S. W.) eine 4,50 Karat Diamant Collier Halskette (750er 18 Karat Weißgold) bestellt, um diese seiner neuen Freundin zu Weihnachten zu schenken. Eine solche Bestellung lieferte S. W. selbstverständlich persönlich aus. Auf der Rückfahrt am 20.12.2018 verursachte sie einen kleinen Auffahrunfall, wodurch ihr Firmenwagen leicht beschädigt wurde. Der Pkw konnte noch im Dezember 2018 repariert werden. Die Rechnung über 924,63 € inkl. 19 % USt erhielt S. W. am 10.01.2019. S. W. bezahlte sofort per Online-Überweisung von ihrem privaten Girokonto.

Buchen Sie – falls erforderlich – zum 31.12.2018 und zum 10.01.2019.

Lösung s. Seite 191

Aufgabe 8: Der Bescheid der Berufsgenossenschaft

Shakira W. Wacka (S. W.) lag zum Zeitpunkt der Bilanzerstellung (Ende März 2019) der Bescheid der Berufsgenossenschaft für 2018 vor. Ausweislich dieses Bescheids musste S. W. für 2018 insgesamt 550 € zahlen. Als Vorauszahlungen wurden in 2018 bereits vierteljährlich 100 € überwiesen.

Buchen Sie – falls erforderlich – zum 31.12.2018.

Lösung s. Seite 191

Aufgabe 9: Die Unfallversicherung

Shakira W. Wacka (S. W.) lag zum Zeitpunkt der Bilanzerstellung (Ende März 2019) der Bescheid der Berufsgenossenschaft für 2018 noch nicht vor. Zum Bilanzstichtag rechnete S. W. für die Unfallversicherung ihrer Beschäftigten mit einer Beitragsnachzahlung i. H. v. ca. 1.500 €.

Buchen Sie – falls erforderlich – zum 31.12.2018.

Lösung s. Seite 191

Aufgabe 10: Der verwirrte Buchhalter

Shakira W. Wacka (S. W.) überwies am 30.04.2018 von ihrem betrieblichen Bankkonto die Beiträge für ihre Betriebshaftpflichtversicherung (insgesamt 1.200 €) und Berufs-unfähigkeitsversicherung (insgesamt 480 €) für den Zeitraum vom 01.05.2018 bis zum 30.04.2019. Der verwirrte Buchhalter von S. W. buchte im Mai 2018:

Sollkonto (SKR 04/SKR 03)	Betrag (Euro)	Habenkonto (SKR 04/SKR 03)	Betrag (Euro)
6400/4360 Versicherungen	1.680,00	1800/1200 Bank	1.680,00

Buchen Sie – falls erforderlich – zum 31.12.2018.

Lösung s. Seite 191

Aufgabe 11: Die vermieteten Büroräume

Angelina Joliena (A. J.) hat eine Etage ihres Geschäftsgebäudes als Büroräume an den Immobilienmakler Brad Pitbull (B. P.) für eine monatliche Miete i. H. v. 2.644,18 € inkl. 19 % USt vermietet. Gemäß § 556b Abs. 1 BGB ist die Miete zu Beginn, spätestens bis zum dritten Werktag der einzelnen Zeitabschnitte zu entrichten, nach denen sie be-messen ist. B. P. hatte zum 01.12.2018 einen Dauerauftrag bei seiner Bank eingerich-tet. Wegen einer größeren Buchungspanne bei dieser Bank wurde der Dauerauftrag nicht gespeichert. Erst bei der Durchsicht ihrer Kontoauszüge im Januar 2019 bemerk-te A. J. die fehlenden Zahlungseingänge und informierte B. P. Dieser überwies darauf-hin am 15.01.2019 die Miete für Dezember 2018 und Januar 2019.

Buchen Sie für A. J. – falls erforderlich – zum 31.12.2018 und zum 15.01.2019.

Lösung s. Seite 192

13. Immaterielle Vermögensgegenstände

13.1 Entgeltlich erworbene Software

 INFO

Steuerberater-kammern	Anzahl ausgewer-teter Klausuren	Prüfungswahr-scheinlichkeit	Erreichbare Punktzahl
Verbund	15	13,33 %	4,0 - 6,0
NRW	25	4 %	9,0

Aufgabe 1: Die teure Standardsoftware

Billy Gates kaufte Anfang Oktober eine Standardsoftware (Nutzungsdauer 3 Jahre) für 3.000 € zzgl. 19 % USt. Für den versicherten Versand wurden ihm zusätzlich 71,40 € inkl. 19 % USt in Rechnung gestellt. Ende Oktober zahlte Billy Gates den Gesamtrechnungsbetrag unter Abzug von 2 % Skonto auf die Standardsoftware per Überweisung.

Buchen Sie den Kauf, die Zahlung und die Abschreibung zum 31.12.

Kann Billy Gates für die Standardsoftware eine Sonderabschreibung gem. § 7g Abs. 5 EStG in Anspruch nehmen? Begründen Sie Ihre Antwort.

Lösung s. Seite 194

Aufgabe 2: Die günstige Standardsoftware

Billy Gates kaufte Anfang Oktober eine Standardsoftware (Nutzungsdauer 3 Jahre) für 375 € zzgl. 19 % USt auf Ziel.

Buchen Sie den Kauf und die höchstmögliche Abschreibung zum 31.12.

Lösung s. Seite 195

13.2 Geschäfts- oder Firmenwert

 INFO

Steuerberater-kammern	Anzahl ausgewer-teter Klausuren	Prüfungswahr-scheinlichkeit	Erreichbare Punktzahl
Verbund	15	20 %	6,0 - 7,0
NRW	25	0 %	0,0

Besonderheiten: Unfassbar und unerklärlich, dass in den letzten 25 Klausuren in **NRW** kein einziges Mal der Geschäfts- oder Firmenwert eine Rolle spielte, obwohl dieses **Themengebiet** geradezu **prädestiniert** für die **NRW-typischen Fragestellungen** ist (z. B.: „Begründen Sie unter Nennung der einschlägigen Vorschriften aus dem HGB und EStG, ob der entgeltlich erworbene Geschäfts- oder Firmenwert in der Handelsbilanz und Steuerbilanz aktivierungspflichtig ist." und/oder „Ermitteln Sie in einer übersichtlichen Darstellung den Steuer- und Handelsbilanzansatz zum 31.12." und/oder „Beschreiben Sie unter Nennung der gesetzlichen Grundlage, wie die Korrektur des handelsrechtlichen Jahresüberschusses erfolgt, wenn lediglich eine Einheitsbilanz abgegeben werden soll." ...).

Die Frage ist nicht ob, sondern wann der in NRW in Vergessenheit geratene Geschäfts- oder Firmenwert aus seiner Versenkung auftaucht. Vielleicht schon in den Prüfungen 2020. Erfahrungsgemäß wird es zwischen 10 und 15 Punkten für eine solche NRW-Aufgabe geben.

 ACHTUNG

Hier hat es eine kleine Gesetzesänderung gegeben, die in folgender Übersicht dargestellt wird:

	§ 253 Abs. 3 a. F.	**§ 253 Abs. 3 n. F.**
Satz 1	Planmäßige Abschreibungen bei abnutzbaren Vermögensgegenständen des AV	Planmäßige Abschreibungen bei abnutzbaren Vermögensgegenständen des AV
Satz 2	Betriebsgewöhnliche Nutzungsdauer	Betriebsgewöhnliche Nutzungsdauer
Satz 3	Außerplanmäßige Abschreibungen	**Nutzungsdauer eines selbst geschaffenen immateriellen Vermögensgegenstands des Anlagevermögens** 10 Jahre
Satz 4	Außerplanmäßige Abschreibungen bei Finanzanlagen	**Nutzungsdauer eines entgeltlich erworbenen Geschäfts- oder Firmenwertes ebenfalls** 10 Jahre
Satz 5	-	Außerplanmäßige Abschreibungen
Satz 6	-	Außerplanmäßige Abschreibungen bei Finanzanlagen
	§ 285 Nr. 13 HGB a. F.	**§ 285 Nr. 13 HGB n. F.**
	Gesetzliche Regelvermutung der ND für den entgeltlich erworbenen Geschäfts- oder Firmenwert 5 Jahre	**Erläuterung des Zeitraums, über den ein entgeltlich erworbener Geschäfts- oder Firmenwert abgeschrieben wird**

Die neuen §§ 253 Abs. 3 Satz 3 und 4 und 285 Nr. 13 HGB finden erstmals Anwendung auf Geschäftsjahre, die nach dem 31.12.2015 begonnen haben; vgl. Art. 75 Abs. 1 und 4 EGHGB.

Da Sie in den Prüfungen 2020 im Regelfall mit dem Rechtsstand 2019 arbeiten sollen, ist diese Änderung für Sie relevant!

Die Auswirkungen auf die entsprechenden Prüfungsaufgaben sind aber eher gering: In den älteren Prüfungsaufgaben war die Nutzungsdauer des entgeltlich erworbenen Geschäfts- oder Firmenwertes für die Handelsbilanz entweder angegeben (5 Jahre) oder sie war nicht angegeben, dann mussten Sie wissen (vgl. § 285 Nr. 13 HGB a. F.), dass diese bei 5 Jahren lag.

Es ist zu erwarten, dass die Prüfungsämter mit neueren Aufgaben ähnlich umgehen werden, d. h. auch hier wird die Nutzungsdauer eines entgeltlich erworbenen Geschäfts- oder Firmenwertes für die Handelsbilanz entweder im Sachverhalt angegeben sein (z. B. 10 Jahre aber auch z. B. 5 Jahre, da die 10 Jahre nur greifen, wenn die ND nicht verlässlich geschätzt werden kann) oder sie wird nicht angegeben sein, dann müssen Sie wissen (vgl. § 253 Abs. 3 Satz 3 und 4 HGB n. F.), dass diese bei 10 Jahren liegt.

Bilanzielle Behandlung des entgeltlich erworbenen Geschäfts- oder Firmenwertes in der Handelsbilanz (HB)

Gemäß **§ 246 Abs. 1 Satz 4 HGB** gilt der Unterschiedsbetrag, um den die für die übernahme eines Unternehmens bewirkte Gegenleistung den Wert der einzelnen Vermögensgenstände abzüglich der Schulden im Zeitpunkt der übernahme übersteigt (**entgeltlich erworbener Geschäfts- oder Firmenwert**) als **zeitlich begrenzt nutzbarer Vermögensgegenstand**.

Es gilt daher:

> **Kaufpreis - (Summe Vermögen - Summe Schulden) = Geschäfts- oder Firmenwert**

Oder besser, weil kürzer:

> **Kaufpreis - Eigenkapital (EK) = Geschäfts- oder Firmenwert**

Der entgeltlich erworbene Geschäfts- oder Firmenwert wird also nach § 246 Abs. 1 Satz 4 HGB zu einem Vermögensgegenstand fingiert. Nach dem Grundsatz der Vollständigkeit (vgl. § 246 Abs. 1 Satz 1 HGB = GoB) besteht deshalb eine **Aktivierungspflicht**.

Nach **§ 253 Abs. 3 Satz 1 HGB** sind bei Vermögensgegenständen des Anlagevermögens, deren Nutzung zeitlich begrenzt ist, die Anschaffungs- oder die Herstellungskosten um planmäßige Abschreibungen zu vermindern.

Nach der Definition des § 246 Abs. 1 Satz 4 HGB gilt der entgeltlich erworbenen Geschäfts- oder Firmenwert als **zeitlich begrenzt nutzbarer Vermögensgenstand**.

Er ist deshalb planmäßig abzuschreiben (**Abschreibungspflicht**).

Die **Nutzungsdauer** muss verlässlich geschätzt werden können. Ist dies nicht möglich, so ist von **10 Jahren** auszugehen; vgl. **§ 253 Abs. 3 Satz 3 und 4 HGB n. F.**

Bilanzielle Behandlung des entgeltlich erworbenen Geschäfts- oder Firmenwertes in der Steuerbilanz (StB)

Auch in der Steuerbilanz besteht für den entgeltlich erworbenen Geschäfts- oder Firmenwert eine **Aktivierungspflicht**. Dies folgt aus **§ 5 Abs. 2 EStG**, der klarstellt, dass für immaterielle Wirtschaftsgüter des Anlagevermögens ein Aktivposten nur anzusetzen ist, wenn sie **entgeltlich erworben** wurden.

Als zeitlich begrenzt nutzbarer Vermögensgegenstand muss der entgeltlich erworbene Geschäfts- oder Firmenwert natürlich auch in der Steuerbilanz abgeschrieben werden (**Abschreibungspflicht**).

Gemäß **§ 7 Abs. 1 Satz 3 EStG** gilt als betriebsgewöhnliche ND ein Zeitraum von **15 Jahren**.

Zusammenfassende Gegenüberstellung in der HB und StB

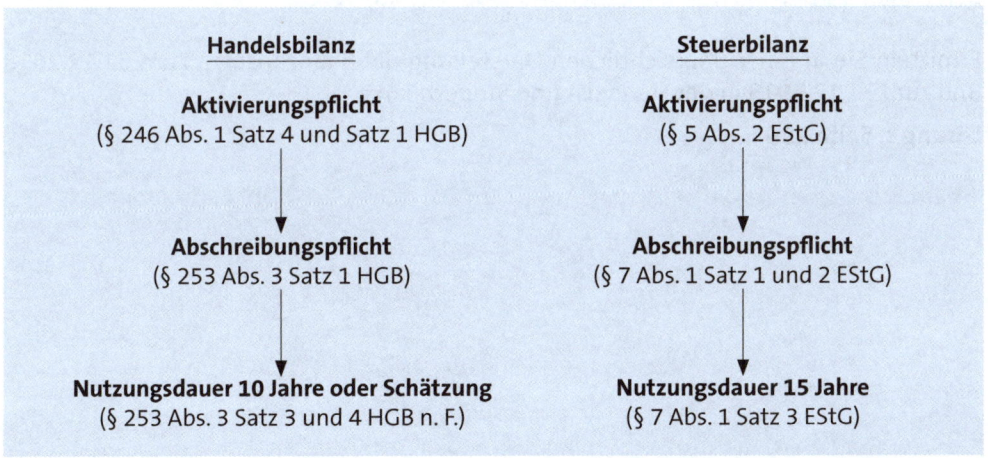

Handelsbilanz	Steuerbilanz
Aktivierungspflicht (§ 246 Abs. 1 Satz 4 und Satz 1 HGB)	**Aktivierungspflicht** (§ 5 Abs. 2 EStG)
Abschreibungspflicht (§ 253 Abs. 3 Satz 1 HGB)	**Abschreibungspflicht** (§ 7 Abs. 1 Satz 1 und 2 EStG)
Nutzungsdauer 10 Jahre oder Schätzung (§ 253 Abs. 3 Satz 3 und 4 HGB n. F.)	**Nutzungsdauer 15 Jahre** (§ 7 Abs. 1 Satz 3 EStG)

Aufgabe 3: Goodwill

Holger Hacke übernimmt zum 05.07.2018 einen Gewerbebetrieb für 590.000 € und bezahlt diesen Kaufpreis per betrieblicher Banküberweisung. Der Wert der materiellen Wirtschaftsgüter beträgt 98.000 €. Holger Hacke übernimmt auch ein noch bestehendes Darlehen i. H. v. 35.000 €, welches vom Vorbesitzer aufgenommen wurde.

Ermitteln Sie den Firmenwert. Berechnen und buchen Sie die steuerliche und handelsrechtliche Abschreibung.

Lösung s. Seite 195

Aufgabe 4: Ein Kiosk wird gekauft

Holger Hacke hat zum 01.10.2018 zur Erweiterung seines Geschäfts einen Kiosk erworben. Die Buchwerte der übernommenen Vermögensgegenstände und Schulden betrugen im Zeitpunkt der Übernahme:

- BGA 15.000 €
- Waren 20.000 €
- FordaLuL 7.000 €
- Sonstige Wertpapiere 2.500 €
- Kassenbestand und Bankguthaben 5.500 €
- Verbindlichkeiten gegenüber KI 5.000 €
- VerbaLuL 5.000 €.

Der Kaufpreis betrug 100.000 €. Der Kauf wurde bereits ordnungsgemäß gebucht.

Berechnen Sie den derivativen Geschäfts- oder Firmenwert.

Ermitteln Sie in einer übersichtlichen Darstellung die Bilanzansätze zum 31.12.2018 und zum 31.12.2019 in der Handels- und Steuerbilanz.

Lösung s. Seite 196

14. Ermittlung der Anschaffungskosten

 INFO

Steuerberater-kammern	Anzahl ausgewer-teter Klausuren	Prüfungswahr-scheinlichkeit	Erreichbare Punktzahl
Verbund	15	60 %	6,0 - 20,0
NRW	25	ca. 50 %	ca. 10,0

Die Anschaffungskosten haben im Rahmen der Zugangsbewertung eine zentrale Bedeutung. So sind für die **Handelsbilanz** gem. **§ 253 Abs. 1 Satz 1 HGB** Vermögensgegenstände höchstens mit den **Anschaffungs**- oder Herstellungs**kosten**, vermindert um die Abschreibungen nach den Abs. 3 bis 5, anzusetzen. Für die **Steuerbilanz** sind Wirtschaftsgüter des Anlagevermögens, die der Abnutzung unterliegen, gem. **§ 6 Abs. 1 Nr. 1 Satz 1 EStG** mit den **Anschaffungs**- oder Herstellungs**kosten** oder dem an deren Stelle tretenden Wert, vermindert um die Absetzungen für Abnutzung, (...) anzusetzen. Auch andere als die in Nr. 1 bezeichneten Wirtschaftsgüter des Betriebs (Grund und Boden, Beteiligungen, Umlaufvermögen) sind gem. **§ 6 Abs. 1 Nr. 2 Satz 1 EStG** mit den **Anschaffungs**- oder Herstellungs**kosten** oder dem an deren Stelle tretenden Wert, vermindert um Abzüge nach § 6b und ähnliche Abzüge, anzusetzen.

Zum anderen ist die Ermittlung der Anschaffungskosten auch für die Folgebewertung von elementarer Bedeutung, denn die Anschaffungskosten sind bei abnutzbaren Vermögensgegenständen bzw. Wirtschaftsgütern die Bemessungsgrundlage für die Abschreibung bzw. die Absetzung für Abnutzung. So sind für die **Handelsbilanz** die **Anschaffungs**- oder Herstellungs**kosten** bei Vermögensgegenständen des Anlagevermögens, deren Nutzung zeitlich begrenzt ist, gem. **§ 253 Abs. 3 Satz 1 HGB** um planmäßige **Abschreibungen** zu **vermindern** (vgl. auch § 253 Abs. 4 Satz 1 HGB für Vermögensgegenstände des Umlaufvermögens). Für die **Steuerbilanz** ist bei Wirtschaftsgütern (...) gem. **§ 7 Abs. 1 Satz 1 EStG** jeweils für ein Jahr der Teil der **Anschaffungs**- oder Herstellungs**kosten abzusetzen**, der bei gleichmäßiger Verteilung dieser Kosten auf die Gesamtdauer der Verwendung oder Nutzung auf ein Jahr entfällt.

Wer also nicht in der Lage ist, im Rahmen der Zugangsbewertung die Anschaffungskosten fehlerfrei zu ermitteln, wird im Rahmen der Folgebewertung niemals auf den richtigen Abschreibungsbetrag kommen.

 INFO

Klassischerweise wird in diesem Themengebiet ein **Pkw**, eine **Maschine**, **BGA**, **Grund und Boden** oder ein **Gebäude** (oder gleich ein **bebautes Grundstück**) angeschafft. Dabei werden sicherlich **Anschaffungsnebenkosten** anfallen. Außerdem werden im Sachverhalt Kostenpositionen versteckt sein, die nur vermeintlich Anschaffungsnebenkosten sind. Schließlich werden in diesem Zusammenhang auch **Anschaffungspreisminderungen** eine Rolle spielen. Neben den daraus resultierenden Buchungen stellt das Prüfungsamt dann häufig und sehr gerne die folgende klassische Aufgabe: *„Ermitteln Sie unter Nennung der einschlägigen Norm aus dem HGB die Anschaffungskosten des Pkw (der Maschine, BGA, Grund und Boden, Gebäude …).“*

Wie oben bereits ausgeführt, ist hier also eine Vielzahl von unterschiedlichen Aufgaben vorstellbar. Letztlich kommt es aber neben den Buchungen hier nur auf **eine einzige Norm aus dem HGB** an, die immer und immer wieder abgeprüft wird: Die Anschaffungskosten sind in **§ 255 Abs. 1 HGB** wie folgt definiert:

Gemäß § 255 Abs. 1 Satz 1 HGB
sind Anschaffungskosten die **Aufwendungen**, die geleistet werden, um einen **Vermögensgegenstand** zu **erwerben** und ihn in einen **betriebsbereiten Zustand** zu versetzen, soweit sie dem Vermögensgegenstand einzeln zugeordnet werden können.

Gemäß § 255 Abs. 1 Satz 2 HGB
gehören zu den Anschaffungskosten auch die **Nebenkosten** sowie die nachträglichen Anschaffungskosten.

Gemäß § 255 Abs. 1 Satz 3 HGB
sind **Anschaffungspreisminderungen abzusetzen**.

Hieraus lässt sich folgende „Rechenformel" ableiten:

	Kaufpreis, netto (§ 9b EStG)
+	Anschaffungsnebenkosten, netto (§ 9b EStG)
-	Anschaffungspreisminderungen, netto (§ 9b EStG)
=	**Anschaffungskosten i. S. d. § 255 Abs. 1 HGB**

Die Ermittlung der Anschaffungskosten **muss** beherrscht werden. Hierbei darf nichts unklar bleiben, ansonsten wird man in dieser Thematik immer Probleme haben.

Aufgabe 1: Die wackelige Maschine

Bauunternehmer Bob Baumeister erwarb im April eine motorbetriebene Verdichtungsmaschine (Rüttelmaschine) für 98.175 € inkl. 19 % USt auf Ziel. Bei der Anlieferung der Maschine zahlte Bob Baumeister in bar an den Spediteur 2.017,05 €. Damit die Rüttelmaschine ordnungsgemäß betrieben werden konnte, war die Errichtung eines Fundaments notwendig. Für diese Fundamentierarbeiten wurden Bob Baumeister von der Zement Bau GmbH 2.455 € zzgl. 19 % USt in Rechnung gestellt. Die Rechnung seiner Lieferantin der Verdichtungsmaschine zahlte Bob Baumeister noch im April unter Abzug von 2 % Skonto per Banküberweisung.

Ermitteln Sie in einer übersichtlichen Darstellung unter Nennung der einschlägigen Norm aus dem HGB die Anschaffungskosten (AK) der Verdichtungsmaschine. Nehmen Sie alle erforderlichen Buchungen für den Monat April vor (Kauf der Rüttelmaschine, Zahlung an den Spediteur, Rechnung der Zement Bau GmbH, Zahlung an die Lieferantin). Berechnen und buchen Sie auch die Abschreibung (Nutzungsdauer 10 Jahre) zum 31.12.

Lösung s. Seite 197

Aufgabe 2: Die Scanner-Kasse

Dennis Rater erwarb am 28.08. eine Scanner-Kasse für 3.213 € brutto. Die Scanner-Kasse wurde erst im Oktober von dem Lieferanten installiert. Die Aufwendungen für die Installation i. H. v. 107,10 € brutto bezahlte Dennis Rater direkt per betrieblicher EC-Karte. Die Rechnung vom 28.08. beglich Dennis Rater am 31.08. unter Abzug von 3 % Skonto in bar.

a) Ermitteln Sie in einer übersichtlichen Darstellung unter Nennung der einschlägigen Norm aus dem HGB die Anschaffungskosten der Scanner-Kasse.

b) Buchen Sie die Rechnung vom 28.08. und den Zahlungsvorgang vom 31.08.

c) Buchen Sie die Bezahlung der Installation.

d) Berechnen und buchen Sie die Abschreibung zum 31.12. (Nutzungsdauer: 8 Jahre).

Lösung s. Seite 198

Aufgabe 3: Der unglaubliche Pkw

Dennis Rater hat im Februar einen neuen Pkw angeschafft. Der Kaufpreis betrug 50.000 € netto. Zusätzlich wurden für das Autoradio 1.000 € netto und für die Überführung 300 € netto in Rechnung gestellt. Noch im Februar überwies Dennis Rater den entsprechenden Rechnungsbetrag unter Abzug von 2 % Skonto vom Rechnungsbetrag. Außerdem zahlte Dennis Rater die Zulassungsgebühr i. H. v. 70 € und die Nummernschilder i. H. v. 46,41 € brutto in bar. Schließlich zahlte er die erste Tankfüllung per betrieblicher EC-Karte i. H. v. 99 € brutto. Im März ließ er den Pkw mit seinem eigenen Firmenlogo („Die Leistungsträger und Dennis") lackieren. Dafür wurden ihm 1.200 € netto in Rechnung gestellt.

a) Ermitteln Sie unter Nennung der einschlägigen Norm aus dem HGB die Anschaffungskosten des Pkw.

b) Buchen Sie den Anschaffungsvorgang im Februar in einem Buchungssatz.

c) Buchen Sie den Zahlungsvorgang im Februar.

d) Buchen Sie die Barzahlung der Zulassungsgebühr und der Nummernschilder in einem oder zwei Buchungssätzen.

e) Buchen Sie den Zahlungsvorgang bezüglich der ersten Tankfüllung.

f)   Buchen Sie den Rechnungseingang im März.

g)   Berechnen und buchen Sie die Abschreibung zum 31.12. (ND: 6 Jahre).

Lösung s. Seite 200

Aufgabe 4: Das Büromaterial

Dennis Rater kaufte am 15.12. Büromaterial für 1.000 € netto. Die Rechnung beglich er am 18.12. unter Abzug von 3 % Skonto per Banküberweisung.

Buchen Sie die Rechnung vom 15.12. und den Zahlungsvorgang vom 18.12.

Lösung s. Seite 203

Aufgabe 5: Der Laptop bei Ebay

Bob Baumeister bestellte bei Ebay einen neuen Laptop. Die Verkäuferin (Nutzername Amma Zone) ist als gewerbliche Unternehmerin und Powersellerin angemeldet.

Bob Baumeister erhielt im Dezember folgende ordnungsgemäße Rechnung (Auszug):

- Laptop Asus R2D2   399,00 €
- Anschlusskabel C-3PO   5,00 €
- Versand mit Obi-Wan   3,90 €
- USt 19 %   77,50 €
- **Rechnungsbetrag**   **485,40 €**

- Bei Zahlung per PayPal innerhalb von 5 Tagen Skontoabzug i. H. v. 3 % möglich.
- Der Rechnungsbetrag ermäßigt sich dann auf 471,16 €.

Buchen Sie den Rechnungseingang und den Zahlungsvorgang per PayPal vom betrieblichen Bankkonto unter Inanspruchnahme des Skontos.

Buchen Sie auch zum 31.12., wobei Bob Baumeister einen niedrigst möglichen Gewinn wünscht.

Lösung s. Seite 203

Aufgabe 6: Das bebaute Grundstück

Dennis Rater kaufte im Januar (= Datum des notariellen Kaufvertrages) eine Lagerhalle (Baujahr 2001). Der Kaufpreis betrug insgesamt 225.000 €. Der übergang von Besitz, Nutzen und Lasten wurde zum 01.05. vereinbart. Die Lagerhalle kostete 180.000 €. Außerdem musste Dennis Rater 5 % Grunderwerbsteuer zahlen. Der Makler erhielt von ihm 8.500 € netto. Der Notar stellte für die notarielle Beurkundung des Kaufver-

trages 1.800 € netto und für die notarielle Beurkundung einer Grundschuld 400 € netto in Rechnung. Das Grundbuchamt stellte für die Eigentumsübertragung 450 € und
für die Eintragung der Grundschuld 220 € in Rechnung.

a) Ermitteln Sie **in einer übersichtlichen Darstellung** unter Nennung der einschlägigen Norm aus dem HGB die Anschaffungskosten der Lagerhalle und des Grund
und Bodens.

b) Dennis Rater bezahlte alles per Banküberweisung. Buchen Sie sämtliche Geschäftsvorfälle in einem Buchungssatz.

c) Berechnen und buchen Sie die höchstmögliche AfA nach steuerlichen Vorschriften.

Lösung s. Seite 204

15. Investitionsabzugsbeträge (IAB) und Sonderabschreibungen

 INFO

Steuerberater-kammern	Anzahl ausgewer-teter Klausuren	Prüfungswahr-scheinlichkeit	Erreichbare Punktzahl
Verbund	15	46,67 %	5,0 - 15,0
NRW	25	36 %	8,0 - 23,5

 ACHTUNG

Hier hat es eine größere Gesetzesänderung gegebenä Gemäß § 52 Abs. 16 Satz 1 EStG ist **§ 7g Abs. 1 bis 4 EStG** in der am **01.01.2016** geltenden Fassung erstmals für Investitionsabzugsbeträge (IAB) anzuwenden, die in nach dem 31.12.2015 endenden Wirtschaftsjahren in Anspruch genommen werden.

Das bedeutet für die **Abschlussprüfungen 2020** (Sommer und Winter), dass diese **Gesetzesänderung relevant** ist, da die meisten (eigentlich alle) Prüfungen auf dem Rechtsstand des Vorjahres (also 2019 und damit mit dem neuen IAB) stattfinden.

Im Folgenden werden zunächst die **wesentlichen Änderungen** des § 7g Abs. 1 bis 4 EStG erläutert:

1. Keine konkrete Benennung und keine konkrete Investitionsabsicht
Gemäß § 7g Abs. 1 Satz 2 Nr. 2 und Nr. 3 EStG a. F. war es (u. a.) erforderlich, dass der Steuerpflichtige beabsichtigt, das begünstigte Wirtschaftsgut (beachte: Singular!) voraussichtlich in den dem Wirtschaftsjahr des Abzugs folgenden drei Wirtschaftsjahren anzuschaffen oder herzustellen. Außerdem musste der Steuerpflichtige das begünstigte Wirtschaftsgut (beachte: Singular!) in den beim Finanzamt einzureichenden Unterlagen seiner Funktion nach benennen und die Höhe der voraussichtlichen AK/HK angeben.

Gemäß **§ 7g Abs. 1 Satz 1 EStG n. F.** können Steuerpflichtige für die künftige Anschaffung oder Herstellung von abnutzbaren beweglichen Wirtschaftsgütern (beachte: Plural!) des Anlagevermögens bis zu 40 % der voraussichtlichen AK/HK gewinnmindernd abziehen (IAB).

Damit wird also auf das Erfordernis einer konkreten Investitionsabsicht und einer konkreten Benennung der Funktion ab dem 01.01.2016 verzichtet.

Das heißt, ein begünstigtes Unternehmen kann ohne weitere Angaben für begünstigte künftige Investitionen einen beliebig hohen IAB (unverändert: max. 200.000 €) bilden. Dieser kann dann mit beliebigen begünstigten Investitionen im dreijährigen Investitionszeitraum verrechnet werden.

2. Freiwillige Auflösung

In § 7g EStG a. F. mangelte es bisher an einer ausdrücklichen gesetzlichen Regelung, wonach eine vorzeitige (also vor Ablauf der dreijährigen Investitionsfrist) freiwillige Rückgängigmachung des IAB zulässig ist. Die Finanzverwaltung ließ aber innerhalb dieses dreijährigen Investitionszeitraums eine freiwillige vorzeitige (ganz oder auch teilweise) Rückgängigmachung/Auflösung zu.

Nunmehr gibt es hierfür eine ausdrückliche gesetzliche Regelung: **Gemäß § 7g Abs. 3 Satz 1 EStG n. F. ist die vorzeitige Rückgängigmachung von IAB vor Ablauf der Investitionsfrist zulässig.**

Das kann z. B. dann sinnvoll sein, wenn absehbar ist, dass es nicht zu einer Investition kommen wird. Denn § 7g Abs. 3 Satz 1 EStG (neue und auch schon alte Fassung) sieht vor, dass bei einer Nichtinvestition innerhalb des dreijährigen Investitionszeitraums der ursprüngliche IAB rückgängig zu machen ist. Damit wird der steuerliche Vorteil (= IAB im Jahr der Bildung) vollumfänglich rückgängig gemacht und eine Verzinsung der Steuernachforderungen mit 6 % gem. § 233a Abs. 1 AO durchgeführt. Durch die vorzeitige Rückgängigmachung des IAB vor Ablauf der Investition lassen sich also z. B. **höhere Nachzahlungszinsen** durch eine spätere Änderung der Steuerfestsetzung des Abzugsjahr vermeiden.

3. Wahlrecht für die Hinzurechnung

Die wohl **wesentlichste Änderung** des § 7g EStG ist das neu geschaffene Wahlrecht für die außerbilanzielle Hinzurechnung:

Gemäß **§ 7g Abs. 2 Satz 1 EStG a. F.** war im Wirtschaftsjahr der Anschaffung oder Herstellung des begünstigten Wirtschaftsguts der für dieses Wirtschaftsgut in Anspruch genommene IAB i. H. v. 40 % der AK/HK **zwingend** außerbilanziell gewinnerhöhend hinzuzurechnen (max. aber in Höhe des IAB).

Gemäß **§ 7g Abs. 2 Satz 1 EStG n. F. können** im Wirtschaftsjahr der Anschaffung oder Herstellung eines begünstigten Wirtschaftsguts bis zu 40 % der AK/HK außerbilanziell gewinnerhöhend hinzugerechnet werden (max. aber in Höhe der nach Abs. 1 abgezogenen und noch nicht nach den Absätzen 2 bis 4 hinzugerechneten oder rückgängig gemachten Abzugsbeträgen).

Das heißt, nach alter Rechtslage war die zwingende außerbilanzielle gewinnerhöhende Hinzurechnung eines IAB bei gleichzeitiger freiwilliger gewinnmindernder Herabsetzung der AK/HK nur möglich, wenn das Wirtschaftsgut angeschafft oder hergestellt wurde, für das der IAB beansprucht wurde.

Nach neuer Rechtslage ist die außerbilanzielle gewinnerhöhende Hinzurechnung wahlweise möglich, bei dann (falls das Wahlrecht ausgeübt wurde) gleichzeitiger freiwilligergewinnmindernder Herabsetzung der AK/HK, wobei nunmehr eine Verwendung des IAB für irgendein beliebiges angeschafftes oder hergestellten Wirtschaftsgut möglich ist. Das Wirtschaftsgut muss natürlich – wie bisher auch – abnutzbar und beweglich sein und zum Anlagevermögen gehören.

Aufgabe 1: Die Produktionsmaschine

Bernhard Herz hat in 2016 einen IAB gem. § 7g Abs. 1 EStG i. H. v. 200.000 € gebildet. Am 19.09.2019 wird er eine neue Produktionsmaschine (Nutzungsdauer: 10 Jahre) für 500.000 € zzgl. 19 % USt auf Rechnung kaufen. In 2019 soll kein neuer IAB gebildet werden.

Welche **steuerrechtlichen** Buchungen (inkl. des Kaufs) werden in 2019 vorzunehmen sein, wenn Herr Herz in 2019 einen möglichst **niedrigen** steuerlichen Gewinn wünscht?

Geben Sie auch eventuelle außerbilanzielle Hinzurechnungen und/oder Kürzungen für 2019 an.

Eine eventuelle Verzinsung von Steuernachforderungen gem. § 233a Abs. 1 AO ist – soweit möglich – zu vermeiden.

Ermitteln Sie auch den Wertansatz zum 31.12.2019 für die Handelsbilanz und begründen Sie diesen kurz.

Lösung s. Seite 207

Aufgabe 2: Der Lkw

Bernhard Herz hat in 2016 einen IAB gem. § 7g Abs. 1 EStG i. H. v. 200.000 € gebildet. Am 07.07.2019 wird er einen neuen Lkw (Nutzungsdauer: 9 Jahre) für 500.000 € zzgl. 19 % USt auf Rechnung kaufen. Wegen kleineren Problemen an dem Fahrzeuggetriebe wird der Verkäufer noch im Juli 2019 einen Rabatt i. H. v. 10 % gewähren. Ende Juli 2019 wird Herr Herz den Restbetrag der Rechnung unter Abzug von 3 % auf den verbleibenden Restbetrag per betrieblicher Banküberweisung bezahlen.

a) Ermitteln Sie in einer übersichtlichen Darstellung unter Nennung der einschlägigen Norm aus dem HGB die Anschaffungskosten des Lkw.

b) Welche außerbilanziellen Änderungen sind hinsichtlich des in 2016 gebildeten IAB erforderlich? Diese sind im Einzelnen darzustellen (Euro-Angabe erforderlich). Geben Sie hierbei auch das entsprechende Jahr an, in welchem die Änderungen ggf. vorzunehmen sind. Herr Herz möchte in 2019 keinen neuen IAB bilden und eine eventuelle Verzinsung von Steuernachforderungen gem. § 233a Abs. 1 AO ist – soweit möglich – zu vermeiden.

c) Ermitteln Sie in einer übersichtlichen Darstellung den Wertansatz des Lkw in der Steuerbilanz zum 31.12.2019, wobei der steuerliche Gewinn möglichst niedrig sein soll.

d) Ermitteln Sie auch in einer übersichtlichen Darstellung den Wertansatz des Lkw in der Handelsbilanz zum 31.12.2019.

Lösung s. Seite 208

16. Bewertung von Grund und Boden

 INFO

Steuerberater-kammern	Anzahl ausgewer-teter Klausuren	Prüfungswahr-scheinlichkeit	Erreichbare Punktzahl
Verbund	15	26,67 %	3,0 - 8,0
NRW	25	8 %	10,0

Besonderheiten: Wie bereits in der 2. Auflage vermutet (hier ist sogar die genaue Variante richtig prognostiziert worden), war zu erwarten, dass auch im **Verbund** eine Bewertung von Grund und Boden einmal relevant sein wird. In der Sommerprüfung 2016 war es dann soweit.

Lassen Sie sich durch die scheinbar geringe Prüfungswahrscheinlichkeit in **NRW** nicht dazu verleiten, hier „auf Lücke" zu setzen. In diesem Kapitel geht es nur um die Folgebewertung von Grund und Boden. Mehrere Grund und Boden-Aufgaben in den verschiedenen Prüfungen lassen sich auch dem **>> Kapitel 14. Ermittlung der Anschaffungskosten** zuordnen. Würde man stattdessen die **Prüfungswahrscheinlichkeit** von (ganz allgemein gehaltenen) **Aufgaben rund um ein unbebautes oder bebautes Grundstück** ermitteln, käme man auf **44 %** (11 von 25) und damit auf einen sicheren Platz unter den **TOP 5** der prüfungsrelevantesten Themengebiete.

Vorstellbar ist, dass der Kauf eines bebauten oder unbebauten Grundstücks mit Anschaffungsnebenkosten gebucht werden soll und dabei die Anschaffungskosten des Grund und Bodens ermittelt werden sollen, wenn diese nicht direkt im Sachverhalt angegeben sind; vgl. insofern **>> Kapitel 14. Ermittlung der Anschaffungskosten**, insbesondere Aufgabe 6.

Im Rahmen der Folgebewertung sind dann zum Abschlussstichtag bzw. zu den nächsten Abschlussstichtagen mehrere Varianten denkbar:

- ▸ **Aktueller Wert** des Grund und Bodens zum Abschlussstichtag > **als** die ursprünglichen **Anschaffungskosten**.

- ▸ **Aktueller Wert** des Grund und Bodens zum Abschlussstichtag < **als** die ursprünglichen **Anschaffungskosten**.

- ▸ **Nach** durchgeführter **außerplanmäßiger Abschreibung** (Handelsbilanz) **bzw. Teilwertabschreibung** (Steuerbilanz) zum letzten Abschlussstichtag ist der **aktuelle Wert** des Grund und Bodens zum nächsten Abschlussstichtag wieder **gestiegen**, und zwar **über** die ursprünglichen **Anschaffungskosten**.

▶ **Nach** durchgeführter **außerplanmäßiger Abschreibung** (Handelsbilanz) bzw. **Teilwertabschreibung** (Steuerbilanz) zum letzten Abschlussstichtag ist der **aktuelle Wert** des Grund und Bodens zum nächsten Abschlussstichtag wieder **gestiegen**, allerdings **nicht über** die ursprünglichen **Anschaffungskosten**.

Aufgabe 1: Die steigenden Grundstückspreise

Modesty Blaise (M. B.) hatte in 2010 ein unbebautes Grundstück in Bremen für 100.000 € (Kaufpreis inkl. Anschaffungsnebenkosten) erworben.

Dieses unbebaute Grundstück wurde in 2010 ordnungsgemäß mit den Anschaffungskosten i. H. v. 100.000 € auf dem Konto *0215/0065 Unbebaute Grundstücke* aktiviert.

Ursprünglich beabsichtigte M. B., auf dem Grundstück eine Lagerhalle zu errichten. Dieses Vorhaben wurde allerdings nie realisiert.

Gegen Ende des Jahres 2019 hat M. B. nunmehr den Entschluss gefasst, das unbebaute Grundstück zu verkaufen. Aus diesem Grund beauftragte sie einen vereidigten sachverständigen Gutachter mit der Erstellung eines Verkehrswertgutachtens. Ausweislich dieses Gutachtens liegt der Verkehrswert des in 2010 erworbenen Grundstücks zum 31.12.2019 bei 190.000 €.

Mit welchem Wertansatz ist das Grundstück zum 31.12.2019 in der **Handelsbilanz** auszuweisen?

Begründen Sie den von Ihnen gewählten Wertansatz unter Nennung der einschlägigen Vorschriften aus dem HGB.

Mit welchem Wertansatz ist das Grundstück zum 31.12.2019 in der **Steuerbilanz** auszuweisen?

Begründen Sie den von Ihnen gewählten Wertansatz unter Nennung der einschlägigen Vorschriften aus dem EStG.

Falls Sie eine handelsrechtliche und/oder steuerrechtliche Buchung für erforderlich halten, buchen Sie sachgerecht.

Lösung s. Seite 210

Aufgabe 2: Der Verkauf

Zu Beginn des Jahres 2020 verkaufte Modesty Blaise (M. B.) das unbebaute Grundstück aus der Aufgabe 1 für 190.000 €. Der Käufer überwies die 190.000 € auf das betriebliche Bankkonto von M. B.

Nehmen Sie die erforderliche(n) Buchung(en) für M. B. vor und bestimmen Sie dabei auch die Gewinnauswirkung für 2020 (gewinnneutral oder gewinnerhöhend oder gewinnmindernd in €).

Lösung s. Seite 210

Aufgabe 3: Der B-Plan

Modesty Blaise (M. B.) hatte in 2018 ein unbebautes Grundstück in Bremen für 100.000 € (Kaufpreis inkl. Anschaffungsnebenkosten) in der Erwartung einer Baugenehmigung erworben.

Dieses unbebaute Grundstück wurde in 2018 ordnungsgemäß mit den Anschaffungskosten i. H. v. 100.000 € auf dem Konto *0215/0065 Unbebaute Grundstücke* aktiviert.

In 2019 änderte die Stadt Bremen plötzlich und unerwartet den Bebauungsplan und wies das Grundstück nicht mehr als Bauerwartungsland aus. Daraus resultierend sank der Wert des unbebauten Grundstücks nachweisbar und nachhaltig um 40.000 €.

Mit welchem Wertansatz ist das Grundstück zum 31.12.2019 in der **Handelsbilanz** auszuweisen?

Begründen Sie den von Ihnen gewählten Wertansatz unter Nennung der einschlägigen Vorschriften aus dem HGB.

Mit welchem Wertansatz ist das Grundstück zum 31.12.2019 in der **Steuerbilanz** auszuweisen?

Begründen Sie den von Ihnen gewählten Wertansatz unter Nennung der einschlägigen Vorschriften aus dem EStG.

Falls Sie eine handelsrechtliche und/oder steuerrechtliche Buchung für erforderlich halten, buchen Sie sachgerecht.

Lösung s. Seite 211

Aufgabe 4: Plan B

Aufgrund der Änderung des Bebauungsplans (B-Plan) konnte Modesty Blaise (M. B.) ihr Bauvorhaben nicht mehr realisieren. Deshalb verkaufte M. B. zu Beginn des Jahres 2020 das unbebaute Grundstück aus der Aufgabe 3 für 59.000 €. Der Käufer überwies die 59.000 € auf das betriebliche Bankkonto von M. B.

Nehmen Sie die erforderliche(n) Buchung(en) **unter Berücksichtigung Ihres Ergebnisses aus der Aufgabe 3** für M. B. vor und bestimmen Sie dabei auch die Gewinnauswirkung für 2020 (gewinnneutral oder gewinnerhöhend oder gewinnmindernd in €).

Lösung s. Seite 211

Aufgabe 5: Die Altlasten

Willie Garvin (W. G.) erwarb in 2018 ein unbebautes Grundstück. Den Kauf buchte W. G. ordnungsgemäß und aktivierte das unbebaute Grundstück mit den Anschaffungskosten i. H. v. 200.000 € (inkl. sämtlicher Anschaffungsnebenkosten) auf dem Konto *0215/0065 Unbebaute Grundstücke*. In 2019 musste W. G. feststellen, dass sein unbebautes Grundstück mit Altlasten verseucht war. Aus diesem Grund nahm W. G. zulässigerweise eine außerplanmäßige Abschreibung gem. § 253 Abs. 3 Satz 5 HGB bzw. eine Teilwertabschreibung gem. § 6 Abs. 1 Nr. 2 Satz 2 EStG i. H. v. 190.000 € vor. Sowohl in der Handelsbilanz, als auch in der Steuerbilanz wurde das unbebaute Grundstück zum **31.12.2019** also mit **10.000 €** ausgewiesen. In 2020 ließ W. G. umfangreiche Sanierungsarbeiten durchführen. Er beauftragte hierfür die Firma CDM. Diese führte zunächst eine Sanierungsuntersuchung durch und erstellte einen Sanierungsplan. Schließlich führte sie auch die Sanierungsmaßnahmen durch. Die Altlasten konnten komplett beseitigt werden. Nach Abschluss ihrer Arbeiten stellte die Firma CDM W. G. 159.000 € zzgl. 19 % USt in Rechnung. Der (beizulegende) Wert bzw. Teilwert des unbebauten Grundstücks stieg zum Abschlussstichtag 31.12.2020 aufgrund der Altlastenbeseitigung auf 225.000 €.

Mit welchem Wertansatz ist das Grundstück zum 31.12.2020 in der **Handelsbilanz** auszuweisen?

Begründen Sie den von Ihnen gewählten Wertansatz unter Nennung der einschlägigen Vorschriften aus dem HGB.

Mit welchem Wertansatz ist das Grundstück zum 31.12.2020 in der **Steuerbilanz** auszuweisen?

Begründen Sie den von Ihnen gewählten Wertansatz unter Nennung der einschlägigen Vorschriften aus dem EStG.

Falls Sie eine handelsrechtliche und/oder steuerrechtliche Buchung für erforderlich halten, buchen Sie sachgerecht.

Buchen Sie für W. G. auch die Eingangsrechnung der Firma CDM.

Lösung s. Seite 212

17. Bewertung der sonstigen Wertpapiere (Aktien)

 INFO

Steuerberater-kammern	Anzahl ausgewer-teter Klausuren	Prüfungswahr-scheinlichkeit	Erreichbare Punktzahl
Verbund	15	0,0 %	0,0
NRW	25	16 %	5,0 - 33,5

Besonderheiten: Bezüglich der Besonderheiten darf auf die Ausführungen zum
>> Kapitel 10. Wertpapiere/Aktien verwiesen werden.

Zum Abschlussstichtag bzw. zu den nächsten Abschlussstichtagen sind mehrere Varianten denkbar:

- **Aktueller Kurs** der Aktien zum Abschlussstichtag > **als** die ursprünglichen **Anschaffungskosten**

- **Aktueller Kurs** der Aktien zum Abschlussstichtag < **als** die ursprünglichen **Anschaffungskosten**

- **Nach** durchgeführter **außerplanmäßiger Abschreibung** (Handelsbilanz) **bzw. Teilwertabschreibung** (Steuerbilanz) zum letzten Abschlussstichtag ist der **aktuelle Kurs** der Aktien zum nächsten Abschlussstichtag wieder **gestiegen**, und zwar **über** die ursprünglichen **Anschaffungskosten**

- **Nach** durchgeführter **außerplanmäßiger Abschreibung** (Handelsbilanz) **bzw. Teilwertabschreibung** (Steuerbilanz) zum letzten Abschlussstichtag ist der **aktuelle Kurs** der Aktien zum nächsten Abschlussstichtag wieder **gestiegen**, allerdings **nicht über** die ursprünglichen **Anschaffungskosten**.

Aufgabe 1: Steigende Aktienkurse

Brigitte Scholz kaufte in 2018 4.500 Aktien der Siemens AG für 80 €/Aktie zzgl. 1,5 % Bankprovision. Der Kauf ist ordnungsgemäß gebucht und die Aktien sind mit den Anschaffungskosten i. H. v. 365.400 € zutreffend im Umlaufvermögen bilanziert. Zum 31.12.2018 liegt der aktuelle Kurs bei 100 €/Aktie.

Mit welchem Wertansatz sind die Aktien zum 31.12.2018 in der Handels- und Steuerbilanz auszuweisen? Begründen Sie Ihren Wertansatz unter Nennung der einschlägigen Vorschriften aus dem HGB und EStG. Falls Sie eine Buchung zum 31.12.2018 für erforderlich halten, buchen Sie sachgerecht.

Lösung s. Seite 214

Aufgabe 2: Fallende Aktienkurse

Brigitte Scholz kaufte in 2018 1.000 Aktien der Volkswagen AG für 190 €/Aktie zzgl. 1,5 % Bankprovision. Der Kauf ist ordnungsgemäß gebucht und die Aktien sind mit den Anschaffungskosten i. H. v. 192.850 € zutreffend im Umlaufvermögen bilanziert. Zum 31.12.2018 liegt der aktuelle Kurs bei 150 €/Aktie. Bis zum Tag der Bilanzaufstellung erholte sich der Kurs dieser Aktien nicht mehr.

Mit welchem Wertansatz sind die Aktien zum 31.12.2018 in der Handels- und Steuerbilanz auszuweisen? Begründen Sie Ihren Wertansatz unter Nennung der einschlägigen Vorschriften aus dem HGB und EStG. Falls Sie eine Buchung zum 31.12.2018 für erforderlich halten, buchen Sie sachgerecht.

Lösung s. Seite 214

Aufgabe 3: SpVgg Unterhaching

Felix Mauricius (F. M.) erwarb im August 2019 1.000 Aktien der SpVgg Unterhaching zum Kurs von 10,00 €/Aktie. Für diesen Kauf hatte er extra ein neues Depot bei der Lalelu-Bank eröffnet, die für Neukunden im ersten Jahr ab Depoteröffnung für Käufe und Verkäufe **keine** Gebühren, Provisionen etc. berechnet. Der Kauf ist ordnungsgemäß gebucht worden und die Aktien der SpVgg Unterhaching sind mit den Anschaffungskosten i. H. v. 10.000 € zutreffend im Umlaufvermögen bilanziert worden.

Für die Bewertung der Aktien der SpVgg Unterhaching liegen folgende Kurse zum **31.12.2019** vor:

a) 9,00 € (Kurs am Tag der Bilanzaufstellung: 9,20 €)

b) 9,00 € (Kurs am Tag der Bilanzaufstellung: 8,00 €)

c) 9,80 € (Kurs am Tag der Bilanzaufstellung: 8,00 €)

d) 9,50 € (Kurs am Tag der Bilanzaufstellung: 9,50 €)

Mit welchem Wertansatz sind die Aktien der SpVgg Unterhaching zum 31.12.2019 in den Varianten a) - d) in der **Handelsbilanz** auszuweisen? Begründen Sie den von Ihnen gewählten Wertansatz unter Nennung der einschlägigen Rechtsvorschrift aus dem HGB.

Mit welchem Wertansatz sind die Aktien der SpVgg Unterhaching zum 31.12.2019 in den Varianten a) - d) in der **Steuerbilanz** auszuweisen? Begründen Sie den von Ihnen gewählten Wertansatz unter Nennung der einschlägigen Rechtsvorschrift aus dem EStG. F. M. wünscht einen möglichst niedrigen steuerrechtlichen Gewinn.

Lösung s. Seite 215

18. Bewertung der Vorräte/Waren

 INFO

Steuerberater-kammern	Anzahl ausgewer-teter Klausuren	Prüfungswahr-scheinlichkeit	Erreichbare Punktzahl
Verbund	15	46,67 %	2,0 - 5,0
NRW	25	12 %	18,0 - 20,5

In den meisten Fällen wird der **Anfangsbestand (AB)** der Vorräte (auch Waren), diverse **Einkäufe** und **Verkäufe** und der **Schlussbestand (SB)** in dem entsprechenden Sachverhalt **angegeben** sein.

Aufgabenstellung wird dann sein, die **Wertansätze** in der **Handelsbilanz** und **Steuerbilanz** ggf. unter Nennung der einschlägigen Vorschriften **zum Abschlussstichtag** zu bestimmen.

Hierbei wird die anzuwendende **Methode** (z. B. die Lifo-Methode) **entweder vorgegeben** sein **oder** es wird eine **„offene" Fragestellung** geben (Welche Wertansätze sind in der Handelsbilanz möglich?).

Gemäß **§ 252 Abs. 1 Nr.3 HGB** gilt bei der Bewertung der im Jahresabschluss ausgewiesenen **Vermögensgegenstände** und Schulden, dass diese grundsätzlich zum Abschlussstichtag **einzeln zu bewerten** sind (**Grundsatz der Einzelbewertung = GoB**). Als **Ausnahme** zu diesem Grundsatz können aber unter bestimmten Voraussetzungen **Bewertungsvereinfachungsverfahren** sowohl in der Handelsbilanz als auch in der Steuerbilanz in Anspruch genommen werden:

Bewertungsvereinfachungs-verfahren	Handelsbilanz	Steuerbilanz
Gruppenbewertung mit ge-wogenem **Durchschnitt**	zulässig gem. **§ 256 Satz 2 HGB i. V. m. § 240 Abs. 4 HGB**	zulässig gem. **R 6.8 Abs. 3 EStR**
Sammelbewertung nach be-stimmten Verbrauchsfolgen (**Lifo**)	zulässig gem. **§ 256 Satz 1 HGB**	zulässig gem. **§ 6 Abs. 1 Nr. 2a EStG**
Sammelbewertung nach be-stimmten Verbrauchsfolgen (**Fifo**)	zulässig gem. **§ 256 Satz 1 HGB**	unzulässig
Bewertung mit dem **Festwert**	zulässig gem. **§ 256 Satz 2 HGB i. V. m. § 240 Abs. 3 HGB**	zulässig gem. **R 5.4 Abs. 3 und 4 EStR**

Aufgabe 1: Mehr oder weniger?

Die ordnungsgemäße Inventur ergibt einen Warenbestand zum 31.12. von 130.500 €. Der Warenbestand zum 01.01. betrug laut Saldenbilanz 110.900 € (Abwandlung: 140.900 €).

Nehmen Sie die erforderlichen Buchungen vor und bestimmen Sie auch die Gewinnauswirkungen (gewinnerhöhend, gewinnmindernd oder gewinnneutral) in Euro an.

Lösung s. Seite 217

Aufgabe 2: Stiftung Warentest

Arndt Zunke betreibt in Aachen einen Fahrradladen, in dem er auch Fahrradhelme verkauft. Im November kaufte er 100 Helme der Marke Overade Plixi für insgesamt 5.000 € zzgl. 19 % USt. Kurz nach diesem Kauf wurden in der Zeitschrift Stiftung Warentest 15 Fahrradhelme geprüft, darunter auch die Helme der Marke Overade Plixi. Das Testergebnis („Viele schützen gut, einer nur wenig") verteilte sich wie folgt: sieben Mal gut, sieben Mal befriedigend und ein Mal ausreichend. Ausgerechnet die von Arndt Zunke eingekauften Helme erhielten das Qualitätsurteil ausreichend. Daraus resultierend lag der Marktpreis der 100 Helme am Abschlussstichtag (31.12.) nur noch bei 2.000 €. Auch zum Zeitpunkt der Aufstellung der Bilanz (31.03.) lag der Marktpreis unverändert bei 2.000 €.

Mit welchem Wertansatz sind die Waren zum 31.12. in der Handes- und Steuerbilanz auszuweisen? Begründen Sie Ihren Wertansatz unter Nennung der einschlägigen Vorschriften aus dem HGB und EStG.

Lösung s. Seite 217

Aufgabe 3: Alles nur vorübergehend

Zunke liegen folgende Inventurwerte zum 31.12. vor:

Konto	1140/3980 Bestand an Waren
Anfangsbestand (01.01.)	50.000 €
Inventurwert zum Einstandspreis (31.12.)	70.000 €
Marktpreis/Teilwert (31.12.)	40.000 €
Marktpreis/Teilwert zum Zeitpunkt der Aufstellung der Bilanz (31.03.)	70.000 €

Buchen Sie die Bestandsveränderungen für die Handels- und Steuerbilanz.

Lösung s. Seite 218

Aufgabe 4: Mit Kaffee und Humor kommt man dem Stress zuvor

Der Kaffeegroßhändler David Lummers hat im abgelaufenen Wirtschaftsjahr folgende Zu- und Abgänge erfasst:

01.01.	Inventurbestand	500 kg à	23,50 €
28.02.	Zugang	400 kg à	22,00 €
15.03.	Abgang	600 kg à	29,00 €
01.04.	Zugang	900 kg à	24,00 €
30.05.	Abgang	750 kg à	31,40 €
03.06.	Zugang	300 kg à	17,00 €
28.08.	Abgang	250 kg à	29,99 €
01.11.	Zugang	450 kg à	26,00 €

Laut Inventur zum 31.12. befinden sich noch 950 kg des Kaffees im Lager.

Ermitteln Sie die Anschaffungskosten für den Endbestand zum 31.12. nach der Durchschnitts-, Lifo- und Fifo-Methode.

Mit welchem Wert ist der Kaffeevorrat in der Handelsbilanz anzusetzen, wenn ein möglichst geringer handelsrechtlicher Jahresüberschuss angestrebt wird?

Mit welchem Wert ist der Kaffeevorrat in der Steuerbilanz anzusetzen, wenn ein möglichst geringer steuerrechtlicher Gewinn angestrebt wird?

Lösung s. Seite 218

Aufgabe 5: Lieber den Spatz im Tank als die Taube auf dem Dach

Der Heizölhändler David Lummers hat verschiedene Lieferungen Heizöl in seinem Tanklager eingelagert. Während des Wirtschaftsjahres hat David Lummers zu unterschiedlichen Zeitpunkten Heizöl zu verschiedenen Anschaffungskosten erworben. Für die Ermittlung des Endbestandes zum 31.12. hat er die Anschaffungskosten nach folgenden Bewertungsvereinfachungsverfahren in zutreffende Höhe ermittelt:

	Anschaffungskosten
Durchschnittsmethode	100.000 €
Lifo-Methode	90.000 €
Fifo-Methode	110.000 €

Der Marktpreis/Teilwert beträgt am Abschlussstichtag (31.12.) 95.000 €. In der Zeit vom 01.01. bis zur Bilanzaufstellung (31.03.) schwankt der Preis zwischen 95.000 € und 105.000 €.

Welche Bilanzansätze sind zum 31.12. in Handels- und Steuerbilanz zu wählen, wenn Herr Lummers einen möglichst geringen handelsrechtlichen Jahresüberschuss bzw. einen möglichst geringen steuerrechtlichen Gewinn anstrebt bei Anwendung der

a) Durchschnittsmethode,

b Lifo-Methode und

c) Fifo-Methode?

Begründen Sie den jeweils gewählten Wertansatz kurz unter Nennung der einschlägigen Rechtsvorschriften.

Lösung s. Seite 220

19. Bewertung der Forderungen

 INFO

Steuerberater-kammern	Anzahl ausgewer-teter Klausuren	Prüfungswahr-scheinlichkeit	Erreichbare Punktzahl
Verbund	15	93,33 %	2,0 - 16,0
NRW	25	36 %	8,0 - 28,0

Besonderheiten: Nur in der Sommerprüfung 2017 im **Verbund** nicht abgeprüft.

Grundsätzlich vorstellbar sind folgende Geschäftsvorfälle:

- ▶ Eine FordaLuL fällt plötzlich und unerwartet in voller Höhe aus
- ▶ Bankgutschrift auf eine in den Vorjahren voll abgeschriebene Forderung
- ▶ Eine FordaLuL wird zunächst zweifelhaft; im Rahmen des Jahresabschlusses muss mit einem Ausfall i. H. v. x % gerechnet werden
- ▶ Bankgutschrift auf eine in den Vorjahren einzelwertberichtigte Forderung (3 Varianten sind möglich)
- ▶ Pauschalwertberichtigung im Rahmen der Anpassungsmethode oder Auflösungsmethode.

Aufgrund der Vielzahl der möglichen Geschäftsvorfälle und dem reichhaltigen Angebot an Kontennamen und Kontennummern zunächst ein **Überblick über die zur Verfügung stehenden Konten**:

Überblick Konten		
1210/1410	**FordaLuL**	Aktives Bestandskonto
1240/1460	**Zweifelhafte Forderungen**	Aktives Bestandskonto
1246/0998	**EWB auf Forderungen**	Passives Bestandskonto
1248/0996	**PWB auf Forderungen**	Passives Bestandskonto
4920/2730	**Erträge aus der Herabsetzung der PWB**	Ertragskonto
4923/2731	**Erträge aus der Auflösung der EWB**	Ertragskonto
4925/2732	**Erträge aus abgeschriebenen Forderungen**	Ertragskonto
6920/2450	**Einstellung in die PWB zu Forderungen**	Aufwandskonto
6923/2451	**Einstellung in die EWB zu Forderungen**	Aufwandskonto
6930/2400	**Forderungsverluste**	Aufwandskonto

Dies führt zu folgenden, grundsätzlich feststehenden Buchungssätzen:

Buchungssatz für einen plötzlichen und unerwarteten Forderungsausfall in voller Höhe:

Sollkonto (SKR 04/SKR 03)	Habenkonto (SKR 04/SKR 03)
6930/2400 **Forderungsverluste**	1210/1410 FordaLuL
3800/1770 USt	

Buchungssatz für einen Zahlungseingang (Bank) auf eine FordaLuL, die bereits in den Vorjahren komplett abgeschrieben wurde:

Sollkonto (SKR 04/SKR 03)	Habenkonto (SKR 04/SKR 03)
1800/1200 Bank	**4925/2732** **Erträge aus abgeschriebenen Forderungen**
	3800/1770 USt

Buchungssatz, wenn eine vormals einwandfreie FordaLuL zunächst zweifelhaft geworden ist und zum Bilanzstichtag mit einem voraussichtlichen Forderungsausfall i. H. v. x % gerechnet werden muss:

Sollkonto (SKR 04/SKR 03)	Habenkonto (SKR 04/SKR 03)
1240/1460 Zweifelhafte Forderungen	1210/1410 FordaLuL

Sollkonto (SKR 04/SKR 03)	Habenkonto (SKR 04/SKR 03)
6923/2451 **Einstellung in die EWB zu Forderungen**	**1246/0998** **EWB auf Forderungen**

Buchungssatz für den Zahlungseingang (Bank) auf eine im Vorjahr einzelwertberichtigte Forderung,

▸ **wenn der tatsächliche Forderungsverlust mit der EWB übereinstimmt oder**

▸ **wenn der tatsächliche Forderungsverlust kleiner als die EWB ist oder**

▸ **wenn der tatsächliche Forderungsverlust größer als die EWB ist:**

Sollkonto (SKR 04/SKR 03)	Habenkonto (SKR 04/SKR 03)
1800/1200 Bank	1240/1460 Zweifelhafte Forderungen
1246/0998 **EWB auf Forderungen**	**4923/2731** **Erträge aus der Auflösung der EWB**
6930/2400 **Forderungsverluste**	1240/1460 Zweifelhafte Forderungen
3800/1770 USt	

Buchungssatz für die Bildung der Pauschalwertberichtigung, wenn der Schlussbestand des Kontos FordaLuL größer ist als im Vorjahr (Anpassungsmethode):

Sollkonto (SKR 04/SKR 03)	Habenkonto (SKR 04/SKR 03)
6920/2450 Einstellung in die PWB zu Forderungen	1248/0996 PWB auf Forderungen

Buchungssatz für die Bildung der Pauschalwertberichtigung, wenn der Schlussbestand des Kontos FordaLuL kleiner ist als im Vorjahr (Anpassungsmethode):

Sollkonto (SKR 04/SKR 03)	Habenkonto (SKR 04/SKR 03)
1248/0996 PWB auf Forderungen	4920/2730 Erträge aus der Herabsetzung der PWB

Buchungssätze für die Bildung der Pauschalwertberichtigung, unabhängig davon, ob der Schlussbestand des Kontos FordaLuL größer oder kleiner ist als im Vorjahr (Auflösungsmethode):

Sollkonto (SKR 04/SKR 03)	Habenkonto (SKR 04/SKR 03)
1248/0996 PWB auf Forderungen	4920/2730 Erträge aus der Herabsetzung der PWB

Sollkonto (SKR 04/SKR 03)	Habenkonto (SKR 04/SKR 03)
6920/2450 Einstellung in die PWB zu Forderungen	1248/0996 PWB auf Forderungen

Aufgabe 1: Die Insolvenz

Über das Vermögen des Kunden Bernd Bäcker (B. B.), gegen den eine bereits gebuchte Forderung i. H. v. 2.362,15 € besteht, wurde im Oktober 2019 überraschend ein Antrag auf Eröffnung des Insolvenzverfahrens gestellt. Das Insolvenzverfahren wurde mangels Masse nicht eröffnet.

In welcher Höhe (€-Angabe) ist diese Forderung gegen B. B. zum 31.12.2019 in der Handels- und Steuerbilanz (möglichst niedriger Gewinn) auszuweisen? Wie wird dieser Geschäftsvorfall umsatzsteuerrechtlich behandelt?

Begründen Sie Ihre Entscheidung und nennen Sie dabei die **genauen** gesetzlichen Grundlagen aus dem HGB, EStG und UStG. Nehmen Sie auch die erforderliche Buchung vor.

Lösung s. Seite 221

Aufgabe 2: Die späte Kenntnis

Über das Vermögen des Kunden Bernd Bäcker (B. B.), gegen den eine bereits gebuchte Forderung i. H. v. 2.363,34 € besteht, wurde im Dezember 2019 überraschend ein Antrag auf Eröffnung des Insolvenzverfahrens gestellt. Das Insolvenzverfahren wurde mangels Masse nicht eröffnet. Der Gläubiger erfuhr hiervon erst im Januar 2020.

Sollten Sie eine Buchung für den Gläubiger zum 31.12.2019 für erforderlich halten, buchen Sie sachgerecht unter Nennung der einschlägigen Vorschrift aus dem HGB. Sollten Sie keine Buchung für den Gläubiger zum 31.12.2019 für erforderlich halten, so ist dies unter Nennung der einschlägigen Vorschrift aus dem HGB kurz zu begründen.

Lösung s. Seite 221

Aufgabe 3: EWB in allen Varianten

Trotz mehrfacher Mahnungen geht eine bereits gebuchte Forderung i. H. v. 23.669,10 € gegen den Kunden Bernd Bäcker (B. B.) nicht auf unserem Bankkonto ein. B. B. bittet um Vergleichsverhandlungen, die bis zum 31.12.2019 noch nicht abgeschlossen sind. Wir müssen daher zum 31.12.2019 mit einem voraussichtlichen Ausfall i. H. v. ca. 25 % rechnen.

Nehmen Sie zunächst die erforderliche(n) Buchung(en) für **2019** vor.

Buchen Sie auch für **2020**, wenn

a) endgültig mit keiner Zahlung mehr zu rechnen ist,

b) B. B. auf unser betriebliches Bankkonto 17.751,83 € überweist und der Rest der Forderung als verloren gilt,

c) B. B. auf unser betriebliches Bankkonto 14.776,83 € überweist und der Rest der Forderung als verloren gilt und

d) B. B. auf unser betriebliches Bankkonto 19.893,83 € überweist und der Rest der Forderung als verloren gilt.

Bestimmen Sie auch die **Gewinnauswirkung für 2019 und für 2020** in den Varianten a) - d) mithilfe der folgenden Tabelle:

Variante	Tatsächlicher Forderungsausfall BRUTTO	Tatsächlicher Forderungsausfall NETTO	Gewinn- auswirkung 2019	Gewinn- auswirkung 2020
a)				
b)				
c)				
d)				

Lösung s. Seite 222

Aufgabe 4: Was geschah im letzten Jahr?

In 2019 wurde für eine Forderung i. H. v. 10.576,72 € (inkl. 19 % USt) eine Einzelwertberichtigung gebildet. Der geschätzte Forderungsausfall ist mit 60 % auf dem Konto *1246/0998 EWB* auf Forderungen erfasst worden. Im Juli 2020 einigte man sich auf einen Betrag von 3.500 €, der kurze Zeit später auf dem betrieblichen Bankkonto gutgeschrieben wurde. Der Rest der Forderung ist verloren.

Buchen Sie den Vorgang für 2020.

Lösung s. Seite 224

Aufgabe 5: Zurück in die Vergangenheit

Am 01.04.2020 überwies uns ein Kunde nach Abschluss des außergerichtlichen Vergleichsverfahrens die Vergleichsquote von 35 % = 3.123,75 €. Für diese Forderung wurde im Vorjahr eine Einzelwertberichtigung i. H. v. 70 % gebildet.

Buchen Sie den Vorgang für 2020.

Lösung s. Seite 224

Aufgabe 6: PWB mit Bankbürgschaft und Barcelona

Auf dem Konto *1210/1410 FordaLuL* ergibt sich zum 31.12.2019 ein vorläufiger Sollsaldo i. H. v. 140.000 €. Davon entfallen 18.600 € auf eine Forderung aus einer Lieferung an die Firma Vale Vale in Barcelona. Zudem entfallen 50.000 € auf eine durch eine Bankbürgschaft abgesicherte Forderung.

Die restlichen Forderungen sind steuerpflichtige Forderungen mit 19 % USt. Die Bilanz wird unter Berücksichtigung einer Pauschalwertberichtigung in Höhe der Nichtaufgriffsgrenze (1 %) erstellt. Die Pauschalwertberichtigung in der Bilanz zum 31.12.2018 beträgt 450 €.

Berechnen und buchen Sie die Pauschalwertberichtigung im Rahmen der Anpassungs- oder Auflösungsmethode.

Lösung s. Seite 225

Aufgabe 7: PWB mit 19 % und 7 % und 0 %

Zum 31.12.2019 beträgt der Gesamtforderungsbestand auf dem Konto *1210/1410 FordaLuL* 121.735 €. Darin ist auch eine Forderung für eine Lieferung nach Südkorea i. H. v. 14.700 € enthalten. Außerdem ist in dem Gesamtforderungsbestand auch eine Forderung i. H. v. 5.885 € mit ermäßigtem Steuersatz enthalten. Alle anderen Anteile des Gesamtforderungsbestandes unterliegen dem Regelsteuersatz. Die Pauschalwertberichtigung aus dem Vorjahr beträgt 3.000 €. Erfahrungsgemäß rechnen wir mit einem Debitoren-Ausfallrisiko von 2 % (vom Finanzamt anerkannt).

Berechnen und buchen Sie die Pauschalwertberichtigung im Rahmen der Anpassungs- oder Auflösungsmethode.

Lösung s. Seite 225

Aufgabe 8: Die Summen- und Saldenliste

Die vorläufige Summen- und Saldenliste (Auszug) zum 31.12.2019 weist u. a. folgende Bestände aus:

	Soll	Haben
(1210/1410) FordaLuL	108.776,72 €	
(1240/1460) Zweifelhafte Forderungen	10.710 €	
(1246/0998) EWB		7.200 €
(1248/0996) PWB		2.000 €

Folgende Geschäftsvorfalle sind **noch nicht berücksichtigt** und von Ihnen deshalb zu buchen:

a) Bankgutschrift i. H. v. 3.568,81 € auf eine bereits in 2016 voll abgeschriebene Forderung. Die ursprüngliche Forderung basierte auf einem Zielverkauf von Waren i. H. v. 11.900 €.

b) Die zweifelhafte Forderung wurde bereits in 2018 mit 80 % einzelwertberichtigt. Nun überweist unser Kunde einen Betrag von 1.606,50 € auf unser Konto. Der Rest der Forderung gilt als endgültig uneinbringlich.

c) Über das Vermögen der Kundin Heidi Klamm, gegen die eine bereits gebuchte Forderung i. H. v. 73.780 € besteht, wurde im Dezember 2019 überraschend ein Antrag auf Eröffnung des Insolvenzverfahrens gestellt. Das Insolvenzverfahren wurde mangels Masse nicht eröffnet.

d) Trotz mehrfacher Mahnungen geht eine bereits gebuchte Forderung i. H. v. 17.374 € gegen die Kundin Hella Wahnsinn nicht auf unserem Bankkonto ein. Hella Wahnsinn bittet um Vergleichsverhandlungen, die bis zum 31.12.2019 noch nicht abgeschlossen sind. Wir rechnen zum 31.12.2019 nur noch mit einem Zahlungseingang i. H. v. ca. 25 %.

e) In dem o. a. vorläufigen Schlussbestand der FordaLuL befindet sich auch eine Forderung an einen Privatkunden in der Schweiz i. H. v. 3.000 €. Das pauschale Ausfallrisiko beträgt 1 %. Berechnen Sie in einer übersichtlichen Darstellung die Pauschalwertberichtung und nehmen Sie die sich daraus ergebende Buchung im Rahmen der Anpassungs- oder Auflösungsmethode vor.

Lösung s. Seite 226

20. Rückstellungen

 INFO

Steuerberater-kammern	Anzahl ausgewer-teter Klausuren	Prüfungswahr-scheinlichkeit	Erreichbare Punktzahl
Verbund	15	100 %	2,0 - 10,0
NRW	25	28 %	3,0 - 8,0

Besonderheiten: In **NRW** einer der Klassiker schlechthin: Unter den **TOP 5** der prüfungsrelevantesten Themengebiete.

Vorstellbar ist hier, dass entweder eine **Rückstellung gebildet** werden soll und/oder eine in den Vorjahren **gebildete Rückstellung aufgelöst** werden soll.

Gemäß **§ 249 Abs. 1 Satz 1 HGB** sind Rückstellungen für **ungewisse Verbindlichkeiten** und für **drohende Verluste aus schwebenden Geschäften** zu bilden.

Gemäß **§ 249 Abs. 1 Satz 2 HGB** sind Rückstellungen ferner zu bilden für **im Geschäftsjahr unterlassene Aufwendungen für Instandhaltung**, die im folgenden Geschäftsjahr **innerhalb von drei Monaten** (...) **nachgeholt werden** (vgl. Nr. 1) und für Gewährleistungen, die ohne rechtliche Verpflichtung erbracht werden (vgl. Nr. 2).

Gemäß **§ 249 Abs. 2 Satz 1 HGB** dürfen **Rückstellungen** für **andere als die in Abs. 1 bezeichneten Zwecke** <u>nicht</u> **gebildet** werden.

20.1 Ungewisse Verbindlichkeiten

Der absolute **Klassiker** bei den **ungewissen Verbindlichkeiten** ist die **Gewerbesteuerrückstellung**.

Aufgabe 1: Bildung einer Gewerbesteuerrückstellung

Christof Muckimaus hat seine Gewerbesteuerrückstellung zum 31.12.2018 auf 5.500 € berechnet.

Buchen Sie zum 31.12.2018.

Nennen Sie die Höhe (Angabe in Euro) der **handelsrechtlichen** Gewinnauswirkung (gewinnerhöhend, gewinnmindernd oder gewinnneutral), die sich aus Ihrer Buchung zum 31.12.2018 ergibt.

Nennen Sie die Höhe (Angabe in Euro) der **steuerrechtlichen** Gewinnauswirkung (gewinnerhöhend, gewinnmindernd oder gewinnneutral), die sich aus Ihrer Buchung zum 31.12.2018 ergibt.

Lösung s. Seite 229

Aufgabe 2: Auflösung einer Gewerbesteuerrückstellung

Christof Muckimaus hatte zum 31.12.2018 eine GewSt-Rückstellung i. H. v. 5.500 € zulässigerweise gebildet. Nachdem er seine Steuererklärung unter Beachtung des § 149 Abs. 2 Satz 1 AO fristgerecht abgegeben hatte, erhielt er im August 2019 den Gewerbesteuerbescheid. Ausweislich dieses Bescheids wurde die GewSt mit 34.000 € festgesetzt. Christof Muckimaus hatte in 2018 insgesamt 27.000 € Vorauszahlungen geleistet.

Buchen Sie diesen Geschäftsvorfall. Christof Muckimaus hat die Nachzahlung i. H. v. 7.000 € noch nicht geleistet. Geben Sie auch die Gewinnauswirkung (gewinnerhöhend, gewinnmindernd oder gewinnneutral) in Euro an, die sich aus der/den Buchung(en) ergibt.

Abwandlungen:

a) Festgesetzte Gewerbesteuer 28.000 €

b) Festgesetzte Gewerbesteuer 32.500 €

c) Festgesetzte Gewerbesteuer 26.150 €
   (Gemeinde leistet entsprechende Erstattung sofort per Banküberweisung)

Buchen Sie die Geschäftsvorfälle in den Abwandlungen a) - c). Geben Sie auch die jeweilige Gewinnauswirkung (gewinnerhöhend, gewinnmindernd oder gewinnneutral) in Euro an, die sich aus den Buchungen ergibt.

Lösung s. Seite 229

Aufgabe 3: Bildung einer Rückstellung für Abschlusskosten

Christof Muckimaus geht davon aus, dass sein Steuerberater für die Aufstellung des Jahresabschlusses 2018 irgendwann in 2019 eine Rechnung i. H. v. 6.000 € zzgl. 19 % USt stellen wird.

Buchen Sie zum 31.12.2018.

Lösung s. Seite 231

Aufgabe 4: Auflösung einer Rückstellung für Abschlusskosten

Christof Muckimaus hatte zum 31.12.2018 zulässigerweise eine sonstige Rückstellung i. H. v. 6.000 € für voraussichtliche Abschluss- und Prüfungskosten gebildet.

Wie wäre am 15.05.2019 zu buchen, wenn Muckimaus die Rechnung seines Steuerberaters i. H. v. 6.902 € (Abwandlung: 7.259 €) direkt per Banküberweisung begleichen würde?

Geben Sie auch die Gewinnauswirkung (gewinnerhöhend, gewinnmindernd oder gewinnneutral) in € an, die sich aus den Buchungen ergibt.

Lösung s. Seite 231

20.2 Drohende Verluste aus schwebenden Geschäften

Aufgabe 5: Bildung einer Drohverlustrückstellung (Miete)

Christof Muckimaus hat in bester Geschäftslage von Alstedde ein Ladenlokal auf zehn Jahre angemietet. Allerdings ist die Kundennachfrage trotz brillanter Geschäftsidee wesentlich geringer als erwartet. Nach vier Jahren muss das Geschäft geschlossen werden. Es gelingt der Abschluss eines Untermietvertrages, welcher für die restlichen sechs Jahre einen niedrigeren Mietzins vorsieht, als Muckimaus selber zahlen muss.

Monatliche Miete: 1.200 €
Monatliche Grundstückserträge: 800 €

Falls Sie eine Buchung zum Abschlussstichtag für erforderlich halten, buchen Sie sachgerecht.

Nennen Sie die **handelsrechtliche** Gewinnauswirkung (gewinnerhöhend, gewinnmindernd oder gewinnneutral), die sich ggf. aus Ihrer Buchung zum 31.12. ergibt.

Nennen Sie die **steuerrechtliche** Gewinnauswirkung (gewinnerhöhend, gewinnmindernd oder gewinnneutral), die sich ggf. aus Ihrer Buchung zum 31.12. ergibt.

Lösung s. Seite 232

Aufgabe 6: Bildung einer Drohverlustrückstellung (Waren)

Christof Muckimaus hatte Anfang Dezember 2018 einen Kaufvertrag über die Lieferung (Mitte Januar 2019) von verschiedenen Samsung-Galaxy-Tablets zum Preis von 12.000 € zzgl. 19 % USt geschlossen. Nachdem Apple völlig überraschend im Weihnachtsgeschäft 2018 das neue iPad Air auf den Markt brachte, droht Muckimaus aus dem Anfang Dezember 2018 geschlossenen Vertrag bereits zum Abschlussstichtag (31.12.2018) ein Verlust i. H. v. 1.000 €.

Falls Sie zum 31.12.2018 eine handelsrechtliche Buchung für erforderlich halten, buchen Sie sachgerecht.

Lösung s. Seite 232

20.3 Instandhaltungsrückstellungen

Aufgabe 7: Bildung einer Instandhaltungsrückstellung I

Ende 2018 beauftragte Christof Muckimaus die Firma Dachschaden GmbH mit der Dachreparatur seines Fabrikgebäudes. Durch einen wegen des Klimawandels unvorhersehbaren Wintereinbruch mussten die Reparaturarbeiten, die im Dezember begonnen hatten, unterbrochen werden. Ende Februar 2019 wurden die Arbeiten wieder aufgenommen und abgeschlossen. Laut eines im Dezember 2018 eingeholten Kostenvoranschlags sollen sich die Gesamtkosten auf ca. 20.000 € netto belaufen.

Falls Sie zum 31.12.2018 eine handelsrechtliche Buchung für erforderlich halten, buchen Sie sachgerecht.

Lösung s. Seite 232

Aufgabe 8: Bildung einer Instandhaltungsrückstellung II

Christof Muckimaus wohnt in einer Villa (Schlossallee 1) und bilanziert zulässigerweise zwei Betriebsgrundstücke (Badstraße 2 und Turmstraße 3). Im Dezember 2018 erhielt er von der Firma Dachschaden GmbH folgenden Kostenvoranschlag gem. § 650 BGB:

	Dachreparatur Schlossallee 1 (Durchführung Januar 2019)	38.000,00 €
+	Dachreparatur Badstraße 2 (Durchführung März 2019)	11.000,00 €
+	Dachreparatur Turmstraße 3 (Durchführung Mai 2019)	18.500,00 €
+	19% USt	12.825,00 €
=	**Voraussichtlicher Bruttogesamtpreis**	**80.325,00 €**

Nehmen Sie die erforderliche(n) Buchung(en) zum 31.12.2018 vor.

Begründen Sie Ihre Antwort, falls Sie keine Buchung vornehmen.

Lösung s. Seite 233

21. Darlehensabgeld (Damnum/Disagio)

 INFO

Steuerberater- kammern	Anzahl ausgewer- teter Klausuren	Prüfungswahr- scheinlichkeit	Erreichbare Punktzahl
Verbund	15	26,67 %	2,0 - 6,0
NRW	25	24 %	12,0 - 21,0

Besonderheiten: Die relativ hohe erreichbare Punktzahl in **NRW** basiert auf Kombinationsthemen, d. h. nur in einer einzigen Klausur (Sommer 2014: 18 Punkte) ging es *ausschließlich* um das Damnum/Disagio. In den vier anderen Klausuren war das Damnum/Disagio in andere Themengebiete integriert (z. B. beim Kauf eines bebauten Grundstücks als Finanzierungskosten oder im Zusammenhang mit Fremdwährungsverbindlichkeiten ...).

Grundsätzlich vorstellbar ist, dass die

▶ **Aufnahme** eines **Darlehens** unter Einbehaltung eines Damnums/Disagios und die

▶ **Abschreibung** des **Damnums/Disagios** zum Abschlussstichtag

gebucht werden soll. Zusätzlich könnten auch die **Zinsen** zu buchen sein. Sollte dies der Fall sein, spricht sehr viel dafür, dass das Prüfungsamt dieses Themengebiet mit der **periodengerechten Erfassung** von **Aufwand** und Ertrag (**insbesondere der *Sonstigen Verbindlichkeiten***) kombiniert. Schließlich könnten auch **Korrekturbuchungen** (laut Sachverhalt ist bereits etwas gebucht worden) eine Rolle spielen.

Handelsrechtlich sind Verbindlichkeiten gem. **§ 253 Abs. 1 Satz 2 HGB** zu ihrem **Erfüllungsbetrag** anzusetzen (zu passivieren).

Steuerrechtlich sind Verbindlichkeiten gem. **§§ 6 Abs. 1 Nr. 3 Satz 1 i. V. m. 6 Abs. 1 Nr. 2 Satz 1 EStG** mit den Anschaffungskosten anzusetzen (zu passivieren). Als Anschaffungskosten einer Verbindlichkeit gilt gem. **H 6.10 EStH** der Nennwert (Rückzahlungsbetrag = **Erfüllungsbetrag**).

Bezüglich des Damnums/Disagios gilt in Handelsbilanz und Steuerbilanz Folgendes:

	Handelsbilanz	Steuerbilanz
Zugangsbewertung	Ist der Erfüllungsbetrag einer Verbindlichkeit höher als der Ausgabebetrag, so darf gem. **§ 250 Abs. 3 Satz 1 HGB** der Unterschiedsbetrag (= **Damnum/Disagio**) in den **RAP** auf der **Aktivseite** aufgenommen werden (**Aktivierungswahlrecht**).	Gemäß **§ 5 Abs. 5 Satz 1 Nr. 1 EStG** (vgl. auch H 6.10 EStH) muss das **Damnum/Disagio** **aktiviert** werden (**Aktivierungspflicht**).
Folgebewertung	Der Unterschiedsbetrag (= **Damnum/Disagio**) ist gem. **§ 250 Abs. 3 Satz 2 HGB** durch planmäßige jährliche **Abschreibungen** zu tilgen, die auf die gesamte Laufzeit der Verbindlichkeit verteilt werden können (**Abschreibungspflicht**).	Gemäß **§ 5 Abs. 5 Satz 1 Nr. 1 EStG** (vgl. auch H 6.10 EStH) ist das **Damnum/Disagio** als RAP auf die Laufzeit zu verteilen (**Abschreibungspflicht**).

Damit ergeben sich grundsätzlich folgende Buchungssätze:

Buchungssatz für die Aufnahme des Darlehens

Sollkonto (SKR 04/SKR 03)	Habenkonto (SKR 04/SKR 03)
1800/1200 Bank	3150/0650 Verbindlichkeiten gegenüber Kreditinstituten
1940/0986 Damnum/Disagio	

Buchungssatz zum 31.12. (Abschreibung des Damnums/Disagios)

Sollkonto (SKR 04/SKR 03)	Habenkonto (SKR 04/SKR 03)
7300/2100 Zinsen und ähnliche Aufwendungen	1940/0986 Damnum/Disagio

Aufgabe 1: Aufnahme eines Darlehens mit Abschlussbuchung ohne Zinsen

Kai Strickel nahm am 01.04.2018 ein Bankdarlehen (Laufzeit: 4 Jahre) i. H. v. 250.000 € auf. Seine Hausbank behielt dabei ein Damnum/Disagio i. H. v. 3 % ein und schrieb den entsprechenden Betrag dem Bankkonto des Herrn Strickel gut.

Buchen Sie die Aufnahme des Darlehens im April 2018 und buchen Sie auch zum 31.12.2018. Handelsbilanz und Steuerbilanz sollen **nicht** voneinander abweichen.

Lösung s. Seite 234

Aufgabe 2: Aufnahme eines Darlehens mit Abschlussbuchung und Zinsen

Kai Strickel nahm am 01.10.2018 ein Bankdarlehen (Laufzeit: 10 Jahre) i. H. v. 500.000 € auf. Ausgezahlt wurden 96 % des Rückzahlungsbetrags. Das Bankdarlehen ist halbjährlich nachträglich mit einem Zinssatz von 2,9 % p. a. zu verzinsen.

Buchen Sie die Aufnahme des Darlehens zum 01.10.2018 und nehmen Sie alle weiteren erforderlichen Buchungen zum 31.12.2018 vor. Die erste Zinszahlung am 31.03.2019 ist **nicht** zu buchen.

Handels- und Steuerbilanz sollen **nicht** voneinander abweichen.

Lösung s. Seite 234

Aufgabe 3: Aufnahme eines Darlehens mit Abschlussbuchung und Korrekturbuchung I

Kai Strickel nahm am 01.07.2018 ein Bankdarlehen i. H. v. 95.000 € auf. Die Rückzahlung dieses Bankdarlehens hat am 30.06.2023 in einer Summe zu erfolgen. Die Bank hat bei der Auszahlung ein Damnum/Disagio i. H. v. 5 % einbehalten. Das Darlehen ist mit einem Zinssatz von 4,9 % p. a. zu verzinsen. Die **Zinsen** für das Jahr 2018 (2.327,50 €) wurden bereits **ordnungsgemäß** in voller Höhe als Aufwand **gebucht**.

Die Bankgutschrift wurde wie folgt gebucht:

Sollkonto (SKR 04/SKR 03)	Betrag (Euro)	Habenkonto (SKR 04/SKR 03)	Betrag (Euro)
1800/1200 Bank	90.250,00	3150/0650 Verbindlichkeiten gegenüber Kreditinstituten	90.250,00

Nehmen Sie alle erforderlichen Berichtigungs- bzw. Ergänzungsbuchungen im Rahmen des Jahresabschlusses zum 31.12.2018 vor.

Handels- und Steuerbilanz sollen **nicht** voneinander abweichen.

Lösung s. Seite 235

Aufgabe 4: Aufnahme eines Darlehens mit Abschlussbuchung und Korrekturbuchung II

Kai Strickel nahm am 30.11.2018 ein Bankdarlehen zu folgenden Konditionen auf:

- ► Rückzahlungsbetrag   1.200.000 €
- ► Auszahlungsbetrag   1.176.000 €
- ► Laufzeit   15 Jahre
- ► Damnum   2 %
- ► Zinssatz   1,99 % p. a.

Die Bank nahm die Auszahlung unter Abzug des Damnums/Disagios und der **Zinsen** für **Dezember** 2018 vor.

Die verwirrte Buchhalterin buchte:

Sollkonto (SKR 04/SKR 03)	Betrag (Euro)	Habenkonto (SKR 04/SKR 03)	Betrag (Euro)
1800/1200 Bank	1.174.010,00	3150/0650 Verbindlichkeiten gegenüber Kreditinstituten	1.174.010,00

Kontrollieren Sie diese Buchung und nehmen Sie die ggf. erforderliche(n) Berichtigungs- bzw. Ergänzungsbuchung(en) im Rahmen des Jahresabschlusses zum 31.12.2018 vor.

Handels- und Steuerbilanz sollen **nicht** voneinander abweichen.

Lösung s. Seite 236

Exkurs: Ratendarlehen/Annuitätendarlehen

Bei den aufgenommenen Darlehen (Aufgaben 1 - 4) handelte es sich jeweils um ein **Fälligkeitsdarlehen**, d. h. erst nach Ablauf der vereinbarten Laufzeit ist das Darlehen in einer Summe zurückzuzahlen. Aus diesem Grund (das Darlehen bleibt also über die Laufzeit in voller Höhe passiviert) konnte das Damnum/Disagio jeweils linear abge- schrieben werden.

Beim **Ratendarlehen** nimmt das Darlehen durch die Tilgung über die Laufzeit ab. Da das Damnum/Disagio als zinsähnlicher Aufwand an den Bestand des Darlehens ge- koppelt ist, kann bei einem Ratendarlehen das Damnum/Disagio nicht linear abge- schrieben werden. Es muss **arithmetisch-degressiv** abgeschrieben werden.

Beim **Annuitätendarlehen** ist die monatliche oder jährliche Summe aus Tilgung und Zinsen (= Annuität) gleich groß. Da der Zinsanteil von Jahr zu Jahr kleiner wird (durch die Tilgung nimmt der Bestand des Darlehens ab), muss der Tilgungsanteil sich von Jahr zu Jahr erhöhen. Damit nimmt der Bestand des Annuitätendarlehens, anders als beim Ratendarlehen, nicht in gleicher Höhe ab. Da das Damnum/Disagio als zinsähnlicher Aufwand an den Bestand des Darlehens gekoppelt ist, kann bei einem Annuitä-tendarlehen das Damnum/Disagio weder linear noch arithmetisch-degressiv abge-schrieben werden. Es muss **geometrisch-degressiv** abgeschrieben werden.

Die erforderlichen **Buchungssätze** für die Aufnahme eines **Raten- oder Annuitäten-darlehens** und die Abschreibung des Damnums/Disagios **verändern sich nicht**. Hier geht es lediglich um die **Verteilung** des **Damnums/Disagios** und damit um die **Höhe des Abschreibungsbetrages**.

Da der BFH aber schon 1978 entschieden hat, dass auch ein Raten- oder Annuitäten-darlehen linear abgeschrieben werden kann, halte ich es für die Rewe-Klausur nicht für notwendig, sich Spezialwissen über arithmetische Reihen und Annuitätenfaktoren und Formeln anzueignen.

22. Handelskalkulation/Wirtschaftsrechnung

 INFO

Steuerberater-kammern	Anzahl ausgewer-teter Klausuren	Prüfungswahr-scheinlichkeit	Erreichbare Punktzahl
Verbund	15	60 %	2,0 - 7,0
NRW	25	52 %	6,0 - 24,0

Besonderheiten: Im **Verbund** nur sehr vereinfachte Handelskalkulation. In NRW sind einfache Handelskalkulationsaufgaben bereits Bestandteil der Zwischenprüfungen. Komplexere Aufgaben finden sich in NRW erst in den Abschlussprüfungen. In NRW unter den **TOP 5** der prüfungsrelevantesten Themengebiete (Platz 2).

Klassischerweise **beginnt die Handelskalkulation** mit einer Aufgabe, in welcher der **Wareneinsatz** ermittelt werden soll. Meistens folgt **dann** eine Aufgabe, in welcher die **Umsatzerlöse** zu ermitteln sind (alternativ sind diese vorgegeben). **Darauf aufbauend** kann nach dem **Rohgewinn oder Reingewinn** gefragt werden.

Schließlich werden immer wieder vier „Rechenformeln" abgeprüft, in welchen der

- ► **Rohgewinnaufschlagssatz** (Kalkulationszuschlag) und/oder
- ► **Rohgewinnsatz** (Handelsspanne) und/oder
- ► **Reingewinnsatz** (Umsatzrendite) und/oder
- ► **Handlungskostenzuschlag** ausgerechnet werden müssen.

Der Wareneinsatz lässt sich rechnerisch am einfachsten wie folgt ermitteln:

	AB
+	Wareneinkäufe
-	SB
+	Bezugsnebenkosten
-	Erhaltener Skonto
-	Erhaltener Bonus
-	Erhaltene Rabatte
-	Warenrücksendungen/Gutschriften/Preisnachlässe
=	**Wareneinsatz**

Niemals werden bei der entsprechenden Prüfungsaufgabe alle Positionen angegeben sein. Diese o. a. „Checkliste" eröffnet aber die Möglichkeit, auf jegliche Konstellation des Prüfungsamtes zu reagieren und unabhängig von den Sachverhaltsangaben den Wareneinsatz sicher und richtig zu bestimmen.

Die Umsatzerlöse lassen sich rechnerisch am einfachsten wie folgt ermitteln:

	Warenverkäufe
-	Gewährter Skonto
-	Gewährter Bonus
-	Gewährte Rabatte
-	Warenrücksendungen/Gutschriften/Preisnachlässe
=	**Umsatzerlöse**

Niemals werden bei der entsprechenden Prüfungsaufgabe alle Positionen angegeben sein. Diese o. a. „Checkliste" eröffnet aber die Möglichkeit, auf jegliche Konstellation des Prüfungsamtes zu reagieren und unabhängig von den Sachverhaltsangaben die Umsatzerlöse sicher und richtig zu bestimmen.

Sind der Wareneinsatz und die Umsatzerlöse in richtiger Höhe ermittelt, kann unproblematisch der Rohgewinn bestimmt werden:

	Umsatzerlöse
-	Wareneinsatz
=	**Rohgewinn**

Ist der Rohgewinn in richtiger Höhe ermittelt, kann bei Angabe der sonstigen Aufwendungen und/oder der sonstigen Erträge unproblematisch der Reingewinn bzw. im Negativfall der Reinverlust bestimmt werden:

	Rohgewinn
-	sonstige Aufwendungen
+	sonstige Erträge
=	**Reingewinn/Reinverlust**

Sind nun der Wareneinsatz, die Umsatzerlöse, der Rohgewinn und der Reingewinn bekannt, wird es im Rahmen der Handelskalkulation deutlich einfacher und übersichtlicher. Es verbleiben vier Rechenformeln, in welche jetzt lediglich die gerade ermittelten (oder ggf. vom Prüfungsamt vorgegebenen) Zahlen eingetragen werden müssen:

$$\text{Rohgewinnaufschlagssatz (Kalkulationszuschlag)} = \frac{\textbf{Rohgewinn}}{\textbf{Wareneinsatz}} \cdot 100$$

$$\text{Rohgewinnsatz (Handelsspanne)} = \frac{\textbf{Rohgewinn}}{\textbf{Umsatzerlöse}} \cdot 100$$

$$\text{Reingewinnsatz (Umsatzrendite)} = \frac{\textbf{Reingewinn}}{\text{Umsatzerlöse}} \cdot 100$$

$$\text{Handlungskostenzuschlag} = \frac{\textbf{Handlungskosten}}{\text{Wareneinsatz}} \cdot 100$$

Aufgabe 1: Alles auf einmal

Aus der Buchführung von Frau Sara Sampaio sind u. a. die folgenden Zahlen zu entnehmen:

	Soll	Haben
Bestand an Waren	105.000,00 €	
Wareneingang	550.000,00 €	42.500,00 €
Nachlässe Wareneingang		2.450,00 €
Umsatzerlöse	29.178,00 €	980.000,00 €
Bezugskosten	48.000,00 €	
Erlösschmälerungen	7.890,00 €	
Handlungskosten	12.575,00 €	

Die Inventur zum 31.12.2018 ergab einen Warenendbestand von 99.000 €.

Ermitteln Sie in einer übersichtlichen Darstellung den Wareneinsatz, die Umsatzerlöse, den Rohgewinn, den Reingewinn, den Rohgewinnaufschlagssatz (Kalkulationszuschlag), den Rohgewinnsatz (Handelsspanne), den Reingewinnsatz (Umsatzrendite) und den Handlungskostenzuschlag. Runden Sie hierbei – falls erforderlich – auf zwei Dezimalstellen.

Lösung s. Seite 238

Aufgabe 2: Ein T-Konto für Herrn Toronto

Gegeben ist folgendes Kontenbild aus der Buchführung des Peter Toronto zum 31.12.2018 vor Kontenabschluss:

S	1140/3980 Bestand an Waren	H		S	5200/3200 Wareneingang	H
AB 120.000				440.000	25.000	

S	5800/3800 BNK	H		S	6700/4700 Kosten der Warenabgabe	H
20.000				18.000		

S	4700/8700 Erlösschmälerungen	H		S	5700/3700 Nachlässe Wareneingang	H
12.000					10.000	

S	4000/8000 Umsatzerlöse	H		S	3250/1710 Erhaltene Anzahlungen	H
	898.000				5.000	

S	SBK	H		S	GuV	H

Die zum 31.12.2018 ordnungsgemäß durchgeführte Inventur ergab einen Warenschlussbestand i. H. v. 145.000 €. Bilden Sie die Buchungssätze unter Angabe der Euro-Beträge:

1. für die Erfassung des Warenschlussbestandes

2. für die sich daraus ergebene Bestandsveränderung

3. für den Abschluss der Konten BNK, Nachlässe Wareneingang, Wareneingang, Erlösschmälerungen, Umsatzerlöse, Kosten der Warenabgabe, GuV und erhaltene Anzahlungen.

Wie hoch sind der Wareneinsatz, die Umsatzerlöse, der Rohgewinn und der Reingewinn?

Ermitteln Sie in einer übersichtlichen Darstellung den Rohgewinnaufschlagssatz (Kalkulationszuschlag), den Rohgewinnsatz (Handelsspanne) und den Reingewinnsatz (Umsatzrendite). Runden Sie hierbei – falls erforderlich – auf zwei Dezimalstellen.

Lösung s. Seite 239

Aufgabe 3: Bis zum Bezugspreis

Die S & M GmbH kauft Ware zum Netto-Listenpreis von 500 €/Stück ein. Die S & M GmbH erhält von Ihrer Lieferantin einen Rabatt von 5 % und einen Skonto von 2 %. Die Bezugskosten werden mit 5 €/Stück kalkuliert.

Ermitteln Sie in einer übersichtlichen Darstellung unter Nennung der einschlägigen Fachbegriffe den **Bezugspreis**, wenn 10 Stück eingekauft werden.

Lösung s. Seite 240

Aufgabe 4: Vom Bezugspreis bis zum Netto-Listenverkaufspreis

Unterstellen Sie einen Bezugspreis von 470,50 €/Stück bei der S & M GmbH aus Aufgabe 3. Die S & M GmbH kalkuliert weiter mit 15 % Handlungskosten, 7 % Gewinn, 3 % Kundenskonto und 10 % Kundenrabatt.

Ermitteln Sie in einer übersichtlichen Darstellung unter Nennung der einschlägigen Fachbegriffe den **Netto-Listenverkaufspreis**, wenn 10 Stück eingekauft werden.

Lösung s. Seite 240

Aufgabe 5: Geht das auch rückwärts?

Unterstellen Sie einen Netto-Listenverkaufspreis von 800 €/Stück bei der S & M GmbH aus Aufgabe 3 bzw. Aufgabe 4 und Selbstkosten i. H. v. 500 €/Stück. Die S & M GmbH kalkuliert weiter mit 3 % Kundenskonto und 10 % Kundenrabatt.

Ermitteln Sie in einer übersichtlichen Darstellung unter Nennung der einschlägigen Fachbegriffe den **Gewinn in Euro** und **Prozent**, wenn 10 Stück eingekauft werden.

Lösung s. Seite 241

Aufgabe 6: Der Kalkulationszuschlag und der Kalkulationsfaktor

Unterstellen Sie einen Netto-Listenverkaufspreis von 800 €/Stück bei der S & M GmbH aus Aufgabe 3. Ermitteln Sie in einer übersichtlichen Darstellung den Kalkulationszuschlag in Prozent und Euro und den Kalkulationsfaktor. Kalkulationszuschlag und Kalkulationsfaktor sind erforderlichenfalls auf vier Nachkommastellen zu runden.

Lösung s. Seite 241

Aufgabe 7: Die Handelsspanne

Unterstellen Sie einen Netto-Listenverkaufspreis von 800 €/Stück und einen Bezugspreis von 470,50 €/Stück bei der S & M GmbH (vgl. Aufgabe 3 und 4).

Ermitteln Sie in einer übersichtlichen Darstellung die Handelsspanne in Prozent und Euro.

Runden Sie erforderlichenfalls auf 4 Nachkommastellen.

Lösung s. Seite 242

Aufgabe 8: Das vergebliche Ziel

Die Umsatzerlöse (800.000 €) und der Wareneinsatz (600.000 €) von Frau Anna Theke sind ordnungsgemäß ermittelt worden.

Berechnen Sie zunächst den Rohgewinnsatz (die Handelsspanne).

Anna Theke hatte sich eigentlich einen Rohgewinnsatz (Handelsspanne) i. H. v. 40 % als Ziel gesetzt. Wie hoch hätte ihr Wareneinsatz maximal sein dürfen, wenn ihre Verkaufspreise aufgrund der starken Konkurrenzsituation nicht erhöht werden können.

Lösung s. Seite 243

Aufgabe 9: Die zu geringen Umsatzerlöse

Die Umsatzerlöse (800.000 €) und der Wareneinsatz (600.000 €) von Frau Anna Theke sind ordnungsgemäß ermittelt worden.

Berechnen Sie zunächst den Rohgewinnsatz (die Handelsspanne).

Die branchenübliche Handelspanne beträgt 70 %. Wie hoch müssten die Umsatzerlöse sein, wenn Anna Theke die branchentypische Handesspanne bei ihrem tatsächlich erzielten Wareneinsatz ansetzen würde?

Lösung s. Seite 244

23. Gewinnverteilung bei einer OHG und KG

 INFO

Steuerberater-kammern	Anzahl ausgewer-teter Klausuren	Prüfungswahr-scheinlichkeit	Erreichbare Punktzahl
Verbund	15	60 %	3,0 - 7,0
NRW	25	0 %	0,0

23.1 OHG

Nach **§ 121 Abs. 1 HGB** gebührt **jedem Gesellschafter von dem Jahresgewinn zunächst** ein Anteil i. H. v. vier vom Hundert (also **4 %**) **seines Kapitalanteils**. Reicht der Jahresgewinn hierzu nicht aus, so bestimmen sich die Anteile nach einem entsprechend niedrigeren Satz.

Nach **§ 121 Abs. 2 HGB** werden bei der Berechnung des nach Abs. 1 einem Gesellschafter zukommenden Gewinnanteils Leistungen, die der Gesellschafter im Laufe des Geschäftsjahres als **Einlage** gemacht hat, **nach dem Verhältnis der seit der Leistung abgelaufenen Zeit berücksichtigt**. Hat der Gesellschafter im Laufe des Geschäftsjahres Geld auf seinen Kapitalanteil **entnommen**, so werden die entnommenen Beträge **nach dem Verhältnis der bis zur Entnahme abgelaufenen Zeit berücksichtigt**.

Nach **§ 121 Abs. 3 HGB** wird **derjenige Teil des Jahresgewinns**, welcher die nach den **Absätzen 1** und **2** zu berechnenden **Gewinnanteile übersteigt**, sowie der Verlust eines Geschäftsjahres unter die Gesellschafter **nach Köpfen verteilt**.

Aufgabe 1: Handelsrechtliche Gewinnverteilungstabelle

Die Gesellschafter Krstajic und Ismaël sind mit folgenden Kapitalanteilen an der W-OHG beteiligt: Krstajic mit 300.000 € und Ismael mit 320.000 €.

Am 31.12.2018 tätigte Krstajic eine Entnahme i. H. v. 30.000 € und Ismaël eine Einlage i. H. v. 40.000 €.

Der handelsrechtliche Jahresüberschuss der W-OHG beträgt 204.000 €. Folgende Aufwendungen haben diesen Jahresüberschuss bereits gemindert: Der Gesellschafter Krstajic stellte der W-OHG ein Grundstück zur Verfügung. Hierfür erhielt er von der W-OHG eine monatliche Pacht von 500 €. Der Gesellschafter Ismaël erhielt als Geschäftsführer ein monatliches Gehalt i. H. v. 4.400 €.

a) Nehmen Sie die Gewinnverteilung für 2018 nach den gesetzlichen Bestimmungen des HGB vor und verwenden Sie dabei die folgende handelsrechtliche Gewinnverteilungstabelle:

Gesellschafter	Kapitalanteile	Zinsen	Restgewinn	Gesamtgewinn
Krstajic	300.000 €			
Ismaël	320.000 €			
	620.000 €			204.000 €

b) Ermitteln Sie in einer übersichtlichen Darstellung die handelsrechtlichen Kapitalanteile zum 31.12.2018 der beiden Gesellschafter.

c) Ermitteln Sie in einer übersichtlichen Darstellung den Gewinn nach EStG der beiden Gesellschafter.

Lösung s. Seite 245

Auf die **Gewinnverteilung** nach den **gesetzlichen Bestimmungen** des HGB muss **nur** zurückgegriffen werden, wenn die Gesellschafter **im Gesellschaftsvertrag nichts anders vereinbart** haben; vgl. § 109 HGB.

Die von § 121 HGB **abweichenden Vereinbarungen** können die **Verzinsung** der **Kapitalanteile** und/oder die **Verteilung** des **Restgewinns** regeln. Oft enthalten solche Vereinbarungen auch Regelungen bezüglich eines **Geschäftsführergehalts**.

Aufgabe 2: Steuerrechtliche Gewinnverteilungstabelle

Die Gesellschafter Micoud und Borowski sind mit folgenden Kapitalanteilen an der W-KG beteiligt: Micoud mit 320.000 € und Borowski mit 250.000 €.

Der handelsrechtliche Jahresüberschuss der W-KG beträgt 852.004 €.

Der Gesellschafter Micoud erhält als Geschäftsführer ein Monatsgehalt i. H. v. 9.900 €.

Der Gesellschafter Borowski hatte der W-KG ein Darlehen i. H. v. 100.000 € mit einem marktüblichen Zinssatz von 5 % gewährt und die entsprechenden Jahreszinsen am 31.12.2018 erhalten. Das Gehalt und die Zinsen wurden zulasten des handelsrechtlichen Jahresüberschusses bereits gewinnmindernd ordnungsgemäß gebucht.

Hinsichtlich der weiteren Gewinnverteilung ist dem Gesellschaftsvertrag eine Verzinsung der Kapitalanteile mit 7 % und eine Restgewinnverteilung im Verhältnis 7 (Micoud) zu 1 (Borowski) zu entnehmen.

a) Ermitteln Sie in einer übersichtlichen Darstellung den steuerrechtlichen Gewinn der W-KG.

b) Nehmen Sie die Gewinnverteilung für 2018 vor und verwenden Sie dabei die folgende steuerrechtliche Gewinnverteilungstabelle:

Gesellschafter	Kapital-anteile	Vorweg-vergütung	Zinsen	Rest-gewinn	Gesamtgewinn
Micoud					
Borowski					

Lösung s. Seite 245

Aufgabe 3: Handelsrechtliche und steuerrechtliche Gewinnverteilungstabelle

Die Gesellschafter Ailton, Klasnic und Valdez sind mit folgenden Kapitalanteilen an der W-OHG beteiligt: Ailton mit 280.000 €, Klasnic mit 130.000 € und Valdez mit 90.000 €.

Der handelsrechtliche Jahresüberschuss der W-OHG beträgt 30.000 €.

Das monatliche Gehalt des Geschäftsführers Ailton i. H. v. 18.000 € wurde jeweils am Monatsende ausbezahlt und ordnungsgemäß als Aufwand gebucht.

Der Gesellschafter Klasnic stellte der OHG ein kleineres Grundstück zur Verfügung. Die monatlichen Mietzahlungen wurden ordnungsgemäß wie folgt gebucht:

Sollkonto (SKR 04/SKR 03)	Betrag (Euro)	Habenkonto (SKR 04/SKR 03)	Betrag (Euro)
6310/4210 Miete	1.200,00	1800/1200 Bank	1.200,00

Der Gesellschafter Valdez gewährte der OHG am 01.10.2018 ein Darlehen i. H. v. 50.000 € mit einem marktüblichen Zinssatz i. H. v. 5 %. Da die Zinsen jeweils halbjährlich nachschüssig fällig werden, wurde ordnungsgemäß wie folgt gebucht:

Sollkonto (SKR 04/SKR 03)	Betrag (Euro)	Habenkonto (SKR 04/SKR 03)	Betrag (Euro)
7300/2100 Zinsen	625,00	3500/1700 Sonstige Verbindlichkeiten	625,00

Ausweislich des Gesellschaftsvertrags erfolgt die Restgewinnverteilung im Verhältnis der Kapitalanteile der einzelnen Gesellschafter zueinander. Eine Vereinbarung über die Verzinsung ist nicht getroffen worden.

a) Nehmen Sie die Gewinnverteilung für 2018 vor und verwenden Sie dabei die folgende handelsrechtliche Gewinnverteilungstabelle:

Gesellschafter	Kapitalanteile	Zinsen	Restgewinn	Gesamtgewinn
Ailton	280.000 €			
Klasnic	130.000 €			
Valdez	90.000 €			
	500.000 €			30.000 €

b) Ermitteln Sie in einer übersichtlichen Darstellung den steuerrechtlichen Gewinn der W-OHG.

c) Nehmen Sie die Gewinnverteilung für 2018 vor und verwenden Sie dabei die folgende steuerrechtliche Gewinnverteilungstabelle:

Gesellschafter	Kapital-anteile	Vorweg-vergütung	Zinsen	Rest-gewinn	Gesamtgewinn
Ailton					
Klasnic					
Valdez					

Lösung s. Seite 246

23.2 KG

Nach **§ 168 Abs. 1 HGB** bestimmen sich die Anteile der Gesellschafter am Gewinn, **soweit** der **Gewinn** den Betrag von vier vom Hundert (also **4 %**) der Kapitalanteile **nicht übersteigt, nach** den Vorschriften des **§ 121 Abs. 1 und 2** (vgl. insoweit obige Ausführungen zu § 121 HGB).

Übersteigt der Gewinn diesen Betrag (gilt auch bei einem Verlust), so gilt nach **§ 168 Abs. 2 HGB**, soweit nichts anderes vereinbart ist, ein den Umständen nach **angemessenes Verhältnis** der Anteile als bedungen.

Um in der **Praxis** bei dieser „schwammigen" Formulierung Meinungsverschiedenheiten zu vermeiden, wird **im Gesellschaftsvertrag** das **angemessene Verhältnis zahlenmäßig festgelegt** sein.

Das heißt für die Theorie (also für die Abschlussprüfung): **Sollte die Aufgabenstellung eine Gewinnverteilung einer KG vorsehen, so wird das Prüfungsamt auf jeden Fall Angaben aus dem Gesellschaftsvertrag hinsichtlich der Verzinsung und der Restgewinnverteilung machen.**

24. Gewinnermittlung nach § 4 Abs. 3 EStG

 INFO

Steuerberater-kammern	Anzahl ausgewer-teter Klausuren	Prüfungswahr-scheinlichkeit	Erreichbare Punktzahl
Verbund	15	100 %	15,0 - 20,0
NRW	25	100 %	16,0 - 40,5

Besonderheiten: Das **einzige Themengebiet**, welches im **Verbund** *und* in **NRW** zu **100 % prüfungsrelevant** ist. Im **Verbund** immer als **erste Aufgabe** (vor dem Rewe-Teil) gestellt. In **NRW** (bis auf eine Ausnahme im Sommer 2007) immer als **letzte Aufgabe** (nach dem Rewe-Teil) gestellt.

Gemäß **§ 4 Abs. 3 Satz 1 EStG** können Steuerpflichtige, die **nicht** aufgrund gesetzlicher Vorschriften **verpflichtet sind, Bücher zu führen** als Gewinn den überschuss der Betriebseinnahmen (BE) über die Betriebsausgaben (BA) ansetzen.

Buchführungspflichtige ermitteln ihren Gewinn gem. § 4 Abs. 1 Satz 1 EStG (bzw. gem. § 5 Abs. 1 Satz 1 EStG i. V. m. § 4 Abs. 1 Satz 1 EStG) mittels Betriebsvermögensvergleich.

Damit stellt sich die berechtigte Frage, warum die Gewinnermittlung gem. § 4 Abs. 3 EStG fester Bestandteil (zu 100 %) der Rewe-Klausur ist.

Hintergrund ist folgender: Die **Klausur Steuerwesen** besteht aus insgesamt fünf Teilen: Einkommensteuer, Umsatzsteuer, Gewerbesteuer, Körperschaftsteuer und Abgabenordnung. Würden die Prüfungsämter nun die Gewinnermittlung gem. § 4 Abs. 3 EStG in den Einkommensteuer – Teil der Steuerwesen – Klausur integrieren (was inhaltlich richtig wäre, da § 4 Abs. 3 EStG Einkommensteuer ist), würde dies zu einer überfrachtung des Einkommensteuer-Teils führen. Hier bliebe kaum Platz und Zeit nun detailliert in die Einkommensteuer einzusteigen, es folgen ja noch vier weitere Themengebiete in derselben Klausur.

Aus diesem Grund ist die **⅓-Rechnung immer fester Bestandteil einer jeden Rewe-Klausur. Einen inhaltlichen Grund gibt es hierfür nicht.**

Bei der Gewinnermittlung gem. § 4 Abs. 3 EStG werden Sie es meistens mit **vier bis zehn kurzen Geschäftsvorfällen** zu tun bekommen, bei denen Sie beurteilen müssen, ob eine BE oder BA oder keines von beiden vorliegt. Mit einer **(sehr) kurzen** Begründung sind die Ergebnisse sodann klassischerweise in eine Tabelle (siehe Lösungen) einzutragen.

Aufgabe 1: Kosmetikstudio Wegelagerer

Birgit Wegelagerer betreibt in Bremen ein kleines Kosmetikstudio. Sie ermittelt ihren Gewinn zulässigerweise nach § 4 Abs. 3 EStG und hat vorläufige Betriebseinnahmen (BE) i. H. v. 30.000 € und vorläufige Betriebsausgaben (BA) i. H. v. 795,56 € aufgezeichnet. Sie versteuert ihre Umsätze nach vereinnahmten Entgelten zum Regelsteuersatz. Die Voraussetzungen des § 7g EStG liegen nicht vor. Außerdem wendet Frau Wegelagerer weder § 6 Abs. 2 EStG noch § 6 Abs. 2a EStG an. Für den Veranlagungszeitraum (VZ) 2018 sind noch folgende Vorgänge zu berücksichtigen bzw. ggf. zu korrigieren. Begründen Sie in Stichpunkten Ihre Lösung, auch dann, wenn Sie keine BE oder BA ansetzen.

Ermitteln Sie den niedrigst möglichen Gewinn nach EStG für den VZ 2018. Benutzen Sie dazu ausschließlich die übliche Lösungstabelle.

1. Am 15.12.2018 kaufte Frau Wegelagerer einen neuen Kosmetikbehandlungsstuhl Platy (2 Farben) für 928,20 € inkl. 19 % USt. Sie bezahlte noch im Laden per betrieblicher EC-Karte. Den Stuhl (ND: 13 Jahre) konnte sie in ihrem eigenen Auto transportieren und nutzte ihn noch für Behandlungen in 2018.

2. Am 20.12.2018 kaufte Frau Wegelagerer eine neue Kosmetiklampe (Lupenleuchte VII auf Statik, Nutzungsdauer: 8 Jahre). Diese Lupenleuchte wurde noch in 2018 geliefert. Den Kaufpreis i. H. v. 456,96 € zahlte sie erst im Januar 2019 unter Abzug von 3 % Skonto.

3. Am 27.12.2018 bestellte Frau Wegelagerer im Internet eine neue Kosmetikliege (Queen V Comfort 3-motorig, Nutzungsdauer: 10 Jahre). Sie überwies online per PayPal eine Anzahlung i. H. v. 50 % auf den Kaufpreis i. H. v. 1.428 € inkl. 19 % USt. Ihr betriebliches Bankkonto wurde noch in 2018 mit dem entsprechenden Betrag belastet. Die Lieferung der neuen Kosmetikliege erfolgte vereinbarungsgemäß im Januar 2019.

4. Am 31.12.2018 kaufte Frau Wegelagerer beim Autohaus Brandt GmbH einen gebrauchten Opel Corsa (ND: 6 Jahre) für insgesamt 5.140,80 € inkl. 19 % USt. Noch im Autohaus Brandt GmbH leistete sie eine Anzahlung i. H. v. 20 % auf den Kaufpreis in bar. Daraufhin fuhr sie mit dem Pkw (betriebliche Nutzung > 50 %) in den Skiurlaub.

    Den Restbetrag überwies Frau Wegelagerer vereinbarungsgemäß im Januar 2019.

5. Für eine in 2018 durchgeführte Behandlung zahlte die Kundin Prima Bella 77,35 € inkl. 19 % USt an Frau Wegelagerer in bar. Außerdem verkaufte Frau Wegelagerer an diese Kundin Kosmetikartikel für 22,61 € inkl. 19 % USt, welche ebenfalls in bar bezahlt wurden.

6. Der Ehemann von Prima Bella war begeistert von dem Resultat der durchgeführten Behandlung und kaufte deshalb bei Frau Wegelagerer am nächsten Tag einen Behandlungsgutschein im Wert von 100 €, den er sofort in bar (in 2018) bezahlte. Prima Bella löste diesen Gutschein im Januar 2019 ein. Frau Wegelagerer beabsichtigt deshalb, die 100 € in 2019 als Betriebseinnahme zu erfassen.

7. Bei ihrem Großhändler Paul Plagiat bestellte Frau Wegelagerer in 2018 diverse Kosmetikartikel, die für den Weiterverkauf bestimmt waren im Wert von insgesamt 3.966,27 € inkl. 19 % USt. Paul Plagiat liegt seit Anfang 2018 ein SEPA-Lastschriftmandat vor, sodass er noch in 2018 den entsprechenden Betrag einzog.

8. Kurz nach Weihnachten führt Frau Wegelagerer immer eine Inventur durch. Dabei musste sie feststellen, dass bei einigen Kosmetikartikeln das Mindesthaltbarkeitsdatum (MHD) abgelaufen war. Sie entsorgte daraufhin diese Artikel im Wert von 57,23 € und erfasste diesen „Verlust" als Betriebsausgabe.

Lösung s. Seite 248

Aufgabe 2: Rechtsanwältin Wegelagerer

Alexa Wegelagerer ist selbstständige Rechtsanwältin in Bremen und ermittelt daher ihren Gewinn zulässigerweise nach § 4 Abs. 3 EStG und hat vorläufige Betriebseinnahmen (BE) i. H. v. 34.880 € und vorläufige Betriebsausgaben (BA) i. H. v. 2.900,43 € aufgezeichnet. Sie versteuert ihre Umsätze nach vereinbarten Entgelten zum Regelsteuersatz. Die Voraussetzungen des § 7g EStG liegen nicht vor. Frau Wegelagerer hat sich für die Anwendung des § 6 Abs. 2 EStG entschieden. Für den Veranlagungszeitraum (VZ) 2018 sind noch folgende Vorgänge zu berücksichtigen bzw. ggf. zu korrigieren. Begründen Sie in Stichpunkten Ihre Lösung, auch dann, wenn Sie keine BE oder BA ansetzen.

Ermitteln Sie den niedrigst möglichen Gewinn nach EStG für den VZ 2018. Benutzen Sie dazu ausschließlich die übliche Lösungstabelle.

1. Im Juni 2018 kaufte Alexa Wegelagerer einen neuen Laptop für 474,81 € inkl. 19 % USt. In der Rechnung waren zusätzlich Verpackungs- und Transportkosten i. H. v. 10,71 € inkl. 19 % USt ausgewiesen. Frau Wegelagerer überwies noch im Juni 2018 den Gesamtrechnungsbetrag i. H. v. 485,52 €.

2. Ende Dezember 2018 bestellte Alexa Wegelagerer einen neuen Bürostuhl für 462,91 € inkl. 19 % USt. Die Lieferung erfolgte noch im Dezember 2018. Den Kaufpreis zahlte sie erst am 05.01.2019 vereinbarungsgemäß unter Abzug von 2 % Skonto.

3. Ebenfalls noch im Dezember 2018 bestellte Alexa Wegelagerer ein neues Büroregal. Den Kaufpreis i. H. v. 470,05 € inkl. 19 % USt überwies sie sofort online per PayPal (Belastung des Kontos noch in 2018). Die Lieferung des Regals (Nutzungsdauer: 13 Jahre) konnte erst am 10.01.2019 erfolgen.

4. Ihr altes Büroregal verkaufte sie bei ebay gegen Abholung und Barzahlung. Der Restbuchwert (RBW) des alten Büroregals betrug im Zeitpunkt des Verkaufs noch 100 €. Der Käufer zahlte bei Abholung 120 € in bar.

5. Alexa Wegelagerer überwies die Umsatzsteuerzahllast für Dezember 2018 i. H. v. 2.500 € am 07.01.2019.

6. Alexa Wegelagerer überwies am 01.07.2018 die Kfz-Haftpflichtversicherung i. H. v. 900 € für den firmeneigenen Pkw für ein Jahr im Voraus. Alexa Wegelagerer erfasste 450 € als BA in 2018.

7. Die Dezembermiete 2018 für die angemieteten Büroräume i. H. v. 1.900 € über-wies Frau Wegelagerer verspätet (Fälligkeit am 3. Werktag eines jeden Monats) am 03.01.2019.

8. Die Januarmiete 2019 für die angemieteten Büroräume i. H. v. 1.900 € überwies Frau Wegelagerer schon am 27.12.2018. Diese Januarmiete erfasste sie als BA in 2018.

Lösung s. Seite 249

Aufgabe 3: Tierärztin Wegelagerer

Alexa Wegelagerer ist selbstständige Tierärztin in Bremen und ermittelt daher ihren Gewinn zulässigerweise nach § 4 Abs. 3 EStG und hat vorläufige Betriebseinnahmen (BE) i. H. v. 80.227,05 € und vorläufige Betriebsausgaben (BA) i. H. v. 158.500 € aufge-zeichnet. Sie versteuert ihre Umsätze zu 19 % nach den allgemeinen Vorschriften des UStG. Die Voraussetzungen des § 7g EStG liegen nicht vor. Frau Wegelagerer hat sich für die Anwendung des § 6 Abs. 2a EStG entschieden. Für den Veranlagungszeitraum (VZ) 2018 sind noch folgende Vorgänge zu berücksichtigen bzw. ggf. zu korrigieren. Begründen Sie in Stichpunkten Ihre Lösung, auch dann, wenn Sie keine BE oder BA ansetzen.

Ermitteln Sie den niedrigst möglichen Gewinn nach EStG für den VZ 2018. Benutzen Sie dazu ausschließlich die übliche Lösungstabelle.

1. Nachdem Frau Wegelagerer jahrelang ihre Tätigkeit in angemieteten Räumen aus-übte, hat sie sich entschieden, Eigentum zu erwerben. Aus diesem Grund nahm sie am 01.08.2018 ein Darlehen bei der Tango Bank i. H. v. 450.000 € auf. Die Bank behielt ein Damnum i. H. v. 5% ein. Den entsprechenden Auszahlungsbetrag über-wies die Tango Bank auf das betriebliche Konto von Alexa Wegelagerer. Das Fäl-ligkeitsdarlehen hat eine Laufzeit von 10 Jahren und einen Zinssatz i. H. v. 4,9 % pro Jahr. Die erste Zinszahlung leistete Frau Wegelagerer am 31.12.2018 per Bank-überweisung.

2. Am 01.11.2018 kaufte Alexa Wegelagerer ein unbebautes Grundstück für 150.000 €, um darauf ihre neue Tierarztpraxis errichten zu können. Den Kaufpreis überwies sie noch im November 2018 und erfasste 150.000 € als Betriebsausga-be.

3. Noch im Dezember 2018 erhielt sie den Grunderwerbsteuerbescheid über 5 %. Den entsprechenden Betrag überwies sie und erfasste diesen Zahlungsvorgang als Betriebsausgabe.

4. Noch für ihre angemieteten Räumlichkeiten kaufte Alexa Wegelagerer am 20.12.2018 einen MDD Empfangstresen „Valde 1" (Nutzungsdauer: 13 Jahre) für 1.487,50 € inkl. 19 % USt. Aufgrund ihres großartigen Verhandlungsgeschicks ge-währte ihr der Verkäufer spontan einen Sofortrabatt i. H. v. 20 %. Den verbleiben-den Rechnungsbetrag zahlte sie sofort in bar. Den Empfangstresen transportierte sie in ihrem BMW i8 zu ihrer Tierarztpraxis und baute den Empfangstresen dort selber auf.

5. Alexa Wegelagerer erhält für Fleischbeschau vierteljährlich Abschlagszahlungen in regelmäßiger Höhe von 5.000 € vom Veterinäramt. Die Abschlagszahlung für das 4. Quartal 2018 (Fälligkeit: 22.12.2018) wird am 10.01.2019 auf dem Bankkonto gutschrieben.

6. Für eine erfolgreich durchgeführte Pferdeosteopathie erhielt Alexa Wegelagerer am 30.12.2018 einen Scheck über 1.850,45 € inkl. 19 % USt. Diesen Scheck löste Frau Wegelagerer am 08.01.2019 bei ihrer Bank ein (Gutschrift: 10.01.2019).

7. Schließlich kaufte und bezahlte (mit Scheck) Alexa Wegelagerer am 30.12.2018 Impfstoffe für die Behandlung von Pferden gegen die West-Nil-Viruserkrankung: 100 Dosen Equilis West Nile für insgesamt 5.000 €. Ihren Altbestand an Impfstoffen im Wert von 1.000 € musste sie wegen Ablauf des Verfalldatums entsorgen. Da der Scheck erst im Februar 2019 eingelöste wurde, erfasste A. Wegelagerer lediglich 1.000 € als BA für 2018.

Lösung s. Seite 250

Aufgabe 4: Ingenieur Zenke

Arndt Zenke ist als selbstständiger Ingenieur in Aachen tätig und ermittelt seinen Gewinn zulässigerweise nach § 4 Abs. 3 EStG und hat vorläufige Betriebseinnahmen (BE) i. H. v. 59.885,76 € und vorläufige Betriebsausgaben (BA) i. H. v. 2.000 € aufgezeichnet. Er versteuert seine Umsätze zu 19 % nach den allgemeinen Vorschriften des UStG. Die Voraussetzungen des § 7g EStG liegen vor. Für den Veranlagungszeitraum (VZ) 2018 sind noch folgende Vorgänge zu berücksichtigen bzw. ggf. zu korrigieren. Begründen Sie in Stichpunkten Ihre Lösung, auch dann, wenn Sie keine BE oder BA ansetzen.

Ermitteln Sie den niedrigst möglichen Gewinn nach EStG für den VZ 2018. Benutzen Sie dazu ausschließlich die übliche Lösungstabelle.

1. Am 31.08.2018 kaufte und bezahlte Arndt Zenke in bar einen neuen Mercedes C 350 e Plug-in-Hybrid[1] (ND: 6 Jahre) für 49.980 € inkl. 19 % USt. Für diese Investition hatte Arndt Zenke zulässigerweise in 2017 einen IAB i. H. v. 16.800 € gebildet.[2]

2. Mit diesem Pkw (betriebliche Nutzung > 50 %) fuhr er am 05.09. von Aachen nach Bremen, um dort die Fachmesse UzSpectech Expo zu besuchen. Den Messeeintritt i. H. v. 25 € zahlte er in bar. Er übernachtete im Dorint Park Hotel Bremen und zahlte dafür 135 € zzgl. USt per betrieblicher EC-Karte. Am 06.09. fuhr er dann von Bremen wieder zurück nach Aachen. Da die einfache Entfernung zwischen Aachen und Bremen 380 km beträgt, erfasste Arndt Zenke lediglich 228 € (0,30 € • 380 km • 2) als BA.

3. Im Oktober lud A. Zenke mehrere Geschäftspartner zum Essen ein. Die angemessenen und nachgewiesenen Bewirtungskosten i. H. v. insgesamt 600 € zahlte er mit der betrieblichen Kreditkarte. Das Trinkgeld i. H. v. 40,70 € ist in dem Gesamtbetrag enthalten.

---

[1] **Nachweislich** 100 % betriebliche Nutzung.
[2] Es soll der höchstmögliche Betrag des im Jahr 2017 gebildeten IAB aufgelöst werden.

4. Im November kaufte und bezahlte Arndt Zenke in bar zehn Jamara 038060 Kamera Q-Drohnen in Schwarz für insgesamt 404,60 € inkl. 19 % USt. Er beabsichtigte diese Drohnen im Dezember an zehn gute Kunden zu verschenken und erfasste deshalb den Gesamtbetrag als BA.

5. Im Dezember verschenkte Arndt Zenke – wie beabsichtigt – die Drohnen. Die ersten acht Kunden erhielten jeweils eine Drohne. Der neunte Kunde erhielt spontan die beiden letzten Drohnen.

6. Am 24.12. wurde Arndt Zenke trotz aktiviertem Radarwarner geblitzt. Da er die Höchstgeschwindigkeit (außerorts) über 70 km/h überschritten hatte, wurde ein Bußgeld i. H. v. 600 € gegen ihn festgesetzt. Dieses Bußgeld zahlte er noch vor Ort und Stelle bei der Polizei. Gegen die Festsetzung eines 3-monatigen Fahrverbots legte er noch im Dezember Einspruch ein. Hierfür rechnet er mit Anwaltskosten i. H. v. ca. 60 €. Arndt Zenke hat deshalb 660 € als BA erfasst.

7. Schließlich zahlte Arndt Zenke im Dezember 2018 per Banküberweisung Zinsen i. H. v. 1.000 € auf hinterzogene Steuern nach § 235 AO. Den Geldabfluss im Dezember 2018 erfasste Herr Zenke als BA.

Lösung s. Seite 251

Aufgabe 5: Krankengymnastin Kate Upton

Kate Upton ist als selbstständige Krankengymnastin[1] in Bremen tätig und ermittelt ihren Gewinn zulässigerweise nach § 4 Abs. 3 EStG und hat vorläufige Betriebseinnahmen (BE) i. H. v. 10.000 € und vorläufige Betriebsausgaben (BA) i. H. v. 38.444,11 € aufgezeichnet. Sie versteuert ihre Umsätze zu 19 % nach den allgemeinen Vorschriften des UStG. Die Voraussetzungen des § 7g EStG liegen vor. Für den Veranlagungszeitraum (VZ) 2018 sind noch folgende Vorgänge zu berücksichtigen bzw. ggf. zu korrigieren. Begründen Sie in Stichpunkten Ihre Lösung, auch dann, wenn Sie keine BE oder BA ansetzen.

Ermitteln Sie den niedrigst möglichen Gewinn nach EStG für den VZ 2018. Benutzen Sie dazu ausschließlich die übliche Lösungstabelle.

1. Kate Upton bezahlte ihren vierwöchigen Seychellenurlaub mit der betrieblichen Girocard im Juli 2018 i. H. v. 9.800 € und erfasste 9.800 € als BA.

2. Im August 2018 schenkte Kate Upton ihrer Tochter den bisher ausschließlich betrieblich genutzten Laptop. Der Restbuchwert des Laptops im Zeitpunkt der Schenkung betrug 100 €. Hätte sie den Laptop im Internet verkauft, hätte sie noch 130,90 € inkl. 19 % USt erzielen können.

3. Der private Nutzungsanteil für August 2018 ist noch nicht erfasst worden. Kate Upton fährt einen Mazda MX-5 (betriebliche Nutzung > 50 %). Der inländische Listenpreis betrug zum Zeitpunkt der Erstzulassung 22.990 € zzgl. 19 % USt. Zusätzlich ließ Kate Upton eine besondere Einparkhilfe einbauen (1.000 € zzgl. 19 % USt).

---

[1] Unterstellen Sie für die Lösung, dass in Abweichung zu § 4 Nr. 14a UStG **keine** steuerfreien Umsätze getätigt werden.

4. Im September 2018 schenkte Kate Upton ihrer Tochter zum Geburtstag eine Bodylotion Biotherm 1.000 ml. Der Bruttoverkaufspreis liegt bei 59,99 €. Kate Upton hatte diese Bodylotion Anfang 2018 für 12,50 € zzgl. 19 % USt eingekauft, bezahlt und ordnungsgemäß erfasst.

5. In der Nacht vom 30.09.2018 auf den 01.10.2018 wurde in die Räume der Krankengymnastin Kate Upton eingebrochen. Es wurde gestohlen: 1 Laptop (RBW: 300 €), Waren im Wert von 500 € und Bargeld i. H. v. 400 €. Kate Upton erfasste 1.200 € als BA.

6. Am Dienstag, den 04.10.2018 meldete Kate Upton den Schadensfall persönlich bei ihrem Sachbearbeiter der Hack Kuhburg Versicherung. Dieser überwies nach dem persönlichen Gespräch mit Frau Upton sofort 2.000 € zur Schadensregulierung.

7. Im November 2018 verkaufte Kate Upton ihren Mazda MX-5 für 2.000 € in bar. Der RBW im Zeitpunkt des Verkaufs betrug 1.800 €.

8. Ebenfalls im November 2018 verkaufte Kate Upton ein unbebautes Grundstück für 200.000 €. Dieses Grundstück hatte sie 2010 für 88.000 € (= AK) erworben und in 2010 ordnungsgemäß erfasst. Die 200.000 € wurden noch in 2018 dem Konto gutschrieben.

9. Kate Upton verkaufte im Dezember 2018 an eine Factoring-Gesellschaft eine Forderung über 3.570 €. Dafür wurden ihr 3.000 € überwiesen. Kate Upton erfasste 570 € als BA.

Lösung s. Seite 253

1. Buchungen im Warenverkehr

Lösung zu Aufgabe 1: Zieleinkauf von Waren mit Rücksendung und Skonto

Sollkonto (SKR 04/SKR 03)	Betrag (Euro)	Habenkonto (SKR 04/SKR 03)	Betrag (Euro)
5200/3200 Wareneingang	6.000,00	3310/1610 VerbaLuL	7.140,00
1400/1570 Abziehbare VoSt	1.140,00		

Sollkonto (SKR 04/SKR 03)	Betrag (Euro)	Habenkonto (SKR 04/SKR 03)	Betrag (Euro)
3310/1610 VerbaLuL	1.071,00	5200/3200 Wareneingang	900,00
		1400/1570 Abziehbare VoSt	171,00

Sollkonto (SKR 04/SKR 03)	Betrag (Euro)	Habenkonto (SKR 04/SKR 03)	Betrag (Euro)
3310/1610 VerbaLuL	6.069,00	1800/1200 Bank	5.886,93
		5700/3700 Nachlässe Wareneingang[1]	153,00
		1400/1570 Abziehbare VoSt	29,07

Lösung zu Aufgabe 2: Zieleinkauf von Waren mit Bezugsnebenkosten und Skonto

Sollkonto (SKR 04/SKR 03)	Betrag (Euro)	Habenkonto (SKR 04/SKR 03)	Betrag (Euro)
5200/3200 Wareneingang	25.550,00	3310/1610 VerbaLuL	31.332,70
5800/3800 Bezugsnebenk.	780,00		
1400/1570 Abziehbare VoSt	5.002,70		

Sollkonto (SKR 04/SKR 03)	Betrag (Euro)	Habenkonto (SKR 04/SKR 03)	Betrag (Euro)
3310/1610 VerbaLuL	31.332,70	1600/1000 Kasse	30.420,56
		5700/3700 Nachlässe Wareneingang[2]	766,50
		1400/1570 Abziehbare VoSt	145,64

Laut Sachverhalt erhält Herr Strauß Skonto i. H. v. 3 % **auf den Warenwert**. Aus diesem Grund lässt sich hier der Betrag der Kasse nicht direkt ausrechnen (97 % der VerbaLuL sind es jedenfalls nicht. Dies würde suggerieren, dass Skonto auch auf die Transportkosten gewährt wird, denn diese „stecken" mit in den VerbaLuL).

Einfacher ist es hier, zunächst den **Nettoskonto** auszurechnen: 3 % auf den Warenwert = 3 % von 25.550 € (netto) = 766,50 € (**Nettoskonto**).

---

[1] NRW: Erhaltener Skonto.
[2] NRW: Erhaltener Skonto.

Nun bietet es sich an, die Höhe der zu **berichtigenden VoSt** auszurechnen: 19 % des Nettoskontos = 19 % von 766,50 € = 145,64 €.

Der verbleibende Differenzbetrag zwischen der Sollbuchung (VerbaLuL) und den Habenbuchungen (Nettoskonto + VoSt) ist der anzuweisende **Kassenbetrag**.

Lösung zu Aufgabe 3: Zieleinkauf von Waren mit Bezugsnebenkosten, Rücksendung, Gutschrift und Skonto

a)

Sollkonto (SKR 04/SKR 03)	Betrag (Euro)	Habenkonto (SKR 04/SKR 03)	Betrag (Euro)
5200/3200 Wareneingang	291,64	3310/1610 VerbaLuL	418,45
5800/3800 Bezugsnebenk.	60,00		
1400/1570 Abziehbare VoSt	66,81		

b)

Sollkonto (SKR 04/SKR 03)	Betrag (Euro)	Habenkonto (SKR 04/SKR 03)	Betrag (Euro)
3310/1610 VerbaLuL	292,92	5200/3200 Wareneingang	204,15
		5800/3800 Bezugsnebenk.	42,00
		1400/1570 Abziehbare VoSt	46,77

70 % von 291,64 € (Rechnungspreis, netto für 10 Lautsprecher) = **204,15 €**

Fracht und Verpackung für 10 Lautsprecher = 60 € netto.

Rücksendung von 7 Lautsprechern führt zur anteiligen Gutschrift i. H. v. **42 € netto** (70 % von 60 €).

c)

Sollkonto (SKR 04/SKR 03)	Betrag (Euro)	Habenkonto (SKR 04/SKR 03)	Betrag (Euro)
3310/1610 VerbaLuL	41,65	5700/3700 Nachlässe Wareneingang[1]	35,00
		1400/1570 Abziehbare VoSt	6,65

---

[1] NRW: Wareneingang.

Rechnungspreis, netto für 10 Lautsprecher = 291,64 €
Rechnungspreis, netto für 3 Lautsprecher = 87,49 €
40 % Preisnachlass von 87,49 € = **35 €**

d)

Sollkonto (SKR 04/SKR 03)	Betrag (Euro)	Habenkonto (SKR 04/SKR 03)	Betrag (Euro)
3310/1610 VerbaLuL	83,88	1800/1200 Bank	82,01
		5700/3700 Nachlässe Wareneingang[1]	1,57
		1400/1570 Abziehbare VoSt	0,30

Auch bei dieser Aufgabe gibt es Skonto i. H. v. 3 % **auf den Warenwert** (vgl. insofern Aufgabe 2). Deshalb lässt sich auch hier die Banklastschrift nicht direkt ausrechnen.

Aus diesem Grund bietet es sich auch hier an, zunächst den **Nettoskonto** auszurechnen (alternativ könnte man natürlich auch mit den VerbaLuL starten):

Nettoskonto = 3 % von 52,49 € = 1,57 €

	291,64 €	ursprünglicher Warenwert, netto
-	204,15 €	Rücksendung (7 Lautsprecher), netto
-	35,00 €	Preisnachlass (3 Lautsprecher), netto
=	**52,49 €**	**aktueller Warenwert, netto**

Nun bietet es sich an, die Höhe der zu **berichtigenden VoSt** auszurechnen: 19 % des Nettoskontos = 19 % von 1,57 € = **0,30 €**.

Als nächstes kann die Höhe **der VerbaLuL** ausgerechnet werden:

	418,45 €	Buchung zu a)
-	292,92 €	Buchung zu b)
-	41,65 €	Buchung zu c)
=	**83,88 €**	**aktueller Rechnungsbetrag, brutto**

Der verbleibende Differenzbetrag zwischen der Sollbuchung (VerbaLuL) und den Habenbuchungen (Nettoskonto + VoSt) ist die anzuweisende **Bankbelastung**.

---

[1] NRW: Erhaltener Skonto.

Lösung zu Aufgabe 4: Zielverkauf von Waren mit Rücksendung und Skonto

Sollkonto (SKR 04/SKR 03)	Betrag (Euro)	Habenkonto (SKR 04/SKR 03)	Betrag (Euro)
1210/1410 FordaLuL	22.491,00	4000/8000 Umsatzerlöse	18.900,00
		3800/1770 USt	3.591,00

Sollkonto (SKR 04/SKR 03)	Betrag (Euro)	Habenkonto (SKR 04/SKR 03)	Betrag (Euro)
4000/8000 Umsatzerlöse	4.725,00	1210/1410 FordaLuL	5.622,75
3800/1770 USt	897,75		

Sollkonto (SKR 04/SKR 03)	Betrag (Euro)	Habenkonto (SKR 04/SKR 03)	Betrag (Euro)
1800/1200 Bank	16.362,20	1210/1410 FordaLuL	16.868,25
4700/8700 Erlös-schmälerungen[1]	425,25		
3800/1770 USt	80,80		

Lösung zu Aufgabe 5: Die Eingangs- und Ausgangsrechnung

a)

Sollkonto (SKR 04/SKR 03)	Betrag (Euro)	Habenkonto (SKR 04/SKR 03)	Betrag (Euro)
5200/3200 Wareneingang	77,80	3310/1610 VerbaLuL	102,34
5800/3800 Bezugsnebenk.	8,20		
1400/1570 Abziehbare VoSt	16,34		

b)

Sollkonto (SKR 04/SKR 03)	Betrag (Euro)	Habenkonto (SKR 04/SKR 03)	Betrag (Euro)
1210/1410 FordaLuL	102,34	4000/8000 Umsatzerlöse	86,00
		3800/1770 USt	16,34

---

[1] NRW: Gewährter Skonto.

Lösung zu Aufgabe 6: (Nur) Zahlungsvorgang unter Abzug von Skonto

Sollkonto (SKR 04/SKR 03)	Betrag (Euro)	Habenkonto (SKR 04/SKR 03)	Betrag (Euro)
1800/1200　Bank	3.462,90	1210/1410　FordaLuL	3.570,00
4700/8700　Erlös-schmälerungen[1]	90,00		
3800/1770　USt	17,10		

Hier ist **nicht der ursprüngliche Rechnungsbetrag angegeben** (was sonst immer der Fall ist), **sondern die Bankgutschrift nach Abzug des Skontos** i. H. v. 3 %.

Beim Bilden des Buchungssatzes sollte deshalb auf jeden Fall mit der Bank begonnen werden. Die Höhe der Bankgutschrift lässt sich dem Sachverhalt entnehmen (3.462,90 €). **Wenn der Kunde bereits zulässigerweise Skonto i. H. v. 3 % abgezogen hat, gehen auf dem Bankkonto nur noch 97 % des ursprünglichen Rechnungsbetrages ein; d. h. 97 % = 3.462,90 €.** Nun kann auch der ursprüngliche Rechnungsbetrag (die Höhe der FordaLuL) ausgerechnet werden:

97 %	=	3.462,90 €
1 %	=	35,70 €
100 %	=	3.570,00 €

Der nunmehr verbleibende Differenzbetrag zwischen der Habenbuchung (FordaLuL) und der Sollbuchung (Bank) ist der **Bruttoskonto**. Dieser wird nun in den Nettoskonto und die zu berichtigende USt zerlegt.

---

[1] NRW: Gewährter Skonto.

Lösung zu Aufgabe 7: Bratwürstchen aus Nürnberg

Sollkonto (SKR 04/SKR 03)	Betrag (Euro)	Habenkonto (SKR 04/SKR 03)	Betrag (Euro)
5200/3200 Wareneingang	970,00	3310/1610 VerbaLuL	1.037,90
1400/1570 Abziehbare VoSt	67,90[1]		

Abwandlung:

Sollkonto (SKR 04/SKR 03)	Betrag (Euro)	Habenkonto (SKR 04/SKR 03)	Betrag (Euro)
5200/3200 Wareneingang	940,00	3310/1610 VerbaLuL	1.037,90
5800/3800 Bezugsnebenk.	30,00[2]		
1400/1570 Abziehbare VoSt	67,90		

Lösung zu Aufgabe 8: Das verflixte Verpackungsmaterial

Sollkonto (SKR 04/SKR 03)	Betrag (Euro)	Habenkonto (SKR 04/SKR 03)	Betrag (Euro)
6700/4700 Kosten der Warenabgabe	1.905,00	3310/1610 VerbaLuL	2.266,95
1400/1570 VoSt	361,95		

 ACHTUNG

Da es sich vorliegend um den Einkauf von Verpackungsmaterial zum **Versand der Waren** handelt, muss auf *6700/4700 Kosten der Warenabgabe* gebucht werden. Die Versandkosten müssen dann konsequenter Weise ebenfalls auf *6700/4700 Kosten der Warenabgabe* gebucht werden und keinesfalls auf *5800/3800 BNK*. Die Buchung auf *5800/3800 BNK* würde suggerieren, dass Kosten beim Wareneingang ("Bezugskosten") angefallen sind mit (vgl. Handelskalkulation) Kontenabschluss über *5200/3200 Wareneingang*.

Sollkonto (SKR 04/SKR 03)	Betrag (Euro)	Habenkonto (SKR 04/SKR 03)	Betrag (Euro)
3310/1610 VerbaLuL	2.266,95	1800/1200 Bank	2.202,69
		6700/4700 Kosten der Warenabgabe	54,00
		1400/1570 VoSt	10,26

---

[1] Achtung: Abziehbare VoSt **7 %**.
[2] Achtung: Nebenleistung (Fracht- und Verpackungskosten) teilt Schicksal der Hauptleistung (Bratwürstchen **7 %**).

Lösung zu Aufgabe 9: Die MMS Transport und Umwelt GmbH

Sollkonto (SKR 04/SKR 03)		Betrag (Euro)	Habenkonto (SKR 04/SKR 03)	Betrag (Euro)
6700/4700	Kosten der Warenabgabe	150,00	1800/1200 Bank	999,60
5800/3800	BNK	250,00		
2100/1800	Privatentnahmen	476,00		
0650/0410	BGA	40,00		
1400/1570	VoSt	83,60		

2. Import – Export

Lösung zu Aufgabe 1: Einfuhr mit Bezugsnebenkosten

Sollkonto (SKR 04/SKR 03)	Betrag (Euro)	Habenkonto (SKR 04/SKR 03)	Betrag (Euro)
5559/3559 Einfuhren	19.900,00	3310/1610 VerbaLuL	20.200,00
5800/3800 Bezugsnebenk.	300,00		

Sollkonto (SKR 04/SKR 03)	Betrag (Euro)	Habenkonto (SKR 04/SKR 03)	Betrag (Euro)
5840/3850 Zölle	808,00	1800/1200 Bank	4.799,52
1433/1588 Entstandene EUSt	3.991,52		

gewinnmindernd i. H. v. 21.008 €

Lösung zu Aufgabe 2: Innergemeinschaftlicher Erwerb mit Preisnachlass und Skonto

Sollkonto (SKR 04/SKR 03)	Betrag (Euro)	Habenkonto (SKR 04/SKR 03)	Betrag (Euro)
5425/3420 Innergemein- schaftlicher Erwerb	2.495,00	3310/1610 VerbaLuL	2.495,00

Sollkonto (SKR 04/SKR 03)	Betrag (Euro)	Habenkonto (SKR 04/SKR 03)	Betrag (Euro)
1402/1572 VoSt aus i. E.	474,05	3802/1772 USt aus i. E.	474,05

gewinnmindernd i. H. v. 2.495 €

01.06.

Sollkonto (SKR 04/SKR 03)	Betrag (Euro)	Habenkonto (SKR 04/SKR 03)	Betrag (Euro)
3310/1610 VerbaLuL	199,60	5725/3725 Nachlässe aus i. E.[1]	199,60

Sollkonto (SKR 04/SKR 03)	Betrag (Euro)	Habenkonto (SKR 04/SKR 03)	Betrag (Euro)
3802/1772 USt aus i. E.	37,92	1402/1572 VoSt aus i. E.	37,92

gewinnerhöhend i. H. v. 199,60 €

---

[1] Achten Sie im Verbund immer auf die genaue Kontenbezeichnung bzw. auf die genaue Kontennummer. Ausweislich des Sachverhalts werden die Bilderrahmen *nicht* zurückgeschickt, deshalb *keine* Gegenbuchung auf dem Konto *5425/3420 Innergemeinschaftlicher Erwerb*.

05.06.

Sollkonto (SKR 04/SKR 03)	Betrag (Euro)	Habenkonto (SKR 04/SKR 03)	Betrag (Euro)
3310/1610 VerbaLuL	2.295,40	1800/1200 Bank	2.226,54
		5725/3725 Nachlässe aus i. E.	68,86

Sollkonto (SKR 04/SKR 03)	Betrag (Euro)	Habenkonto (SKR 04/SKR 03)	Betrag (Euro)
3802/1772 USt aus i. E.	13,08	1402/1572 VoSt aus i. E.	13,08

gewinnerhöhend i. H. v. 68,86 €

Lösung zu Aufgabe 3: Innergemeinschaftliche Lieferung mit Gutschrift und Skonto

09.06.

Sollkonto (SKR 04/SKR 03)	Betrag (Euro)	Habenkonto (SKR 04/SKR 03)	Betrag (Euro)
1210/1410 FordaLuL	400,00	4125/8125 Steuerfreie i. L.	400,00

gewinnerhöhend i. H. v. 400 €

11.06.

Sollkonto (SKR 04/SKR 03)	Betrag (Euro)	Habenkonto (SKR 04/SKR 03)	Betrag (Euro)
4724/8724 Erlösschmä-lerungen aus st.freien i. L.[1]	74,85	1210/1410 FordaLuL	74,85

gewinnmindernd i. H. v. 74,85 €

17.06.

Sollkonto (SKR 04/SKR 03)	Betrag (Euro)	Habenkonto (SKR 04/SKR 03)	Betrag (Euro)
1800/1200 Bank	319,16	1210/1410 FordaLuL	325,15
4724/8724 Erlösschmä-lerungen aus st.freien i. L.	5,99		

gewinnmindernd i. H. v. 5,99 €

---

[1] Achten Sie im Verbund immer auf die genaue Kontenbezeichnung bzw. auf die genaue Kontennummer. Ausweislich des Sachverhalts werden die Bilderrahmen *nicht* zurückgeschickt, deshalb *keine* Gegenbuchung auf dem Konto *4125/8125 Steuerfreie innergemeinschaftliche Lieferungen.*

Lösung zu Aufgabe 4: Ausfuhrlieferung mit Preisnachlass und Skonto

10.06.

Sollkonto (SKR 04/SKR 03)	Betrag (Euro)	Habenkonto (SKR 04/SKR 03)	Betrag (Euro)
1210/1410 FordaLuL	99,80	4120/8120 Steuerfreie Umsätze § 4 Nr. 1a UStG	99,80

gewinnerhöhend i. H. v. 99,80 €

20.06.

Sollkonto (SKR 04/SKR 03)	Betrag (Euro)	Habenkonto (SKR 04/SKR 03)	Betrag (Euro)
4705/8705 Erlösschmälerungen aus st.freien Ausfuhrlieferungen[1]	8,99	1210/1410 FordaLuL	8,99

gewinnmindernd i. H. v. 8,99 €

22.06.

Sollkonto (SKR 04/SKR 03)	Betrag (Euro)	Habenkonto (SKR 04/SKR 03)	Betrag (Euro)
1800/1200 Bank	88,09	1210/1410 FordaLuL	90,81
4705/8705 Erlösschmälerungen aus st.freien Ausfuhrlieferungen	2,72		

gewinnmindernd i. H. v. 2,72 €

Lösung zu Aufgabe 5: Ronaldo aus Portugal

Sollkonto (SKR 04/SKR 03)	Betrag (Euro)	Habenkonto (SKR 04/SKR 03)	Betrag (Euro)
1410 FordaLuL	98,77	4315/8315 Erlöse aus im Inland stpfl. EU-Lieferungen[2]	83,00
		3807/1777 USt aus im Inland stpfl. EU-Lieferungen	15,77

gewinnerhöhend i. H. v. 83 €

---

[1] Achten Sie im Verbund immer auf die genaue Kontenbezeichnung bzw. auf die genaue Kontennummer. Ausweislich des Sachverhalts wird das Trikot *nicht* zurückgeschickt, deshalb *keine* Gegenbuchung auf dem Konto *4120/8120 Steuerfreie Umsätze (§ 4 Nr. 1a UStG)*.

[2] Gemäß § 6a Abs. 1 Satz 1 Nr. 2a UStG ist **Voraussetzung** für eine **steuerfreie innergemeinschaftliche Lieferung** u. a., dass der **Abnehmer** ein **Unternehmer** ist. Das ist vorliegend (Verkauf an Privatperson) nicht der Fall.

Sollkonto (SKR 04/SKR 03)		Betrag (Euro)	Habenkonto (SKR 04/SKR 03)		Betrag (Euro)
1800/1200	Bank	95,81	1410	FordaLuL	98,77
4726/8726	Erlösschmälerungen aus im Inland stpfl. EU-Lieferungen	2,49			
3807/1777	USt aus im Inland stpfl. EU-Lieferungen	0,47			

gewinnmindernd i. H. v. 2,49 €

TIPP

Beschränkt man die Thematik Import/Export zunächst auf die vorstellbaren **Grundkonstellationen** (vgl. insofern die **jeweils ersten Buchungssätze der Aufgaben 1 - 4**), so gibt es lediglich vier Varianten:

▶ Variante 1: Innergemeinschaftliche Lieferung

▶ Variante 2: Innergemeinschaftlicher Erwerb

▶ Variante 3: Ausfuhrlieferung

▶ Variante 4: Einfuhr

Dies führt grundsätzlich zu **vier feststehenden Buchungssätzen**, die sicher beherrscht werden sollten. Der Rest (**Warenrücksendungen, Preisnachlässe, Gutschriften** und insbesondere **Skonto**) ergibt sich aus einer **konsequenten Anwendung** dessen, was bereits in dem Themengebiet **Buchungen im Warenverkehr** (in Deutschland) abgehandelt und gebucht worden ist.

ACHTUNG

Klassische Fehler

▶ Unsicherheiten in den vier Grundkonstellationen und/oder dem Verbuchen von Rücksendungen, Preisnachlässen, Gutschriften und Skonto bei Import/Export-Aufgaben, insbesondere was die genaue **Kontenbezeichnung/Kontennummer** anbelangt

▶ dadurch (unnötiger) Zeitverlust beim Durchforsten des Prüfungskontenrahmens (oder in NRW: beim „Erfinden" passender Kontennamen).

3. Geleistete und erhaltene Anzahlungen

Lösung zu Aufgabe 1: Geleistete Anzahlungen auf Waren

Buchungssatz zum 02.02.

Sollkonto (SKR 04/SKR 03)	Betrag (Euro)	Habenkonto (SKR 04/SKR 03)	Betrag (Euro)
1180/0290 Geleistete Anzahlungen	3.000,00	1800/1200 Bank	3.570,00
1400/1570 Abziehbare VoSt	570,00		

Fatal wäre es, an dieser Stelle schon *5200/3200 Wareneingang* zu buchen. Laut Aufgabenstellung sind die Waren zum Zeitpunkt 02.02. noch *nicht* geliefert worden. Und auch der Abschluss des Kaufvertrages im Januar ist bilanziell irrelevant.

Den **Bilanzposten „Geleistete Anzahlungen"** gibt es auf der **Aktivseite** der Bilanz dreimal; vgl. § 266 Abs. 2 HGB (geleistete Anzahlungen [auf immaterielle Vermögensgegenstände], geleistete Anzahlungen [auf Sachanlagen] und geleistete Anzahlungen [auf Umlaufvermögen]).

Mithin handelt es sich bei dem Konto *Geleistete Anzahlungen* um ein **aktives Bestandskonto** mit Forderungscharakter (solange die Lieferung noch nicht erfolgt ist, besteht ein Anspruch/eine Forderung auf Rückzahlung der geleisteten Anzahlung).

Besondere Aufmerksamkeit bedarf es hier des Vorsteuerabzugs: Gemäß **§ 15 Abs. 1 Nr. 1 Satz 1 UStG** ist ein **Vorsteuerabzug** (u. a.) **grundsätzlich nur dann** möglich, wenn die Lieferung (oder die sonstige Leistung) **bereits ausgeführt** worden ist. Dies ist zum Zeitpunkt 02.02. noch nicht der Fall. **Ausnahmsweise** ist aber ein **Vorsteuerabzug bereits vor Ausführung der Lieferung** (oder sonstigen Leistung) gem. **§ 15 Abs. 1 Nr. 1 Satz 3 UStG** möglich, wenn eine ordnungsgemäße **Anzahlungsrechnung** vorliegt **und** die **Anzahlung** auch **geleistet** worden ist. Diese Voraussetzungen sind vorliegend erfüllt, sodass ein Vorsteuerabzug möglich ist.

Buchungssatz zum 10.02. („normaler" Zieleinkauf in voller Höhe)

Sollkonto (SKR 04/SKR 03)	Betrag (Euro)	Habenkonto (SKR 04/SKR 03)	Betrag (Euro)
5200/3200 Wareneingang	15.000,00	3310/1610 VerbaLuL	17.850,00
1400/1570 Abziehbare VoSt	2.850,00		

Buchungssatz zum 10.02. (Auflösung der geleisteten Anzahlungen)

Sollkonto (SKR 04/SKR 03)	Betrag (Euro)	Habenkonto (SKR 04/SKR 03)	Betrag (Euro)
3310/1610 VerbaLuL	3.570,00	**1180/0290 Geleistete Anzahlungen**	3.000,00
		1400/1570 Abziehbare VoSt	570,00

Natürlich ist es im Zeitpunkt der Lieferung (hier am 10.02.) auch möglich, **in einem Buchungssatz** zu buchen:

Sollkonto (SKR 04/SKR 03)	Betrag (Euro)	Habenkonto (SKR 04/SKR 03)	Betrag (Euro)
5200/3200 Wareneingang	15.000,00	3310/1610 VerbaLuL	14.280,00
1400/1570 Abziehbare VoSt	2.280,00	1180/0290 Geleistete Anzahlungen	3.000,00

Hierbei werden die **VoSt** und die **VerbaLuL** direkt **saldiert**.

Dies ist aber aus folgenden Gründen **nicht empfehlenswert**: Erst einmal stimmt der Vorsteuerabzug i. H. v. 2.280 € nicht mit der Bemessungsgrundlage (15.000 €) überein. Außerdem stiftet allein die Struktur des Buchungssatzes schon Verwirrung. Schließlich besteht die Gefahr von Rechenfehlern beim Ausrechnen der entsprechenden Beträge.

 TIPP

Im **Zeitpunkt der Lieferung sollte auf jeden Fall mit zwei Buchungssätzen gearbeitet werden**. Das „entzerrt" den Sachverhalt und macht ihn dadurch deutlich übersichtlicher und deshalb einfacher. So kann **zunächst ein ganz normaler Zieleinkauf von Waren in voller Höhe** (auch VoSt und VerbaLuL) gebucht werden. In einem **zweiten Schritt** können die **geleisteten Anzahlungen aufgelöst** werden und die **VoSt und die VerbaLuL gemindert** werden.

Buchungssatz zum 18.02.

Sollkonto (SKR 04/SKR 03)	Betrag (Euro)	Habenkonto (SKR 04/SKR 03)	Betrag (Euro)
3310/1610 VerbaLuL	14.280,00	1600/1000 Kasse	13.851,60
		5700/3700 Nachlässe Wareneingang[1]	360,00
		1400/1570 Abziehbare VoSt	68,40

Lösung zu Aufgabe 2: Erhaltene Anzahlungen auf Waren

Buchungssatz zum 02.04.

Sollkonto (SKR 04/SKR 03)	Betrag (Euro)	Habenkonto (SKR 04/SKR 03)	Betrag (Euro)
1800/1200 Bank	10.710,00	3250/1710 **Erhaltene Anzahlungen**	9.000,00
		3800/1770 **USt**	1.710,00

---

[1] NRW: Erhaltener Skonto.

Fatal wäre es, an dieser Stelle schon *4000/8000 Umsatzerlöse* zu buchen. Laut Aufgabenstellung sind die Waren zum Zeitpunkt 02.04. noch *nicht* geliefert worden. Und auch der Abschluss des Kaufvertrages im März ist bilanziell irrelevant.

Den **Bilanzposten „Erhaltene Anzahlungen"** gibt es auf der **Passivseite** der Bilanz einmal; vgl. § 266 Abs. 3 HGB (erhaltene Anzahlungen auf Bestellungen).

Mithin handelt es sich bei dem Konto *Erhaltene Anzahlungen* um ein **passives Bestandskonto** mit Verbindlichkeitscharakter (vgl. auch § 266 Abs. 3 HGB: der Posten befindet sich unmittelbar unter den Verb. KI und unmittelbar über den VerbaLuL).

Besondere Aufmerksamkeit bedarf es hier der Umsatzsteuer: Gemäß **§ 13 Abs. 1 Nr. 1a Satz 1 UStG entsteht die Steuer grundsätzlich** mit Ablauf des Voranmeldezeitraums, in dem die **Leistungen ausgeführt** worden sind. Dies ist zum Zeitpunkt 02.04. noch nicht der Fall. Gemäß **§ 13 Abs. 1 Nr. 1a Satz 4 UStG entsteht** die Steuer für Lieferungen oder sonst. Leistungen **ausnahmsweise bereits vor Ausführung der Leistung** mit Ablauf d. Voranmeldungszeitraums, in dem das **Entgelt** (o. das Teilentgelt) **vereinnahmt worden ist** (= erhaltene Anzahlung). Diese Voraussetzungen sind vorliegend erfüllt, sodass USt gebucht werden muss.

Buchungssatz zum 10.04. („normaler" Zielverkauf in voller Höhe)

Sollkonto (SKR 04/SKR 03)	Betrag (Euro)	Habenkonto (SKR 04/SKR 03)	Betrag (Euro)
1210/1410 FordaLuL	35.700,00	4000/8000 Umsatzerlöse	30.000,00
		3800/1770 USt	5.700,00

Buchungssatz zum 10.04. (Auflösung der erhaltenen Anzahlungen)

Sollkonto (SKR 04/SKR 03)	Betrag (Euro)	Habenkonto (SKR 04/SKR 03)	Betrag (Euro)
3250/1710 Erhaltene Anzahlungen	9.000,00	1210/1410 FordaLuL	10.710,00
3800/1770 USt	1.710,00		

Natürlich ist es im Zeitpunkt der Lieferung (hier am 10.04.) auch möglich, **in einem Buchungssatz zu buchen**:

Sollkonto (SKR 04/SKR 03)	Betrag (Euro)	Habenkonto (SKR 04/SKR 03)	Betrag (Euro)
1210/1410 FordaLuL	**24.990,00**	4000/8000 Umsatzerlöse	30.000,00
3250/1710 Erhaltene Anzahlungen	9.000,00	3800/1770 USt	**3.990,00**

Hierbei werden die **USt** und die **FordaLuL** direkt **saldiert**.

Dies ist aber aus folgenden Gründen **nicht empfehlenswert**: Erst einmal stimmt die Umsatzsteuer i. H. v. 3.990 € nicht mit der Bemessungsgrundlage (30.000 €) überein. Außerdem stiftet allein die Struktur des Buchungssatzes schon Verwirrung. Schließ- lich besteht die Gefahr von Rechenfehlern beim Ausrechnen der entsprechenden Beträge.

TIPP

> Im **Zeitpunkt der Lieferung sollte auf jeden Fall mit zwei Buchungssätzen gearbeitet werden**. Das „entzerrt" den Sachverhalt und macht ihn dadurch deutlich übersichtlicher und deshalb einfacher. So kann **zunächst ein ganz normaler Zielverkauf von Waren in voller Höhe** (auch USt und FordaLuL) gebucht werden. In einem **zweiten Schritt** können die **erhaltenen Anzahlungen aufgelöst** werden und die **USt und die FordaLuL gemindert** werden.

Buchungssatz zum 18.04.

Sollkonto (SKR 04/SKR 03)	Betrag (Euro)	Habenkonto (SKR 04/SKR 03)	Betrag (Euro)
1800/1200 Bank	24.490,20	1210/1410 FordaLuL	24.990,00
4700 /8700 Erlösschmälerungen[1]	420,00		
3800/1770 USt	79,80		

Lösung zu Aufgabe 3: Geleistete Anzahlungen auf Pkw

Buchungssatz zum 07.08.

Sollkonto (SKR 04/SKR 03)	Betrag (Euro)	Habenkonto (SKR 04/SKR 03)	Betrag (Euro)
0700/1510 Geleistete Anzahlungen	20.000,00	1600/1000 Kasse	23.800,00
1400/1570 Abziehbare VoSt	3.800,00		

ACHTUNG

> Achten Sie hier auf die genaue Kontenbezeichnung bzw. Kontennummer: Bei einer geleisteten Anzahlung auf einen Pkw ist auf ***0700/1510*** *Geleistete Anzahlungen (auf Sachanlagen)* und **nicht** auf *1180/0290 Geleistete Anzahlungen (auf Vorräte/Waren)* zu buchen.

---

[1] NRW: Gewährter Skonto.

Buchungssatz zum 11.08. („normaler" Zieleinkauf in voller Höhe)

Sollkonto (SKR 04/SKR 03)	Betrag (Euro)	Habenkonto (SKR 04/SKR 03)	Betrag (Euro)
0520/0320 Fuhrpark	50.000,00	3310/1610 VerbaLuL	59.500,00
1400/1570 Abziehbare VoSt	9.500,00		

Buchungssatz zum 11.08. (Auflösung der geleisteten Anzahlungen)

Sollkonto (SKR 04/SKR 03)	Betrag (Euro)	Habenkonto (SKR 04/SKR 03)	Betrag (Euro)
3310/1610 VerbaLuL	23.800,00	**0700/1510 Geleistete Anzahlungen**	20.000,00
		1400/1570 Abziehbare VoSt	3.800,00

Buchungssatz zum 14.08.

Sollkonto (SKR 04/SKR 03)	Betrag (Euro)	Habenkonto (SKR 04/SKR 03)	Betrag (Euro)
3310/1610 VerbaLuL	35.700,00	1800/1200 Bank	34.986,00
		0520/0320 Fuhrpark	600,00
		1400/1570 Abziehbare VoSt	114,00

 ACHTUNG

Beim Zahlungsvorgang unter Abzug von **Skonto** bezüglich eines **Pkw** ist der **Nettoskonto** als Anschaffungspreisminderung gem. § 255 Abs. 1 Satz 3 HGB im **Haben des Kontos _0520/0320 Fuhrpark_** zu erfassen (Einzelheiten zu dieser Problematik finden Sie in dem **>> Kapitel 14. Ermittlung der Anschaffungskosten**).

 TIPP

Das Buchen einer geleisteten bzw. erhaltenen Anzahlung mit VoSt bzw. USt und der abschließende Zahlungsvorgang dürfen keine Probleme bereiten.

Lediglich im **Zeitpunkt der Lieferung** könnten Schwierigkeiten beim Buchen der Lieferung und gleichzeitigem Auflösen der geleisteten oder erhaltenen Anzahlung bestehen.

Beachten Sie hier unbedingt den schon o. a. Tipp: **Zerlegen Sie den Sachverhalt im Zeitpunkt der Lieferung in zwei Buchungssätze:**

Buchen Sie **zuerst** einen **„normalen" Einkauf bzw. Verkauf in voller Höhe** (damit unterstellen Sie, es hätte keine geleistete oder erhaltene Anzahlung gegeben).

Lösen Sie dann in einem **zweiten Schritt die geleistete oder erhaltene Anzahlung auf**.

4. Sachanlagenabgang

Lösung zu Aufgabe 1: Verkauf eines Pkw

28.800 € (netto) : 6 Jahre (ND) • $^2/_{12}$ = 800 € (= anteiliger AfA-Betrag für **2019**)

Der Monat des Verkaufs (Februar) darf mit abgeschrieben werden.

 ACHTUNG

Ob der Monat des Verkaufs (vorliegend der Februar) noch mit abgeschrieben werden darf, ist gesetzlich nicht geregelt. § 7 Abs. 1 Satz 4 EStG bezieht sich auf die Anschaffung oder Herstellung, nicht auf den Abgang/Verkauf. Aus einem Umkehrschluss (argumentum e contrario) ließe sich herleiten, dass der Monat des Verkaufs nicht mehr mit abgeschrieben werden darf. Aus den Musterlösungen des Klausurenverbunds ist aber ersichtlich, dass der Monat des Verkaufs immer mit abgeschrieben werden soll. Eine alternative Lösung wird hier nicht zugelassen. Aus diesem Grund sollte in der Prüfung, um eine Abweichung von der Musterlösung zu vermeiden, ebenso verfahren werden, auch wenn die Gegenmeinung die besseren Argumente auf ihrer Seite hat.

Sollkonto (SKR 04/SKR 03)		Betrag (Euro)	Habenkonto (SKR 04/SKR 03)		Betrag (Euro)
6220/4830	Abschreibungen auf Sachanlagen	800,00	0520/0320	Fuhrpark	800,00

	28.800 €	ursprüngliche AK (netto)
-	1.600 €	Abschreibungsbetrag 2016 (für 4 Monate)
-	4.800 €	Abschreibungsbetrag 2017 (für 12 Monate)
-	4.800 €	Abschreibungsbetrag 2018 (für 12 Monate)
-	800 €	Abschreibungsbetrag 2019 (für 2 Monate)
=	**16.800 €**	**RBW im Zeitpunkt des Verkaufs**

Nettoverkaufspreis (19.997,95 € : 1,19 = 16.805 €) > RBW (16.800 €) → Buchgewinn

Sollkonto (SKR 04/SKR 03)		Betrag (Euro)	Habenkonto (SKR 04/SKR 03)		Betrag (Euro)
4855/2315	Anlagenabgänge (Buchgewinn)	16.800,00	0520/0320	Fuhrpark	16.800,00

Sollkonto (SKR 04/SKR 03)	Betrag (Euro)	Habenkonto (SKR 04/SKR 03)	Betrag (Euro)
1600/1000 Kasse	19.997,95	4845/8820 Erlöse aus Anlagenverkäufen (Buchgewinn)	16.805,00
		3800/1770 USt	3.192,95

Lösung zu Aufgabe 2: Verkauf einer Maschine

144.000 € (netto) : 12 Jahre (ND) $\cdot$ $^4/_{12}$ = 4.000 € (= anteiliger AfA-Betrag für **2019**)

Der Monat des Verkaufs (April) darf mit abgeschrieben werden.

Sollkonto (SKR 04/SKR 03)	Betrag (Euro)	Habenkonto (SKR 04/SKR 03)	Betrag (Euro)
6220/4830 Abschreibungen auf Sachanlagen	4.000,00	0440/0240 Maschinen	4.000,00

	144.000,00 €	ursprüngliche AK (netto)
-	3.000,00 €	Abschreibungsbetrag 2017 (für 3 Monate)
-	12.000,00 €	Abschreibungsbetrag 2018 (für 12 Monate)
-	4.000,00 €	Abschreibungsbetrag 2019 (für 4 Monate)
=	**125.000,00 €**	**RBW im Zeitpunkt des Verkaufs**

Nettoverkaufspreis (142.800 € : 1,19 = 120.000 €) < RBW (125.000 €) → Buchverlust

Sollkonto (SKR 04/SKR 03)	Betrag (Euro)	Habenkonto (SKR 04/SKR 03)	Betrag (Euro)
6895/2310 Anlagenabgänge (Buchverlust)	125.000,00	0440/0240 Maschinen	125.000,00

Sollkonto (SKR 04/SKR 03)	Betrag (Euro)	Habenkonto (SKR 04/SKR 03)	Betrag (Euro)
1210/1410 FordaLuL	142.800,00	**6885/8800 Erlöse aus Anlagenverkäufen (Buchverlust)**	120.000,00
		3800/1770 USt	22.800,00

Lösung zu Aufgabe 3: Verkauf eines Schreibtisches

Hier muss lediglich der alte Schreibtisch in Höhe des Erinnerungseuros als Anlagen-abgang gebucht werden. Da der alte Schreibtisch laut Sachverhalt schon auf 1 € abge-schrieben wurde, erübrigt sich die Ermittlung und Buchung der Abschreibung bis zum Zeitpunkt des Verkaufs. **Im Vergleich zu Aufgabe 1 und 2 „fehlt" hier also die erste von den ansonsten grundsätzlich insgesamt drei vorzunehmenden Buchungen.**

Nettoverkaufspreis (250 € : 1,19 = 210,08 €) > RBW (1 €) → Buchgewinn

Sollkonto (SKR 04/SKR 03)	Betrag (Euro)	Habenkonto (SKR 04/SKR 03)	Betrag (Euro)
4855/2315 Anlagenabgänge (Buchgewinn)	1,00	0650/0410 BGA	1,00

Sollkonto (SKR 04/SKR 03)	Betrag (Euro)	Habenkonto (SKR 04/SKR 03)	Betrag (Euro)
1600/1000 Kasse	250,00	4845/8820 Erlöse aus Anlagenverkäufen (Buchgewinn)	210,08
		3800/1770 USt	39,92

 **TIPP**

Gehen Sie **grundsätzlich in drei Schritten** vor:

1. Buchen Sie die (anteilige) AfA bis zum Zeitpunkt des Verkaufs im Jahr des Verkaufs.
2. Buchen Sie den Sachanlagenabgang.
3. Buchen Sie den Verkauf.

Nicht immer werden alle drei Schritte/drei Buchungssätze erforderlich sein. Je nach Sachverhalt können nur zwei (vgl. Aufgabe 3) oder gar nur eine Buchung (falls bereits komplett abgeschrieben und ohne Erinnerungseuro gearbeitet wird) notwendig sein.

Machen Sie sich bei der Wahl der **erforderlichen Konten** bewusst, dass hier **insgesamt vier Konten** zur Auswahl stehen: **Zwei Aufwandskonten** für den Sachanlagenabgang (mit Buchgewinn oder Buchverlust) und **zwei Ertragskonten** für den Verkauf (mit Buchgewinn oder Buchverlust):

Aufwandskonten	Ertragskonten
6895/2310 Anlagenabgänge (Buchverlust)	6885/8800 Erlöse aus Anlagenverkäufen (Buchverlust)
4855/2315 Anlagenabgänge (Buchgewinn)	4845/8820 Erlöse aus Anlagenverkäufen (Buchgewinn)

5. Privatentnahmen – Warenentnahme

Lösung zu Aufgabe 1: Warenentnahme I

Die Bewertung der Entnahme erfolgt gem. **§ 6 Abs. 1 Nr. 4 Satz 1 EStG** mit dem **Teilwert**. Für Wirtschaftsgüter des Umlaufvermögens **entspricht der Teilwert im Anschaffungs- oder Herstellungszeitpunkt den Anschaffungs- oder Herstellungskosten** und in späteren Zeitpunkten den jeweiligen **Wiederbeschaffungskosten**. Dies ist vorliegend der **aktuelle Einkaufspreis** i. H. v. 450 € netto.

Sollkonto (SKR 04/SKR 03)	Betrag (Euro)	Habenkonto (SKR 04/SKR 03)	Betrag (Euro)
2100/1800 Privatentnahmen	535,50	4620/8910 Waren-entnahme	450,00
		3800/1770 USt	85,50

Lösung zu Aufgabe 2: Warenentnahme II

Die Bewertung der Entnahme erfolgt gem. **§ 6 Abs. 1 Nr. 4 Satz 1 EStG** mit dem **Teilwert**. Für Wirtschaftsgüter des Umlaufvermögens **entspricht der Teilwert im Anschaffungs- oder Herstellungszeitpunkt den Anschaffungs- oder Herstellungskosten** und in späteren Zeitpunkten den jeweiligen Wiederbeschaffungskosten.

In **Ermangelung eines Einkaufspreises** (= Wiederbeschaffungskosten) **im Zeitpunkt der Entnahme** kann hier nur auf den Einkaufspreis beim Kauf (45 € netto) abgestellt werden.

Obwohl der Sachverhalt insofern nicht eindeutig ist, **muss davon ausgegangen werden**, dass der **Hundeanhänger unmittelbar nach der Beschaffung entnommen** worden ist. **In diesem Fall entsprechen die Wiederbeschaffungskosten den Anschaffungskosten.**

Sollkonto (SKR 04/SKR 03)	Betrag (Euro)	Habenkonto (SKR 04/SKR 03)	Betrag (Euro)
2100/1800 Privatentnahmen	53,55	4620/8910 Waren-entnahme	45,00
		3800/1770 USt	8,55

Lösung zu Aufgabe 3: Warenentnahme III

Die Bewertung der Entnahme erfolgt gem. **§ 6 Abs. 1 Nr. 4 Satz 1 EStG** mit dem **Teilwert**. Für Wirtschaftsgüter des Umlaufvermögens **entspricht der Teilwert im Anschaffungs- oder Herstellungszeitpunkt den Anschaffungs- oder Herstellungskosten** und in späteren Zeitpunkten den jeweiligen **Wiederbeschaffungskosten**.

Laut Sachverhalt ist im Dezember (also zum Zeitpunkt der Entnahme) der Bezugspreis der zu Beginn des Jahres erworbenen Elektro-Luftpumpe um 15 % gestiegen. Die **Wiederbeschaffungskosten im Zeitpunkt der Entnahme** liegen also bei 14,99 € netto (ursprüngliche Anschaffungskosten) **+ 15 %**.

14,99 € + 15 % = 17,24 €

Sollkonto (SKR 04/SKR 03)	Betrag (Euro)	Habenkonto (SKR 04/SKR 03)	Betrag (Euro)
2100/1800 Privatentnahmen	20,52	4620/8910 Warenentnahme	17,24
		3800/1770 USt	3,28

 TIPP

Machen Sie sich bewusst, dass der **Buchungssatz** für eine **Warenentnahme** (ohne Eurobeträge) **immer gleich** ist (vgl. Aufgaben 1 - 3). Damit **geht es in diesem Themengebiet nur darum**, den **richtigen Eurobetrag** bei max. drei im Sachverhalt angegebenen Eurobeträgen zu **finden**.

 ACHTUNG

Klassische Fehler

► fehlerhafte Kontenwahl für das Ertragskonto im Haben

► VoSt-Korrektur statt USt gebucht

► fehlerhafte Bewertung der Entnahme und damit sämtliche Zahlen im Buchungssatz fehlerhaft.

6. Privatentnahmen – Nutzungsentnahme (Pkw)

6.1 Fahrtenbuchmethode

Lösung zu Aufgabe 1: Nutzungsentnahme Pkw (Fahrtenbuchmethode) mit einfacher Kilometerangabe

(Kfz-Steuer 300 € + Kfz-Versicherung 500 €) • 10 % = 80 € (4639/8924 VvG 0 %)

(Benzin netto 10.000 € + Abschreibung 14.000 €) • 10 % = 2.400 € (4645/8921 VvG 19 %)

Sollkonto (SKR 04/SKR 03)	Betrag (Euro)	Habenkonto (SKR 04/SKR 03)	Betrag (Euro)
2100/1800 Privatentnahmen	2.936,00	4645/8921 VvG 19 %	2.400,00
		4639/8924 VvG 0 %	80,00
		3800/1770 USt	456,00

Lösung zu Aufgabe 2: Nutzungsentnahme Pkw (Fahrtenbuchmethode) Kauf von Privatperson

Hier besteht die Besonderheit des Kaufs von einem Privatmann. Beim Kauf war deshalb kein Vorsteuerabzug möglich; vgl. § 15 UStG. Damit gehört die Abschreibung anders als bei Aufgabe 1 **nicht** zum Konto 4645/8921 VvG 19 %, da sie **nicht** der USt zu unterwerfen ist.

(Kfz-Versicherung 800 € + Kfz-Steuer 500 € + **Abschreibung 5.000 €**) • 30 % = 1.890 € (4639/8924 VvG 0 %)

(Benzin und Öl netto 3.000 € + Reparaturen **netto** 1.400 €) • 30 % = 1.320 € (4645/8921 VvG 19 %)

Sollkonto (SKR 04/SKR 03)	Betrag (Euro)	Habenkonto (SKR 04/SKR 03)	Betrag (Euro)
2100/1800 Privatentnahmen	3.460,80	4645/8921 VvG 19 %	1.320,00
		4639/8924 VvG 0 %	1.890,00
		3800/1770 USt	250,80

Lösung zu Aufgabe 3: Nutzungsentnahme Pkw (Fahrtenbuchmethode) mit komplexer Kilometerangabe

Hier besteht die Besonderheit in der Ermittlung des richtigen privaten Nutzungsanteils. Während in Aufgabe 1 die **insgesamt** gefahrenen km angegeben waren, sind hier „nur" die km für betriebliche (14.400) und die km für private Zwecke (3.600) angegeben. Daraus lässt sich aber erkennen, dass **insgesamt** 18.000 km gefahren worden sind. Der private Nutzungsanteil liegt damit bei **20 %** (3.600 km von 18.000 km) und keinesfalls (klassische Fehlerquelle) bei 25 % (3.600 km von 14.400 km).

(Kfz-Steuer und Kfz-Versicherung 2.223 €) • 20 % = 444,60 € (4639/8924 VvG 0 %)

(Benzin und Wartung netto 1.200 € + Reparaturen netto 400 € + Abschreibung 4.676 €) • **20 %** = 1.255,20 € (4645/8921 VvG 19 %)

Sollkonto (SKR 04/SKR 03)	Betrag (Euro)	Habenkonto (SKR 04/SKR 03)	Betrag (Euro)
2100/1800 Privatentnahmen	1.938,29	4645/8921 VvG 19 %	1.255,20
		4639/8924 VvG 0 %	444,60
		3800/1770 USt	238,49

 TIPP

Machen Sie sich bewusst, dass der **Buchungssatz** für eine **Nutzungsentnahme Pkw** (ohne Eurobeträge) **immer gleich** ist (vgl. Aufgabe 1 - 3). Damit kommt es hier „lediglich" auf ein sauberes und fehlerfreies Ausrechnen der einzelnen Beträge und der richtigen Zuordnung zu den entsprechenden Konten (VvG mit und ohne USt) an.

 ACHTUNG

Klassische Fehler

▸ VoSt-Korrektur statt USt gebucht

▸ nicht mit **Nettobeträgen** gerechnet (vgl. Aufgabe 2 – Reparatur als Brutto-angabe)

▸ **AfA** trotz Vorsteuerabzugs beim Kauf auf VvG 0 % gebucht und damit nicht der USt unterworfen

▸ Kauf von **Privatperson** übersehen

▸ fehlerhafte Ermittlung des privaten Nutzungsanteils (vgl. Aufgabe 3).

6.2 1 %-Regelung

Lösung zu Aufgabe 4: Nutzungsentnahme Pkw (1 %-Regelung) Nettolistenpreis

BLP im Zeitpunkt der Erstzulassung	28.899,98 € (24.285,70 € zzgl. 19 % USt)
Abrundung auf volle 100 €	28.800 €
Davon 1 % =	288 €/Monat

Pauschaler Abschlag i. H. v. 20 %

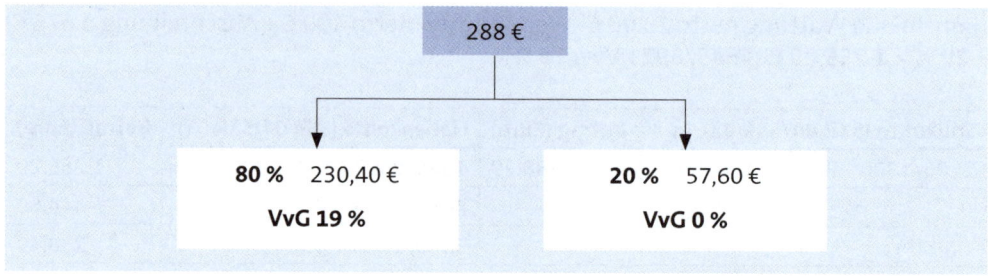

Sollkonto (SKR 04/SKR 03)		Betrag (Euro)	Habenkonto (SKR 04/SKR 03)		Betrag (Euro)
2100/1800	Privatentnahmen	331,78	4645/8921	VvG 19 %	230,40
			4639/8924	VvG 0 %	57,60
			3800/1770	USt	43,78

Lösung zu Aufgabe 5: Nutzungsentnahme Pkw (1 %-Regelung) Sonderausstattung

Neuwagen (Listenpreis)	85.050,00 €
abzgl. Einmaliger Sondersofortrabatt	5.000,00 €
Überführungskosten	500,00 €
Kosten für die erste Tankfüllung	100,00 €
Autoradio	800,00 €
Zwischensumme	**81.450,00 €**
19 % USt	15.475,50 €
Rechnungsbetrag	**96.925,50 €**

BLP im Zeitpunkt der Erstzulassung zzgl. Kosten Sonderausstattung (hier Autoradio)	102.161,50 € ([85.050 € + 800 €] zzgl. 19 % USt)
Abrundung auf volle 100 €	102.100 €
Davon 1 % =	1.021 €/Monat
• 2 =	2.042 €/zwei Monate

Pauschaler Abschlag i. H. v. 20 %

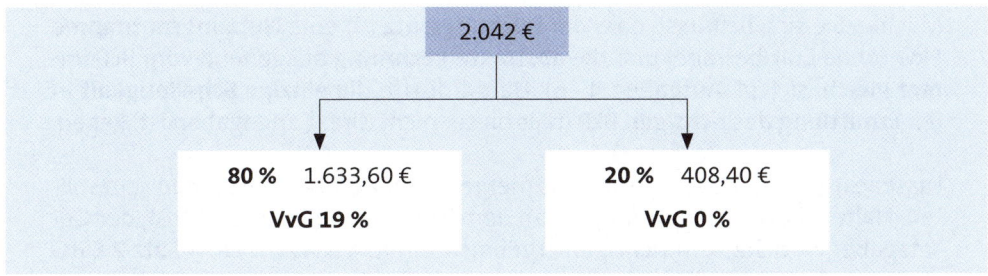

Sollkonto (SKR 04/SKR 03)	Betrag (Euro)	Habenkonto (SKR 04/SKR 03)	Betrag (Euro)
2100/1800 Privatentnahmen	2.352,38	4645/8921 VvG 19 %	1.633,60
		4639/8924 VvG 0 %	408,40
		3800/1770 USt	310,38

Lösung zu Aufgabe 6: Nutzungsentnahme Pkw (1 %-Regelung)
Nettoeinkaufspreis

BLP im Zeitpunkt der Erstzulassung	25.660 €
Abrundung auf volle 100 €	25.600 €
Davon 1 % =	256 €/Monat
• 12 =	3.072 €/Jahr

Pauschaler Abschlag i. H. v. 20 %

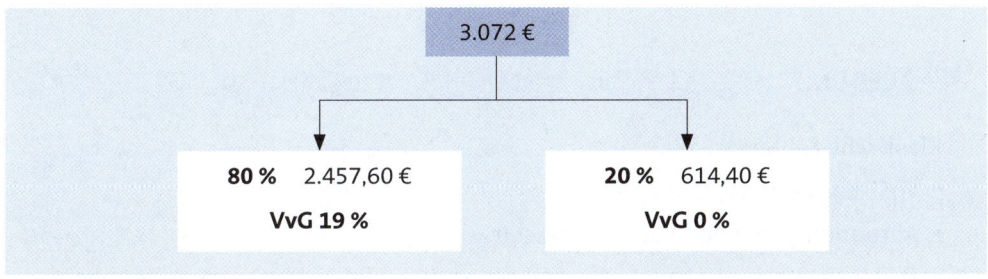

Sollkonto (SKR 04/SKR 03)	Betrag (Euro)	Habenkonto (SKR 04/SKR 03)	Betrag (Euro)
2100/1800 Privatentnahmen	3.538,94	4645/8921 VvG 19 %	2.457,60
		4639/8924 VvG 0 %	614,40
		3800/1770 USt	466,94

 TIPP

Machen Sie sich bewusst, dass der **Buchungssatz** für eine **Nutzungsentnahme Pkw** (ohne Eurobeträge) und die **abstrakte Rechnung** ausgehend vom BLP **immer gleich** ist (vgl. Aufgaben 4 - 6). Damit dürfte die **einzige Schwierigkeit** in der **Ermittlung des richtigen BLP** (falls dieser nicht direkt angegeben ist) liegen.

Lassen Sie sich nicht verwirren, falls mehrere Eurobeträge angegeben sein sollten. Halten Sie sich von Anfang an an dem Wortlaut des Gesetzes fest, der Gesetzgeber wird Sie zum richtigen Ergebnis führen: **§ 6 Abs. 1 Nr. 4 Satz 2 EStG** stellt **unmissverständlich** klar, dass die private Nutzung eines Kraftfahrzeugs, das zu mehr als 50 % betrieblich genutzt wird, für jeden Kalendermonat mit 1 % des **inländischen Listenpreises im Zeitpunkt der Erstzulassung zuzüglich der Kosten für Sonderausstattung einschließlich Umsatzsteuer** anzusetzen ist.

Aus diesem Grund muss in **Aufgabe 4** aus dem im Sachverhalt angegebenen Nettolistenpreis der Bruttolistenpreis errechnet werden.

In **Aufgabe 6** ist der gesuchte BLP direkt im Sachverhalt erwähnt. Die ursprünglichen Anschaffungskosten spielen demgegenüber bei der Berechnung des privaten Nutzungsanteils keine Rolle und dienen lediglich der Irritation.

In **Aufgabe 5** (hier ist der Sachverhalt am unübersichtlichsten) ist der Rabatt, die erste Tankfüllung und die Kosten für die Überführung irrelevant; vgl. o. a. Wortlaut des Gesetzes. Von Interesse ist lediglich der **Listenpreis** (noch netto) und das **Autoradio als Sonderausstattung**. Es muss möglich sein, die beiden entsprechenden Eurobeträge zu addieren und aus dem Nettobetrag einen Bruttobetrag zu machen.

 ACHTUNG

Klassische Fehler

- ► VoSt-Korrektur statt USt gebucht

- ► Abrundung auf volle 100 € vergessen

- ► Jahreswert ausgerechnet, obwohl Monatswert(e) gefragt; vgl. Aufgaben 4 und 5

- ► BLP im Zeitpunkt der Erstzulassung zzgl. Kosten für Sonderausstattung nicht richtig ermittelt.

6.3 Fahrten zwischen Wohnung und Betriebsstätte

Lösung zu Aufgabe 7: Fahrten zwischen Wohnung und Betriebsstätte (1 %-Regelung)

Abstrakte Rechnung:

	BLP • 0,03 % • km einfache Entfernung • Anzahl Monate
-	0,30 € • km einfache Entfernung • Anzahl Tage
=	**nicht abzugsfähige BA**

Konkrete Rechnung:

-	28.800 € • 0,03 % • 35 km • 12 Monate	= 3.628,80 €
-	0,30 € • 35 km • 235 Tage	= 2.467,50 €
=	**nicht abzugsfähige BA**	**= 1.161,30 €**

Sollkonto (SKR 04/SKR 03)		Betrag (Euro)	Habenkonto (SKR 04/SKR 03)		Betrag (Euro)
6688/4678	Fahrten zwischen Wohnung u. Betriebsstätte (abziehb. Anteil)	2.467,50	6690/4680	Fahrten zwischen Wohnung u. Betriebsstätte (Haben)	3.628,80
6689/4679	Fahrten zwischen Wohnung u. Betriebsstätte (nicht abziehbarer Anteil)	1.161,30			

Handelsrechtliche Gewinnauswirkung: gewinnneutral (- 2.467,50 € - 1.161,30 € + 3.628,80 €)

Steuerrechtliche Gewinnauswirkung: gewinnerhöhend in Höhe der nicht abzugsfähigen BA 1.161,30 € (- 2.467,50 € + 3.628,80 €)

Lösung zu Aufgabe 8: Fahrten zwischen Wohnung und Betriebsstätte (Fahrtenbuchmethode)

Abstrakte Rechnung:

	Tatsächliche Kosten pro km • km Hin- und Rückfahrt • Anzahl Tage
-	0,30 € • km einfache Entfernung • Anzahl Tage
=	**nicht abzugsfähige BA**

Konkrete Rechnung:

	0,55 € • 180 km • 100 Tage	= 9.900 €
-	0,30 € • 90 km • 100 Tage	= 2.700 €
=	**nicht abzugsfähige BA**	**= 7.200 €**

Sollkonto (SKR 04/SKR 03)	Betrag (Euro)	Habenkonto (SKR 04/SKR 03)	Betrag (Euro)
6688/4678 Fahrten zwischen Wohnung u. Betriebsstätte (abziehb. Anteil)	2.700,00	6690/4680 Fahrten zwischen Wohnung u. Betriebsstätte (Haben)	9.900,00
6689/4679 Fahrten zwischen Wohnung u. Betriebsstätte (nicht abzieh- barer Anteil)	7.200,00		

Handelsrechtliche Gewinnauswirkung: gewinnneutral (- 2.700 € - 7.200 € + 9.900 €)

Steuerrechtliche Gewinnauswirkung: gewinnerhöhend in Höhe der nicht abzugsfähigen BA 7.200,00 € (- 2.700 € + 9.900 €)

 ACHTUNG

Klassische Fehler

► **nicht** Hin- und Rückfahrt bei der Ermittlung der **tatsächlichen** Kosten berücksichtigt

► Multiplikation mit **0,03 Prozent** (bei Verwendung des Taschenrechners 0,03 + Prozenttaste).

7. Privateinlagen

Lösung zu Aufgabe 1: Einlage eines nicht abnutzbaren Wirtschaftsgutes außerhalb der Dreijahresfrist

Unabhängig davon, ob der aktuelle Verkehrswert (= Teilwert) über oder unter den ursprünglichen Anschaffungskosten liegt, sind **Einlagen außerhalb der Dreijahresfrist gem. § 6 Abs. 1 Nr. 5 Satz 1 1. HS EStG grundsätzlich mit dem Teilwert** für den Zeitpunkt der Zuführung **anzusetzen**.

Sollkonto (SKR 04/SKR 03)	Betrag (Euro)	Habenkonto (SKR 04/SKR 03)	Betrag (Euro)
0215/0065 Unbebaute Grundstücke	335.000,00	2180/1890 Privateinlagen	335.000,00

Abwandlung:

Sollkonto (SKR 04/SKR 03)	Betrag (Euro)	Habenkonto (SKR 04/SKR 03)	Betrag (Euro)
0215/0065 Unbebaute Grundstücke	280.000,00	2180/1890 Privateinlagen	280.000,00

Lösung zu Aufgabe 2: Einlage eines abnutzbaren Wirtschaftsgutes außerhalb der Dreijahresfrist

Unabhängig davon, ob das Wirtschaftsgut abnutzbar oder nicht abnutzbar (vgl. Aufgabe 1) ist, sind **Einlagen außerhalb der Dreijahresfrist gem. § 6 Abs. 1 Nr. 5 Satz 1 1. HS EStG grundsätzlich mit dem Teilwert** für den Zeitpunkt der Zuführung **anzusetzen**.

Sollkonto (SKR 04/SKR 03)	Betrag (Euro)	Habenkonto (SKR 04/SKR 03)	Betrag (Euro)
0520/0320 Fuhrpark	14.500,00	2180/1890 Privateinlagen	14.500,00

Lösung zu Aufgabe 3: Einlage eines nicht abnutzbaren Wirtschaftsgutes innerhalb der Dreijahresfrist

Gemäß **§ 6 Abs. 1 Nr. 5 Satz 1 1. HS EStG** sind **Einlagen grundsätzlich** mit dem **Teilwert** (das sind vorliegend 550.000 €) für den Zeitpunkt der Zuführung anzusetzen. Die Einlagen sind **jedoch gem. § 6 Abs. 1 Nr. 5 Satz 1 2. HS EStG höchstens** mit den **Anschaffungs- oder Herstellungskosten** anzusetzen, wenn das zugeführte Wirtschaftsgut innerhalb der letzten **drei Jahre** vor dem Zeitpunkt der Zuführung angeschafft oder hergestellt worden ist.

Vorliegend ist das unbebaute Grundstück innerhalb der Dreijahresfrist (privater Kauf am 01.11.2016, Einlage am 01.06.2019) eingelegt worden. Deshalb ist die Einlage (vorliegend liegt der Teilwert über den ursprünglichen Anschaffungskosten) höchstens mit den Anschaffungskosten anzusetzen; also mit 500.000 €.

Sollkonto (SKR 04/SKR 03)	Betrag (Euro)	Habenkonto (SKR 04/SKR 03)	Betrag (Euro)
0215/0065 Unbebaute Grundstücke	500.000,00	2180/1890 Privateinlagen	500.000,00

Exkurs:
Die Begrenzung des Einlagewertes auf die (falls abnutzbares Wirtschaftsgut: fortgeführten) Anschaffungs- oder Herstellungskosten dient der Missbrauchsabwehr: Dem Steuerpflichtigen soll erschwert werden, Gewinne aus Wertsteigerungen von Wirtschaftsgütern (vorliegend von 500.000 € auf 550.000 €) ohne Steuerbelastung im Privatvermögen durch Hinausschieben des Einlagezeitpunktes zu erzielen.

Abwandlung:
Gemäß **§ 6 Abs. 1 Nr. 5 Satz 1 1. HS EStG** sind **Einlagen grundsätzlich** mit dem **Teilwert** (das sind vorliegend 480.000 €) für den Zeitpunkt der Zuführung anzusetzen. Die Begrenzung auf die ursprünglichen Anschaffungskosten (vgl. § 6 Abs. 1 Nr. 5 Satz 1 2. HS EStG: „höchstens mit den Anschaffungs-/Herstellungskosten") spielt in der Abwandlung keine Rolle, da der Teilwert (480.000 €) unter den ursprünglichen Anschaffungskosten (500.000 €) liegt.

Sollkonto (SKR 04/SKR 03)	Betrag (Euro)	Habenkonto (SKR 04/SKR 03)	Betrag (Euro)
0215/0065 Unbebaute Grundstücke	480.000,00	2180/1890 Privateinlagen	480.000,00

Lösung zu Aufgabe 4: Einlage eines abnutzbaren Wirtschaftsgutes innerhalb der Dreijahresfrist

Gemäß **§ 6 Abs. 1 Nr. 5 Satz 1 1. HS EStG** sind **Einlagen grundsätzlich** mit dem **Teilwert** für den Zeitpunkt der Zuführung anzusetzen (das sind vorliegend 2.600 €).

Der **Einlagewert** ist aber bei einer Einlage eines **abnutzbaren Wirtschaftsgutes innerhalb der Dreijahresfrist** gem. **§ 6 Abs. 1 Nr. 5 Satz 2 EStG** auf die **fortgeführten Anschaffungs-** oder **Herstellungskosten begrenzt.**

Das heißt, es muss ein **Abgleich zwischen** dem **Teilwert und** den **fortgeführten Anschaffungs-/Herstellungskosten** vorgenommen werden:

► Sollte der **Teilwert > als die fortgeführten Anschaffungs-/Herstellungskosten** sein, ist der **Einlagewert auf die fortgeführten Anschaffungs-/Herstellungskosten begrenzt.**

► Sollte der **Teilwert < als die fortgeführten Anschaffungs-/Herstellungskosten** sein, hat die **Bewertung mit dem Teilwert** zu erfolgen.

Ermittlung der fortgeführten Anschaffungskosten des Konferenztisches:

	3.120,00 €	(ursprüngliche AK – **brutto!**)
-	40,00 €	(anteilige AfA für 2016: **3.120 €** : 13 Jahre • $^2\!/_{12}$)
-	240,00 €	(AfA für 2017: 3.120 € : 13 Jahre)
-	240,00 €	(AfA für 2018: 3.120 € : 13 Jahre)
-	100,00 €	(anteilige AfA für 2019: 3.120 € : 13 Jahre • $^5\!/_{12}$)
=	**2.500,00 €**	(fortgeführte AK)

Vorliegend ist der Teilwert (2.600 €) > als die fortgeführten AK (2.500 €).

Der Einlagewert ist in dieser Konstellation auf die fortgeführten AK begrenzt:

Sollkonto (SKR 04/SKR 03)	Betrag (Euro)	Habenkonto (SKR 04/SKR 03)	Betrag (Euro)
0650/0410 BGA	2.500,00	2180/1890 Privateinlagen	2.500,00

Abwandlung:
In der Abwandlung ist der Teilwert (2.400 €) < als die fortgeführten AK (2.500 €).

Die Bewertung hat in dieser Konstellation mit dem Teilwert zu erfolgen.

Sollkonto (SKR 04/SKR 03)	Betrag (Euro)	Habenkonto (SKR 04/SKR 03)	Betrag (Euro)
0650/0410 BGA	2.400,00	2180/1890 Privateinlagen	2.400,00

Lösung zu Aufgabe 5: AfA nach Einlage

	Einlagewert	2.500,00 €
-	AfA 2019	140,00 €
=	**Bilanzansatz 31.12.2019**	**2.360,00 €**

Berechnung der AfA 2019:	Restbuchwert (RBW) : Restnutzungsdauer (RND)
Nutzungsdauer:	13 Jahre • 12 = **156 Monate**
Davon bereits abge-schrieben:	**31 Monate** (2 Monate in 2016, jeweils 12 Monate in 2017 und 2018 und 5 Monate in 2019, vgl. Aufgabe 4).
Restnutzungsdauer (RND) daher:	**125 Monate**
Also:	RBW : RND = 2.500 € : 125 Monate = **20 € AfA/Monat • 7 Monate für 2019, da Einlage am 05.06.2019 = 140 €**

Sollkonto (SKR 04/SKR 03)	Betrag (Euro)	Habenkonto (SKR 04/SKR 03)	Betrag (Euro)
6220/4830 Abschreibungen auf Sachanlagen	140,00	0650/0410 BGA	140,00

Bilanzansatz 31.12.2019	2.360,00 €
- AfA 2020	240,00 €
= **Bilanzansatz 31.12.2020**	**2.120,00 €**

Berechnung der AfA 2020: 20 € AfA/Monat (s. o.) • 12 Monate = 240 €

Sollkonto (SKR 04/SKR 03)	Betrag (Euro)	Habenkonto (SKR 04/SKR 03)	Betrag (Euro)
6220/4830 Abschreibungen auf Sachanlagen	240,00	0650/0410 BGA	240,00

Es verbleibt jetzt noch eine RND von 106 Monaten bei einem RBW von 2.120 €.

106 Monate • 20 € = 2.120 €.

 INFO

Die Einlage eines Wirtschaftsgutes **außerhalb der Dreijahresfrist** (vgl. Aufgaben 1 und 2) ist aus Sicht des Prüfungsamtes **relativ uninteressant**, da hier die Bewertung immer mit dem Teilwert erfolgt, unabhängig von der Höhe der ursprünglichen Anschaffungs-/Herstellungskosten im Verhältnis zum aktuellen Teilwert.

Die Einlage eines **nicht abnutzbaren Wirtschaftsgutes innerhalb der Dreijahresfrist** (vgl. Aufgabe 3) ist aus Sicht des Prüfungsamtes schon **interessanter**, da hier zumindest ein Vergleich zwischen dem Teilwert und den ursprünglichen Anschaffungs-/Herstellungskosten vorgenommen werden muss (grundsätzliche Bewertung mit dem Teilwert, höchstens jedoch mit den Anschaffungs-/Herstellungskosten).

Die Einlage eines **abnutzbaren Wirtschaftsgutes innerhalb der Dreijahresfrist** (vgl. Aufgabe 4) ist aus Sicht des Prüfungsamtes **am interessantesten**, da hier die fortgeführten Anschaffungs-/Herstellungskosten ausgerechnet werden müssen, um dann einen Vergleich zwischen diesen fortgeführten Anschaffungs-/Herstellungskosten und dem Teilwert vornehmen zu können.

Sollte also die Bewertung einer Einlage Bestandteil der Klausur sein, spricht sehr viel dafür, dass es sich um ein abnutzbares (meistens ein Kfz) Wirtschaftsgut handelt, welches innerhalb der Dreijahresfrist eingelegt wird. Die Wahrscheinlichkeit, dass dabei die fortgeführten Anschaffungs-/Herstellungskos-

ten <u>unter</u> **dem Teilwert liegen werden, tendiert gegen 100 % (vgl. Aufgabe 4)**. Denn würden die fortgeführten Anschaffungs-/Herstellungskosten *über* dem Teilwert liegen (vgl. Aufgabe 4 Abwandlung), würde sich das Prüfungsamt der gesamten Logik des Falles berauben. In dieser Konstellation bleibt es ja bei einer Bewertung mit dem Teilwert, d. h. nach einer längeren Rechnung (Ermittlung der fortgeführten Anschaffungs-/Herstellungskosten) stellt man fest, dass diese eigentlich überflüssig war. Dies mag ganz vereinzelt vorkommen, ist aber einfach äußerst unwahrscheinlich.

 TIPP

Merken Sie sich für den **klausurrelevantesten Fall** (Einlage eines abnutzbaren Wirtschaftsgutes innerhalb der Dreijahresfrist; vgl. Aufgabe 4):

► Sollte der **Teilwert > als die fortgeführten Anschaffungs-/Herstellungskosten** sein, ist der **Einlagewert auf die fortgeführten Anschaffungs-/Herstellungskosten begrenzt**.

► Sollte der **Teilwert < als die fortgeführten Anschaffungs-/Herstellungskosten** sein, hat die **Bewertung mit dem Teilwert** zu erfolgen.

 ACHTUNG

Klassische Fehler

► Einlagewert nicht richtig ermittelt, da § 6 Abs. 1 Nr. 5 EStG falsch angewandt wurde

► bei der Ermittlung der fortgeführten Anschaffungs-/Herstellungskosten für die **AfA-Berechnung vom Netto- statt vom Bruttowert** (als AfA-Bemessungs-grundlage) abgeschrieben; vgl. Aufgabe 4

► bei der Ermittlung der fortgeführten Anschaffungs-/Herstellungskosten den **Monat der Einlage mit „abgeschrieben"** (z. B. bei Einlage im Juni 2019 sechs Monate für 2019 abgeschrieben; vgl. Aufgabe 4).

8. Nicht abzugsfähige Betriebsausgaben

8.1 Geschenke gem. § 4 Abs. 5 Satz 1 Nr. 1 EStG

Lösung zu Aufgabe 1: Die Weinflasche

Machen Sie sich bewusst, dass bei den Geschenken (aber auch bei den Bewirtungskosten und den Reisekosten) grundsätzlich **zwei Problemfelder** abzuarbeiten sind: Zunächst muss das **ertragssteuerliche** „Problem" gelöst werden. Hier ist zu klären, ob das Geschenk (oder die Bewirtungskosten oder die Reisekosten) abzugsfähig sind oder nicht. Sodann stellt sich das **umsatzsteuerrechtliche** „Problem". Hier ist zu klären, ob ein Vorsteuerabzug möglich ist und falls ja in welcher Höhe.

Vorliegend ist das **Geschenk abzugsfähig**, da die **Freigrenze** (i. H. v. 35 € netto) des **§ 4 Abs. 5 Satz 1 Nr. 1 EStG** nicht **überschritten** wurde.

Da kein **Abzugsverbot gem.** § 4 Abs. 5 Satz 1 Nr. 1 **EStG** vorliegt, ist ein **voller Vorsteuerabzug** möglich; vgl. **§ 15 Abs. 1a Satz 1 UStG**.

Sollkonto (SKR 04/SKR 03)	Betrag (Euro)	Habenkonto (SKR 04/SKR 03)	Betrag (Euro)
6610/4630　Geschenke abzugsfähig	31,00	1600/1000　Kasse	36,89
1400/1570　Abziehbare VoSt	5,89		

Lösung zu Aufgabe 2: Die Pralinen

Vorliegend ist das **Geschenk nicht abzugsfähig**, da die **Freigrenze** (i. H. v. 35 € netto) des **§ 4 Abs. 5 Satz 1 Nr. 1 EStG** überschritten wurde (Pralinen netto 39 €).

Da ein **Abzugsverbot** gem. § 4 Abs. 5 Satz 1 Nr. 1 **EStG** vorliegt, ist **kein Vorsteuerabzug** möglich; vgl. **§ 15 Abs. 1a Satz 1 UStG**.

Sollkonto (SKR 04/SKR 03)	Betrag (Euro)	Habenkonto (SKR 04/SKR 03)	Betrag (Euro)
6620/4635　Geschenke nicht abzugsfähig	41,73	1600/1000　Kasse	41,73

Lösung zu Aufgabe 3: Die Weinhandlung I

Unabhängig davon, dass hier aus dem **Warensortiment** geschenkt wurde, gilt Folgendes:

Vorliegend ist das **Geschenk abzugsfähig**, da die **Freigrenze** (i. H. v. 35 € netto) des **§ 4 Abs. 5 Satz 1 Nr. 1 EStG** nicht **überschritten** wurde.

Da kein **Abzugsverbot gem.** § 4 Abs. 5 Satz 1 Nr. 1 **EStG** vorliegt, ist ein **voller Vorsteuerabzug** möglich; vgl. **§ 15 Abs. 1a Satz 1 UStG**.

Hier besteht lediglich das Problem, dass beim Kauf der Weinflasche im September bereits etwas gebucht worden ist. Aus diesem Grund funktioniert der „Standardbuchungssatz" aus Aufgabe 1 nicht. Auf den richtigen Buchungssatz (hier ein sog. **Korrekturbuchungssatz**) kommt man allerdings ohne größere Probleme, wenn man sich bewusst macht, was im September bereits gebucht worden sein muss:

Sollkonto (SKR 04/SKR 03)	Betrag (Euro)	Habenkonto (SKR 04/SKR 03)	Betrag (Euro)
5200/3200 Wareneingang	32,00	1600/1800/3300	38,08
1400/1570 Abziehbare VoSt	6,08		

Jetzt kann man deutlich erkennen, dass bereits im September ein Vorsteuerabzug in richtiger Höhe vorgenommen wurde. Deshalb kann im Rahmen des Korrekturbuchungssatzes die VoSt nicht noch einmal gebucht werden. Außerdem erkennt man, dass die entsprechende Gegenbuchung auch ordnungsgemäß erfolgt sein wird, und zwar unabhängig von dem konkreten Gegenkonto (Kasse oder Bank oder VerbaLuL), welches aus diesem Grund im Sachverhalt nicht angegeben werden muss. Durch die Schenkung am 06.12. muss lediglich der **Wareneingang korrigiert** werden (→ **Habenbuchung**) und das Konto *Geschenke abzugs*fähig (→ Sollbuchung) angesprochen werden.

Sollkonto (SKR 04/SKR 03)	Betrag (Euro)	Habenkonto (SKR 04/SKR 03)	Betrag (Euro)
6610/4630 Geschenke abzugsfähig	32,00	5200/3200 Wareneingang	32,00

Lösung zu Aufgabe 4: Die Weinhandlung II

Unabhängig davon, dass hier aus dem **Warensortiment** geschenkt wurde, gilt Folgendes:

Vorliegend ist das **Geschenk nicht abzugsfähig**, da die **Freigrenze** (i. H. v. 35 € netto) des **§ 4 Abs. 5 Satz 1 Nr. 1 EStG** überschritten wurde.

Da ein **Abzugsverbot** gem. § 4 Abs. 5 Satz 1 Nr. 1 **EStG** vorliegt, ist **kein Vorsteuerabzug** möglich; vgl. **§ 15 Abs. 1a Satz 1 UStG**.

Auch hier (vgl. insofern Aufgabe 3) besteht das Problem, dass beim Kauf der Weinflasche im September bereits etwas gebucht worden ist. Aus diesem Grund funktioniert der „Standardbuchungssatz" aus Aufgabe 2 nicht. Auf den richtigen Buchungssatz (hier ein sog. **Korrekturbuchungssatz**) kommt man allerdings ohne größere Probleme, wenn man sich bewusst macht, was im September bereits gebucht worden sein muss:

Sollkonto (SKR 04/SKR 03)	Betrag (Euro)	Habenkonto (SKR 04/SKR 03)	Betrag (Euro)
5200/3200 Wareneingang	55,00	1600/1800/3300	65,45
1400/1570 Abziehbare VoSt	10,45		

Jetzt kann man deutlich erkennen, dass bereits im September ein Vorsteuerabzug vorgenommen wurde. Durch die Schenkung am 06.12. ist aber (nachträglich) kein Vorsteuerabzug möglich. Aus diesem Grund muss eine **VoSt-Korrektur (→ Habenbuchung)** erfolgen; vgl. auch § 17 Abs. 2 Nr. 5 UStG. Zudem muss (vgl. insofern Aufgabe 3) der **Wareneingang korrigiert** werden (→ **Habenbuchung**) und das Konto *Geschenke nicht abzugsfähig* (→ Sollbuchung) angesprochen werden.

Sollkonto (SKR 04/SKR 03)	Betrag (Euro)	Habenkonto (SKR 04/SKR 03)	Betrag (Euro)
6620/4635 Geschenke nicht abzugsfähig	65,45	**5200/3200 Wareneingang**	55,00
		1400/1570 Abziehbare VoSt	10,45

Lösung zu Aufgabe 5: Die Sonnenbrille und das Handtuch

Durch das zweite Geschenk im Juni wird die Freigrenze (i. H. v. 35 € netto = **Jahreswert pro Kunde**) des § 4 Abs. 5 Satz 1 Nr. 1 EStG überschritten. Damit ist nicht nur das Handtuch ein nicht abzugsfähiges Geschenk, sondern auch die im Februar gekaufte Sonnenbrille wird zu einem nicht abzugsfähigen Geschenk.

Da ein **Abzugsverbot** gem. § 4 Abs. 5 Satz 1 Nr. 1 **EStG** vorliegt, ist **kein Vorsteuerabzug** möglich; vgl. **§ 15 Abs. 1a Satz 1 UStG.**

Daraus folgt, dass eine **VoSt-Korrektur (→ Habenbuchung)** erfolgen muss. Zudem muss auch das Konto *6610/4630 Geschenke abzugsfähig* korrigiert werden (→ **Habenbuchung**) und das Konto *Geschenke nicht abzugsf*ähig (→ Sollbuchung) angesprochen werden.

Sollkonto (SKR 04/SKR 03)	Betrag (Euro)	Habenkonto (SKR 04/SKR 03)	Betrag (Euro)
6620/4635 Geschenke nicht abzugsfähig	47,60	**6610/4630 Geschenke abzugsfähig**	40,00
		1400/1570 Abziehbare VoSt	7,60

Deutlicher wird dieser Korrekturbuchungssatz, wenn man sich bewusst macht, was im Februar und im Juni gebucht worden sein muss:

Kauf Sonnenbrille im Februar (vgl. Standardbuchungssatz aus Aufgabe 1)

Sollkonto (SKR 04/SKR 03)	Betrag (Euro)	Habenkonto (SKR 04/SKR 03)	Betrag (Euro)
6610/4630 Geschenke abzugsfähig	28,90	1600/1800/3300	34,39
1400/1570 Abziehbare VoSt	5,49		

Kauf Handtuch im Juni (vgl. Standardbuchungssatz aus Aufgabe 1)

Sollkonto (SKR 04/SKR 03)	Betrag (Euro)	Habenkonto (SKR 04/SKR 03)	Betrag (Euro)
6610/4630 Geschenke abzugsfähig	11,10	1600/1800/3300	13,21
1400/1570 Abziehbare VoSt	2,11		

Wären **Sonnenbrille** und **Handtuch** in einem geschenkt worden (oder alternativ ein Geschenk i. H. v. 40 € zzgl. 19 %) hätte gebucht werden müssen (vgl. Standardbuchungssatz aus Aufgabe 2)

Sollkonto (SKR 04/SKR 03)	Betrag (Euro)	Habenkonto (SKR 04/SKR 03)	Betrag (Euro)
6620/4635 Geschenke nicht abzugsfähig	47,60	1600/1800/3300	47,60

Jetzt ist der bereits o. a. **Korrekturbuchungssatz** ganz deutlich zu erkennen:

Sollkonto (SKR 04/SKR 03)	Betrag (Euro)	Habenkonto (SKR 04/SKR 03)	Betrag (Euro)
6620/4635 Geschenke nicht abzugsfähig	47,60	6610/4630 Geschenke abzugsfähig	40,00
		1400/1570 Abziehbare VoSt	7,60

 TIPP

Wie die fünf Beispiele zeigen, können Geschenke auf eine sehr unterschiedliche Art und Weise abgeprüft werden. Es gibt einfache Geschenksachverhalte, wie die Standardbuchungssätze in den Aufgaben 1 und 2 zeigen. Ein wenig anspruchsvoller wird es, wenn Korrekturbuchungen erforderlich werden (Aufgaben 3 - 5). **Wer die beiden Standardbuchungssätze sicher beherrscht und die entsprechenden Regelungen aus dem EStG und UStG kennt, wird auch bei den Korrekturbuchungen auf das richtige Ergebnis kommen.**

Erfahrungsgemäß sind **Korrekturbuchungen** bei den Prüflingen nicht besonders beliebt. Dies kann daran liegen, dass Schwierigkeiten bestehen, sich vorzustellen, was (versteckt im Hintergrund) bereits gebucht worden ist. Denn Aufgabenstellung ist gerade **nicht**, den richtigen Buchungssatz zu bilden, sondern den fehlerhaften zu korrigieren. Der große **Trick** bei den Korrekturbuchungen besteht darin, sich notfalls auf einem Schmierzettel/auf Konzeptpapier den **richtigen Buchungssatz aufzuschreiben** (jetzt ist man wieder im Bereich von Standardbuchungssätzen) und diesen mit dem **fehlerhaften Buchungssatz** zu **vergleichen**. Auf diese Art und Weise wird man immer zum richtigen Korrekturbuchungssatz gelangen. Bessere Prüflinge haben diesen Trick vielleicht nicht nötig und können direkt korrigieren, was dementsprechend auch Zeit spart. Der Trick ermöglicht aber gerade schwächeren Prüflingen, in angemessener Zeit ebenfalls auf die richtige Lösung zu kommen.

8.2 Bewirtungskosten gem. § 4 Abs. 5 Satz 1 Nr. 2 EStG

Lösung zu Aufgabe 6: Die Geschäftsfreunde

Da die Bewirtungskosten i. H. v. 800 € netto insgesamt **angemessen** sind, dürfen **70 %** (560 €) als **Betriebsausgabe** gem. **§ 4 Abs. 5 Satz 1 Nr. 2 EStG** abgezogen werden.

30 % der **angemessenen** Bewirtungskosten i. H. v. 800 € netto (240 €) dürfen den Gewinn nicht mindern, d. h. hierbei handelt es sich um eine **nicht abzugsfähige Betriebsausgabe** gem. **§ 4 Abs. 5 Satz 1 Nr. 2 EStG**.

Obwohl (teilweise) ein Abzugsverbot gem. § 4 Abs. 5 Satz 1 Nr. 2 EStG vorliegt, ist bei **angemessenen** Bewirtungskosten ein **voller Vorsteuerabzug** möglich; vgl. **§ 15 Abs. 1a Satz 1** und **Satz 2 UStG**.

Nach R 4.10 Abs. 5 Satz 3 und 4 EStR sind Bewirtungsaufwendungen Aufwendungen für den Verzehr von Speisen, Getränken und sonstigen Genussmitteln. **Dazu** können auch Aufwendungen **gehören**, die zwangsläufig im Zusammenhang mit der Bewirtung anfallen, wenn sie im Rahmen des insgesamt geforderten Preises von untergeordneter Bedeutung sind, wie z. B. **Trinkgelder** und Garderobengebühren, d. h. „normale" 70/30 Aufteilung auch beim Trinkgeld.

Essensrechnung in einem Buchungssatz

Sollkonto (SKR 04/SKR 03)		Betrag (Euro)	Habenkonto (SKR 04/SKR 03)		Betrag (Euro)
6640/4650	Bewirtungskosten	560,00	1600/1000	Kasse	952,00
6644/4654	Nicht abzugsfähige Bewirtungskosten	240,00			
1400/1570	Abziehbare VoSt	152,00			

Trinkgeld in einem Buchungssatz

Sollkonto (SKR 04/SKR 03)		Betrag (Euro)	Habenkonto (SKR 04/SKR 03)		Betrag (Euro)
6640/4650	Bewirtungskosten	35,00	1600/1000	Kasse	50,00
6644/4654	Nicht abzugsfähige Bewirtungskosten	15,00			

oder

Essensrechnung und Trinkgeld zusammen in einem Buchungssatz

Sollkonto (SKR 04/SKR 03)		Betrag (Euro)	Habenkonto (SKR 04/SKR 03)		Betrag (Euro)
6640/4650	Bewirtungskosten	595,00	1600/1000	Kasse	1.002,00
6644/4654	Nicht abzugsfähige Bewirtungskosten	255,00			
1400/1570	Abziehbare VoSt	152,00			

Lösung zu Aufgabe 7: Das Sternerestaurant

Der „Trick" bei angemessenen **und** unangemessenen Bewirtungskosten besteht darin, den Sachverhalt nicht in einem zu lösen, sondern aufzuteilen: Laut Aufgabenstellung sind **3.000 €** (netto) Bewirtungskosten als **angemessen** anzusehen. Gemäß **§ 4 Abs. 5 Satz 1 Nr. 2 EStG** sind diese 3.000 € in **abzugsfähige Bewirtungskosten (70 % von 3.000 € = 2.100 €)** und **nicht abzugsfähige Bewirtungskosten (30 % von 3.000 € = 900 €)** aufzuteilen. Bezüglich dieser **angemessenen Bewirtungskosten** i. H. v. 3.000 € ist ein **voller Vorsteuerabzug** möglich (19 % von 3.000 € = 570 €); vgl. **§ 15 Abs. 1a Satz 1 und Satz 2 UStG.**

Laut Aufgabenstellung sind **1.000 €** (netto) Bewirtungskosten als **unangemessen** anzusehen. Gemäß **§ 4 Abs. 5 Satz 1 Nr. 2 EStG** sind diese 1.000 € **nicht abzugsfähige Bewirtungskosten**. Bezüglich dieser **unangemessenen Bewirtungskosten** i. H. v. 1.000 € ist **kein Vorsteuerabzug** möglich (19 % von 1.000 € = 190 €); vgl. **§ 15 Abs. 1a Satz 1 und Satz 2 UStG.** Damit gehören diese 190 € ebenfalls zu den nicht abzugsfähigen Bewirtungskosten.

Sollkonto (SKR 04/SKR 03)		Betrag (Euro)	Habenkonto (SKR 04/SKR 03)		Betrag (Euro)
6640/4650	Bewirtungskosten	2.100,00	1800/1200	Bank	4.760,00
6644/4654	Nicht abzugsfähige Bewirtungskosten	2.090,00			
1400/1570	Abziehbare VoSt	570,00			

Lösung zu Aufgabe 8: Richtig oder Falsch?

a)

Da es sich um angemessene und nachgewiesene Bewirtungskosten handelt, ist ein voller Vorsteuerabzug möglich, vgl. § 15 Abs. 1a Satz 1 und Satz 2 UStG. Hieraus ergibt sich folgende Korrekturbuchung:

Sollkonto (SKR 04/SKR 03)	Betrag (Euro)	Habenkonto (SKR 04/SKR 03)	Betrag (Euro)
1400/1570 VoSt	95,00	6640/4650 Bewirtungskosten	95,00

Die Buchung „nur" auf *6640/4650 Bewirtungskosten* (nach erfolgter Korrekturbuchung jetzt noch i. H. v. 500 €) ist **handelsrechtlich** nicht zu beanstanden.

b)

Gemäß § 4 Abs. 5 Satz 1 Nr. 2 EStG sind 70 % der Nettobewirtungskosten (70 % von 500 € = 350 €) abzugsfähig und 30 % der Nettobewirtungskosten (30 % von 500 € = 150 €) nicht abzugsfähig. Da die gesamten Nettobewirtungskosten bisher auf *6640/4650 Bewirtungskosten* (abzugsfähig) gebucht worden sind, ergibt sich folgende Korrekturbuchung:

Sollkonto (SKR 04/SKR 03)	Betrag (Euro)	Habenkonto (SKR 04/SKR 03)	Betrag (Euro)
6644/4654 Bewirtungskosten nicht abzugsfähig	150,00	6640/4650 Bewirtungskosten	150,00

c)

Handelsrechtliche Gewinnauswirkung:
Buchung zu a): gewinnerhöhend i. H. v. 95 €
Buchung zu b): gewinneutral (- 150 € + 150 €)

Steuerrechtliche Gewinnauswirkung:
Buchung zu a): gewinnerhöhend i. H. v. 95 €
Buchung zu b): gewinnerhöhend i. H. v. 150 € (+/-0 € + 150 €)

 INFO

Aufgaben mit Bewirtungskosten sind deutlich übersichtlicher als Aufgaben mit Geschenken, da hier nicht so viele Varianten vorstellbar sind. Mithilfe von § 4 Abs. 5 Satz 1 Nr. 2 EStG und § 15 Abs. 1a Satz 1 und 2 UStG und der Erkenntnis, dass bei **angemessenen Bewirtungskosten** der **Nettobetrag 70/30 aufzuteilen** und ein **voller Vorsteuerabzug** möglich ist, und dass bei **unangemessen Bewirtungskosten** der entsprechende **Bruttobetrag** (da kein Vorsteuerabzug möglich) auf **nicht abzugsfähige Bewirtungskosten** zu buchen ist, können die Aufgaben fehlerfrei gelöst werden.

8.3 Reisekosten gem. § 4 Abs. 4 und § 4 Abs. 5 Satz 1 Nr. 5 EStG
Lösung zu Aufgabe 9: Reisekosten

a)

	Brutto	Netto	VoSt
Bahnfahrt	284,00 €	238,66 €	45,34 €
Übernachtung[1]	600,00 €	560,75 €	39,25 €
Taxifahrten[2]	94,16 €	88,00 €	6,16 €
Verpflegung	190,40 €	160,00 €	30,40 €
Summe	1.168,56 €	1.047,41 €	**121,15 €**

b)

Gemäß **§ 4 Abs. 4 EStG** (ein gern vergessener Absatz, im Rahmen der nicht abzugsfähigen BA sucht man meistens direkt in Abs. 5) sind BA die Aufwendungen, die durch den Betrieb veranlasst sind.

Vorliegend sind alle Aufwendungen betrieblich veranlasst (Geschäftsreise). Lediglich hinsichtlich der **tatsächlichen Verpflegungskosten** gibt es eine Einschränkung in **§ 4 Abs. 5 Satz 1 Nr. 5 EStG**: Diese sind in einen abziehbaren und in einen nicht abziehbaren Anteil aufzuteilen. Abziehbar sind die Pauschbeträge, die darüber hinausgehenden Verpflegungskosten sind nicht abziehbar.

Tatsächliche Verpflegungskosten	160,00 €
Abziehbare Pauschbeträge[3]	72,00 €
= Nicht abzugsfähige BA gem. § 4 Abs. 5 Satz 1 Nr. 5 EStG	**88,00 €**

c)

Sollkonto (SKR 04/SKR 03)		Betrag (Euro)	Habenkonto (SKR 04/SKR 03)		Betrag (Euro)
6670/4670	Reisekosten Unternehmer	959,41	1800/1200	Bank	1.168,56
6672/4672	Reisekosten Unternehmer nicht abziehb. Anteil	88,00			
1400/1570	VoSt	121,15			

---

[1] Achtung beim Steuersatz für Übernachtungen. Gemäß **§ 12 Abs. 2 Nr. 11 UStG** gilt bei **Hotelübernachtungen** der **ermäßigte Steuersatz**.

[2] Achtung beim Steuersatz für Taxifahrten. Gemäß **§ 12 Abs. 2 Nr. 10 UStG** gilt bei **Taxifahrten** (innerhalb einer Gemeinde oder wenn die Beförderungsstrecke nicht mehr als 50 km beträgt) ebenfalls der **ermäßigte Steuersatz**.

[3] An- und Abreisetag (05.05. und 08.05.) jeweils 12 €. 06.05. und 07.05. jeweils 24 €.

 TIPP

Abschließend zu dem Thema der nicht abzugsfähigen BA (Geschenke, Bewirtungskosten, Reisekosten) folgende Anmerkung: Machen Sie sich einmal die für die Buchungen insgesamt erforderlichen Konten bewusst. Hier gibt es sog. „**Pärchenkonten**":

6610/4630 Geschenke abzugsfähig

6620/4635 Geschenke nicht abzugsfähig

6640/4650 Bewirtungskosten (abzugsfähig)

6644/4654 Nicht abzugsfähige Bewirtungskosten

6670/4670 Reisekosten Unternehmer (abzugsfähig)

6672/4672 Reisekosten Unternehmer (nicht abziehbarer Teil)

 ACHTUNG

Klassische Fehler

► Nichtbeachtung des ermäßigten Steuersatzes bei Hotelübernachtungen und/oder Taxifahrten

► Pauschbeträge nicht richtig ausgerechnet oder falsche Konsequenzen gezogen (was ist abziehbar – was ist nicht abziehbar?)

► VoSt aus tatsächlichen Verpflegungsaufwendungen nicht gezogen.

9. Geringwertige Wirtschaftsgüter

9.1 Geringwertige Wirtschaftsgüter gem. § 6 Abs. 2 EStG

Lösung zu Aufgabe 1: Der Laptop

Buchungssatz beim Kauf im Juli

Sollkonto (SKR 04/SKR 03)	Betrag (Euro)	Habenkonto (SKR 04/SKR 03)	Betrag (Euro)
0670/0480 GWG	400,00	1800/1200 Bank	476,00
1400/1570 Abziehbare VoSt	76,00		

Buchungssatz zum 31.12.

Sollkonto (SKR 04/SKR 03)	Betrag (Euro)	Habenkonto (SKR 04/SKR 03)	Betrag (Euro)
6260/4855 Sofortabschreibungen GWG	400,00	0670/0480 GWG	400,00

Theoretisch ist es natürlich auch möglich, direkt beim Kauf des Laptops die Sofortabschreibung durchzuführen. Dann würde direkt beim Kauf gebucht werden:

Sollkonto (SKR 04/SKR 03)	Betrag (Euro)	Habenkonto (SKR 04/SKR 03)	Betrag (Euro)
6260/4855 Sofortabschreibungen GWG	400,00	1800/1200 Bank	476,00
1400/1570 Abziehbare VoSt	76,00		

Dies hätte allerdings in der **Praxis** folgenden großen Nachteil: Gemäß **§ 6 Abs. 2 Satz 4 EStG** (ein gern überlesener Satz in § 6 Abs. 2 EStG) müssten solche Wirtschaftsgüter in ein **besonderes, laufend zu führendes Verzeichnis** aufgenommen werden.

Gemäß **§ 6 Abs. 2 Satz 5 EStG** (ebenfalls ein gern überlesener Satz in § 6 Abs. 2 EStG) braucht das Verzeichnis nicht geführt zu werden, wenn diese Angaben (vgl. Satz 4) aus der Buchführung ersichtlich sind. **Dieses Erfordernis wird durch die unterjährige Erfassung auf dem Konto *0670/0480 GWG* erfüllt.**

 ACHTUNG

> In der **Prüfung** würde die **Sofortabschreibung des Laptops** bereits im Juli zu **Punktabzügen** führen. Denn das Prüfungsamt zeigt aufgrund der Aufgabenstellung deutlich, dass es **zwei Buchungssätze** haben möchte. Einen im Juli beim Kauf und einen weiteren (Abschreibungsbuchungssatz) zum 31.12. An-

sonsten würde die Aufgabenstellung auch insgesamt keinen Sinn ergeben: Was sollte noch zum 31.12. gebucht werden, wenn der Laptop bereits im Juli (sofort) abgeschrieben worden wäre?

Lösung zu Aufgabe 2: Die Telefonanlage

Buchungssatz beim Kauf der Telefonanlage

Sollkonto (SKR 04/SKR 03)	Betrag (Euro)	Habenkonto (SKR 04/SKR 03)	Betrag (Euro)
0670/0480 GWG	780,00	3310/1610 VerbaLuL	928,20
1400/1570 Abziehbare VoSt	148,20		

Buchungssatz zum 31.12.2018

Sollkonto (SKR 04/SKR 03)	Betrag (Euro)	Habenkonto (SKR 04/SKR 03)	Betrag (Euro)
6260/4855 Sofortabschrei-bungen GWG	780,00	0670/0480 GWG	780,00

Hat man das „versteckte" GWG erst einmal entdeckt, dürfte dieser Sachverhalt keine Schwierigkeiten bereiten. Hier darf man sich von dem verhältnismäßig hohen Bruttobetrag nicht irritieren lassen und muss die **Anschaffungskosten** gem. **§ 255 Abs. 1 HGB** ermitteln:

Abstrakte Rechnung:

	Kaufpreis, netto (§ 9b EStG)
+	Anschaffungsnebenkosten, netto (§ 9b EStG)
-	Anschaffungspreisminderungen, netto (§ 9b EStG)
=	**Anschaffungskosten i. S. d. § 255 Abs. 1 HGB**

Konkrete Rechnung:

	1.300 €	(Kaufpreis, netto)
-	520 €	(Sofortrabatt, netto)
=	**780 €**	**(AK der Telefonanlage)**

Auch diejenigen, die das „versteckte" GWG nicht direkt erkennen, müssen spätestens beim Buchen auf BGA i. H. v. **780 €** stutzig werden.

Einzelheiten zur Ermittlung der Anschaffungskosten gem. § 255 Abs. 1 HGB folgen im >> Kapitel 14. Ermittlung der Anschaffungskosten.

Lösung zu Aufgabe 3: Die Schreibtischlampe

Kauf der Schreibtischlampe im August

Sollkonto (SKR 04/SKR 03)	Betrag (Euro)	Habenkonto (SKR 04/SKR 03)	Betrag (Euro)
0650/0410 BGA	823,00	3310/1610 VerbaLuL	979,37
1400/1570 Abziehbare VoSt	156,37		

Zahlungsvorgang im September unter Abzug von Skonto

Sollkonto (SKR 04/SKR 03)	Betrag (Euro)	Habenkonto (SKR 04/SKR 03)	Betrag (Euro)
3310/1610 VerbaLuL	979,37	1800/1200 Bank	949,99
		0650/0410 BGA	**24,69**
		1400/1570 Abziehbare VoSt	4,69

 ACHTUNG

Wer hier in der Prüfungssituation an **erhaltenen Skonto** bucht, dürfte sich in bester Gesellschaft befinden und Gefahr laufen, die Besonderheit des Falles zu übersehen. Auch hier (vgl. Aufgabe 2) müssen die **Anschaffungskosten gem. § 255 Abs. 1 HGB** ermittelt werden.

Einzelheiten zur Ermittlung der Anschaffungskosten gem. § 255 Abs. 1 HGB folgen im
>> Kapitel 14. Ermittlung der Anschaffungskosten.

Abstrakte Rechnung:

	Kaufpreis, netto (§ 9b EStG)
+	Anschaffungsnebenkosten, netto (§ 9b EStG)
-	Anschaffungspreisminderungen, netto (§ 9b EStG)
=	**Anschaffungskosten i. S. d. § 255 Abs. 1 HGB**

Konkrete Rechnung:

	823,00 €	(Kaufpreis, netto)
-	24,69 €	(Skonto, netto)
=	**798,31 €**	**(AK der Lampe)**

Folglich ist eine Umbuchung/Korrekturbuchung durchzuführen:

Sollkonto (SKR 04/SKR 03)	Betrag (Euro)	Habenkonto (SKR 04/SKR 03)	Betrag (Euro)
0670/0480 GWG	798,31	0650/0410 BGA	798,31

Buchungssatz zum 31.12.

Sollkonto (SKR 04/SKR 03)	Betrag (Euro)	Habenkonto (SKR 04/SKR 03)	Betrag (Euro)
6260/4855 Sofortabschrei-bungen GWG	798,31	0670/0480 GWG	798,31

Diejenigen, die bis zum Zeitpunkt der AfA das GWG nicht erkennen konnten, müssen konsequenterweise die Lampe zum 31.12. linear abschreiben. Hierdurch bekommt man eine **letzte Chance**: Beim Errechnen der AfA-Bemessungsgrundlage (also den Anschaffungskosten der Lampe) muss auffallen, dass diese im Bereich der GWG liegen. Das kann allerdings natürlich nur dann auffallen, wenn an **BGA** (und nicht an erhaltenen Skonto) gebucht wurde.

Lösung zu Aufgabe 4: Der Kopierer

Sollkonto (SKR 04/SKR 03)	Betrag (Euro)	Habenkonto (SKR 04/SKR 03)	Betrag (Euro)
0650/0410 BGA	799,00	3310/1610 VerbaLuL	950,81
1400/1570 Abziehbare VoSt	151,81		

Sollkonto (SKR 04/SKR 03)	Betrag (Euro)	Habenkonto (SKR 04/SKR 03)	Betrag (Euro)
0650/0410 BGA	50,00	3310/1610 VerbaLuL	59,50
1400/1570 Abziehbare VoSt	9,50		

oder in einem Buchungssatz:

Sollkonto (SKR 04/SKR 03)	Betrag (Euro)	Habenkonto (SKR 04/SKR 03)	Betrag (Euro)
0650/0410 BGA	849,00	3310/1610 VerbaLuL	1.010,31
1400/1570 Abziehbare VoSt	161,31		

Bei dieser Aufgabe darf man sich nicht zu früh darüber freuen, dass man ein GWG entdeckt hat. Durch die Transportkosten erhöhen sich die Anschaffungskosten des Kopierers (vgl. **§ 255 Abs. 1 HGB**), sodass diese eben nicht bei 799 € liegen. Hier dürfen die Transportkosten also auf gar keinen Fall (wie bei einem Zieleinkauf von Waren mit Transportkosten) auf *5800/3800 Bezugsnebenkosten* gebucht werden.

TIPP

Beim Kauf von preisgünstigen Wirtschaftsgütern (**Anschaffungskosten in der Nähe von 800 €**) sollte man grundsätzlich **vorsichtig** sein und an den § 6 Abs. 2 EStG denken. Vielleicht ist es am Ende gar kein GWG (vgl. Aufgabe 4), dennoch lohnt es sich zumindest kurz, den § 6 Abs. 2 EStG gedanklich zu prüfen. Klassischerweise (**keine** abschließende Aufzählung) werden in dem Bereich von § 6 Abs. 2 EStG meistens ein **Laptop**, ein **Drucker** (Multifunktionsgerät, damit selbstständig nutzbar), eine **Kaffeemaschine** oder **Büromöbel** (**Tische, Stühle** etc.) eingekauft. Vorsicht also beim Kauf dieser Wirtschaftsgüter.

Bei richtiger Anwendung des **§ 255 Abs. 1 HGB** können auch „versteckte" GWG gut erkannt werden. Zur Vermeidung der Aufnahme von Wirtschaftsgütern in ein besonderes, laufend zu führendes Verzeichnis (vgl. § 6 Abs. 2 Satz 4 und 5 EStG) ist die **unterjährige Erfassung auf dem Konto *0670/0480 GWG* wichtig**.

ACHTUNG

Klassische Fehler

- § 255 Abs. 1 HGB nicht richtig angewandt
- deshalb GWG nicht erkannt
- Sofortabschreibung direkt beim Kauf gebucht.

9.2 Geringwertige Wirtschaftsgüter gem. § 6 Abs. 2a EStG (Sammelposten)

Lösung zu Aufgabe 5: Der Schreibtisch

Buchungssatz zum 08.08.2018

Sollkonto (SKR 04/SKR 03)	Betrag (Euro)	Habenkonto (SKR 04/SKR 03)	Betrag (Euro)
0675/0485 Sammelposten	850,00	3310/1610 VerbaLuL	1.011,50
1400/1570 Abziehbare VoSt	161,50		

Buchungssatz zum 31.12.2018

Sollkonto (SKR 04/SKR 03)	Betrag (Euro)	Habenkonto (SKR 04/SKR 03)	Betrag (Euro)
6264/4862 Abschreibungen auf den Sammelposten	170,00	0675/0485 Sammelposten	170,00

Natürlich kann der Schreibtisch auch auf BGA aktiviert und dann linear abgeschrieben werden. Jetzt verstößt man allerdings gegen die Aufgabenstellung des Prüfungsamtes, welches einen möglichst niedrigen steuerlichen Gewinn wünscht (bei linearer AfA: 850 € : 13 Jahre • $5/12$ = 27,24 €).

Lösung zu Aufgabe 6: Verkauf aus Sammelposten

Sollkonto (SKR 04/SKR 03)	Betrag (Euro)	Habenkonto (SKR 04/SKR 03)		Betrag (Euro)
1600/1000 Kasse	416,50	4845/8820	Erlöse aus Anlagenverkäufen (Buchgewinn)	350,00
		3800/1770	USt	66,50

Diesen Geschäftsvorfall darf man auf gar keinen Fall komplizierter machen, als er ist. Hier darf man nicht der Verlockung erliegen, einen „normalen" Sachanlagenabgang zu buchen. Denn dann müsste man zunächst die planmäßige Abschreibung bis zum Zeitpunkt des Verkaufs buchen, sodann wäre der Restbuchwert im Zeitpunkt des Verkaufs zu ermitteln, der dann durch Entlastung des Sammelpostens ausgebucht werden müsste. Abschließend müsste der Verkauf gebucht werden. Mit dieser Herangehensweise würde die gesamte Vereinfachung des Sammelpostens und damit der eigentlich Sinn und Zweck des gesamten § 6 Abs. 2a EStG verlorengehen.

§ 6 Abs. 2a Satz 3 EStG stellt unmissverständlich klar, dass, wenn ein Wirtschaftsgut aus dem Betriebsvermögen ausscheidet, der **Sammelposten nicht vermindert** wird.

Der **Sammelposten aus 2018 bleibt also unberührt**. Das macht die gesamte Buchung (wie vom Gesetzgeber gewollt) deutlich einfacher: Der Verkauf wird direkt gegen Ertrag gebucht und der Sammelposten aus 2018 weiter abgeschrieben.

Lösung zu Aufgabe 7: Günstigerprüfung

Hier ist auf den ersten Blick nicht zu erkennen, welche Methode (Anwendung von § 6 Abs. 2 EStG oder § 6 Abs. 2a EStG) zum Ziel führt. Ziel ist immer, einen möglichst niedrigen steuerlichen Gewinn auszuweisen.

Bei Anwendung von **§ 6 Abs. 2 EStG** müsste der **Schreibtisch** aktiviert und planmäßig (linear) abgeschrieben werden, da die Anschaffungskosten über 800 € liegen. Dies würde zu einer **Gewinnminderung** i. H. v. **64,10 €** führen (1.000 € : 13 Jahre • $10/12$). Der **Schreibtischstuhl** könnte sofort abgeschrieben werden, da die Anschaffungskosten unter 800 € liegen. Dies würde zu einer **Gewinnminderung** i. H. v. **260 €** führen.

Bei Anwendung von **§ 6 Abs. 2 EStG** ergibt sich also eine **Gewinnminderung** i. H. v. **insgesamt 324,10 €**.

Bei Anwendung von **§ 6 Abs. 2a EStG** müssten der Schreibtisch und der Schreibtischstuhl in den Sammelposten eingestellt werden. Dies würde zu einer **Gewinnminderung** i. H. v. insgesamt **252 €** führen (1.000 € + 260 € = 1.260 € : 5 Jahre).

Um einen möglichst niedrigen steuerlichen Gewinn auszuweisen, muss also § 6 Abs. 2 EStG angewendet werden.

Daraus resultierend ergeben sich folgende Buchungen:

Buchungssatz beim Kauf im März

Sollkonto (SKR 04/SKR 03)	Betrag (Euro)	Habenkonto (SKR 04/SKR 03)	Betrag (Euro)
0670/0480 GWG	260,00	3310/1610 VerbaLuL	1.499,40
0650/0410 BGA	1.000,00		
1400/1570 Abziehbare VoSt	239,40		

Buchungssätze zum 31.12.2018

Sollkonto (SKR 04/SKR 03)	Betrag (Euro)	Habenkonto (SKR 04/SKR 03)	Betrag (Euro)
6260/4855 Sofortabschrei-bungen GWG	260,00	0670/0480 GWG	260,00

Sollkonto (SKR 04/SKR 03)	Betrag (Euro)	Habenkonto (SKR 04/SKR 03)	Betrag (Euro)
6220/4830 Abschreibungen auf Sachanlagen	64,10	0650/0410 BGA	64,10

Lösung zu Aufgabe 8: Abschreiben erlaubt

	Bilanzansatz 01.01.2018	3.225,00 €
-	AfA 2018	1.075,00 €
=	Bilanzansatz 31.12.2018	2.150,00 €

Berechnung der AfA:	Restbuchwert (RBW) : Restnutzungsdauer (RND)
Also:	3.225 € : **3 Jahre** = 1.075 €
Oder:	3.225 € = 60 %, nachdem in 2016 und 2017 bereits jeweils 20 % abgeschrieben wurden
Damit:	5.375 € = 100 % = AK in 2016 (3.225 € : 60 · 100)
Also:	5.375 € : **5 Jahre** = 1.075 €

Sollkonto (SKR 04/SKR 03)	Betrag (Euro)	Habenkonto (SKR 04/SKR 03)	Betrag (Euro)
6264/4862 Auflösung Sam-melposten GWG	1.075,00	0675/0485 Sammelposten GWG	1.075,00

 INFO

Bei Kombinationsaufgaben (vgl. Aufgabe 7) wird insbesondere das Verhältnis von § 6 Abs.2 EStG zu § 6 Abs. 2a EStG abgeprüft. Hier stellt sich die Frage, ob in einem Wirtschaftsjahr **§ 6 Abs. 2 EStG** und **§ 6 Abs. 2a EStG** angewandt werden dürfen oder ob in einem Wirtschaftsjahr nur **§ 6 Abs. 2 EStG** oder **§ 6 Abs. 2a EStG** angewandt werden darf.

Die Regelung im Gesetz ist eindeutig. Erkennbar wird dies gleich an zwei Stellen: Einmal direkt zu Beginn des § 6 Abs. 2a Satz 1 EStG („**Abweichend** von Absatz 2 Satz 1 kann ...") und insbesondere im **Satz 5 des § 6 Abs. 2a EStG**, der eine **einheitliche Anwendung** der Sätze 1 bis 3 (also **des Sammelpostens**) für alle in einem Wirtschaftsjahr angeschafften, hergestellten oder eingelegten Wirtschaftsgüter verlangt.

Es ist also **nicht möglich**, in einem Wirtschaftsjahr **§ 6 Abs. 2 EStG und § 6 Abs. 2a EStG zu kombinieren**; d. h. sich die jeweils beste Methode für das jeweilige Wirtschaftsgut herauszusuchen („Rosinenpickerei").

So ist es in **Aufgabe 7** eben nicht **möglich**, den **Schreibtischstuhl gem. § 6 Abs. 2 EStG sofort abzuschreiben** und den **Schreibtisch in den Sammelposten des § 6 Abs. 2a EStG einzustellen**.

 ACHTUNG

Klassische Fehler

▸ Möglichkeit des Sammelpostens komplett übersehen

▸ Verkauf aus dem Sammelposten in Unkenntnis des § 6 Abs. 2a Satz 3 EStG nicht richtig gebucht

▸ Verhältnis von § 6 Abs. 2 EStG zu § 6 Abs. 2a EStG unklar.

10. Wertpapiere/Aktien

Lösung zu Aufgabe 1: Kauf von Aktien

	950.000,00 €	(Kaufpreis: 5.000 Stck. à 190 €)
+	14.250,00 €	(ANK: 1,5 % von 950.000 €)
=	**964.250,00 €**	**(AK i. S. d. § 255 Abs. 1 HGB)**

Sollkonto (SKR 04/SKR 03)	Betrag (Euro)	Habenkonto (SKR 04/SKR 03)	Betrag (Euro)
1510/1348 Sonstige Wertpapiere	964.250,00	1800/1200 Bank	964.250,00

Lösung zu Aufgabe 2: Dividendenerträge

	17.800,00 €	(5.000 Stck. • 3,56 € Dividendenerträge)
-	4.450,00 €	(25 % von 17.800 € Kapitalertragsteuer)
-	244,75 €	(5,5 % von 4.450 € Solidaritätszuschlag)
=	**13.105,25 €**	**(Bankgutschrift)**

Sollkonto (SKR 04/SKR 03)	Betrag (Euro)	Habenkonto (SKR 04/SKR 03)	Betrag (Euro)
1800/1200 Bank	13.105,25	**7103/2655** Erträge aus Anteilen an Kapitalgesellschaften (UV)	17.800,00
2150/1810 Privatsteuern	4.694,75		

Lösung zu Aufgabe 3: Verkauf von Aktien mit Veräußerungsverlust und Veräußerungsgewinn

	730.000,00 €	(4.000 Stck. • 182,50 € Kurswert)
-	10.950,00 €	(1,5 % von 730.000 € Bankprovision)
=	**719.050,00 €**	**(Bankgutschrift/Nettoerlös)**

Die ursprünglichen AK der Aktien der Volkswagen AG betrugen 964.250 € (vgl. Aufgabe 1). Im November wurden 5.000 Stck. gekauft. Jetzt werden 4.000 Stck. verkauft. Das sind also 80 % (4.000 Stck. : 5.000 Stck.). Die einfache Rechnung, die ursprünglichen AK dieser Aktien zu ermitteln, lautet deshalb:

80 % von 964.250 € = 771.400 €

Natürlich ist es auch möglich, die ursprünglichen AK auf eine andere Art und Weise auszurechnen: Im November wurden die jetzt verkauften 4.000 Stck. für 190 €/Aktie zzgl. Anschaffungsnebenkosten (1,5 % Bankprovision) gekauft. Die etwas umständliche Rechnung, die ursprünglichen AK dieser Aktien zu ermitteln, lautet deshalb:

4.000 Stck. • 190 € • 1,015 = 771.400 €

Bei dieser zweiten Rechnung besteht allerdings die Gefahr (Achtung: klassischer Fehler), dass die ursprünglichen Anschaffungsnebenkosten vergessen werden.

	719.050,00 €	(Bankgutschrift/Nettoerlös)
-	771.400,00 €	(80 % von 964.250 € Anschaffungskosten)
=	**52.350,00 €**	**(Veräußerungsverlust)**

Um den Veräußerungsverlust ermitteln (und buchen) zu können, müssen die **anteiligen** (es werden ja nicht alle Aktien verkauft) **historischen Anschaffungskosten** ausgerechnet werden.

In dieser Höhe ist das aktive Bestandskonto *1510/1348 Sonstige Wertpapiere* im Haben zu entlasten. Somit verbleiben die nicht verkauften Wertpapiere mit ihren Anschaffungskosten aktiviert.

Sollkonto (SKR 04/SKR 03)	Betrag (Euro)	Habenkonto (SKR 04/SKR 03)	Betrag (Euro)
1800/1200 Bank	719.050,00	1510/1348 Sonstige Wertpapiere	771.400,00
6903/2323 Verluste aus der Veräußerung von Anteilen an Kapitalgesellschaften	52.350,00		

Handelsrechtliche Gewinnauswirkung: gewinnmindernd i. H. v. 52.350 €
Steuerrechtliche Gewinnauswirkung: gewinnmindernd i. H. v. **31.410 €**

Der **Veräußerungsverlust** ist gem. **§ 3c Abs. 2 EStG** i. V. m. § 3 Nr. 40a) EStG zu **40 % nicht abzugsfähig** und zu **60 % abzugsfähig**. Deshalb steuerrechtliche Gewinnauswirkung „nur" i. H. v. 60 % von 52.350 € (= 31.410 €).

Abwandlung:

	800.000,00 €	(4.000 Stck. • 200 € Kurswert)
-	12.000,00 €	(1,5 % von 800.000 Bankprovision)
=	**788.000,00 €**	**(Bankgutschrift/Nettoerlös)**

Die **ursprünglichen AK** der **4.000 Aktien** der Volkswagen AG betrugen **771.400 €** (vgl. Lösung zum Ausgangsfall). In dieser Höhe ist das aktive Bestandskonto *1510/1348 Sonstige Wertpapiere* im Haben zu entlasten. Somit verbleiben die nicht verkauften Wertpapiere mit ihren Anschaffungskosten aktiviert.

	788.000,00 €	(Bankgutschrift/Nettoerlös)
-	771.400,00 €	(80 % von 964.250 € Anschaffungskosten)
=	**16.600,00 €**	**(Veräußerungsgewinn)**

Sollkonto (SKR 04/SKR 03)	Betrag (Euro)	Habenkonto (SKR 04/SKR 03)	Betrag (Euro)
1800/1200　Bank	788.000,00	1510/1348　Sonstige Wertpapiere	771.400,00
		4901/2723　Erträge aus der Veräußerung von Anteilen an Kapitalgesellschaften	16.600,00

Handelsrechtliche Gewinnauswirkung: gewinnerhöhend i. H. v. 16.600 €
Steuerrechtliche Gewinnauswirkung: gewinnerhöhend i. H. v. **9.960 €**

Der **Veräußerungsgewinn** ist gem. **§ 3 Nr. 40a) EStG** i. V. m. § 3c Abs. 2 EStG zu **40 % steuerfrei** und zu **60 % steuerpflichtig**. Deshalb steuerrechtliche Gewinnauswirkung „nur" i. H. v. 60 % von 16.600 € (= 9.960 €).

Lösung zu Aufgabe 4: Gewinne oder Verluste?

Frau Scholz verkauft 500 Aktien. Hier ist fraglich, **welche** Aktien sie verkauft. Es könnten 500 Aktien aus dem Kauf Januar 2018 oder 500 Aktien aus dem Kauf Februar 2018 oder teilweise Aktien aus Januar 2018 und Februar 2018 sein. Damit ist auch fraglich, ob mit Veräußerungsgewinn (das wäre der Fall, wenn Aktien aus Januar 2018 verkauft würden) oder Veräußerungsverlust (das wäre der Fall, wenn Aktien aus Februar 2018 verkauft würden) verkauft wurde.

Gemäß **§ 20 Abs. 4 Satz 7 EStG** ist bei vertretbaren **Wertpapieren** zu **unterstellen**, dass die **zuerst angeschafften** Wertpapiere **zuerst veräußert** wurden.

Also wird unterstellt, dass die 500 Aktien, die nun verkauft wurden, im **Januar 2018** gekauft wurden.

	7.500,00 €	Bankgutschrift
-	7.000,00 €	Anschaffungskosten (500 Aktien • 14 €)
=	**500,00 €**	**Veräußerungsgewinn**

Sollkonto (SKR 04/SKR 03)	Betrag (Euro)	Habenkonto (SKR 04/SKR 03)	Betrag (Euro)
1800/1200　Bank	7.500,00	1510/1348　Sonstige Wertpapiere	7.000,00
		4901/2723　Erträge aus der Veräußerung von Anteilen an Kapitalgesellschaften	500,00

 ACHTUNG

Klassische Fehler

- ► Unsicherheiten/Unkenntnis bezüglich der Buchungen
- ► Beträge beim Kauf von Aktien nicht richtig ermittelt, da **Bankprovision (ANK)** nicht aktiviert und damit **Verstoß gegen § 255 Abs. 1 HGB**.
- ► Konto *1510/1348 Sonstige Wertpapiere* beim Verkauf nicht in der richtigen Höhe im Haben entlastet, da **ursprüngliche AK der Aktien nicht fehlerfrei ermittelt** (ANK nicht berücksichtigt).
- ► Rechenfehler beim Verkauf von Aktien mit Veräußerungsverlust bzw. Veräußerungsgewinn.

Die **Bewertung der Aktien zum Abschlussstichtag** (im Depot von Frau Scholz befinden sich zum 31.12. jetzt noch 1.000 Aktien der Volkswagen AG) erfolgt in dem **>> Kapitel 17. Bewertung der sonstigen Wertpapiere (Aktien)**.

11. Löhne und Gehälter

Lösung zu Aufgabe 1: Der Vorschuss

Sollkonto (SKR 04/SKR 03)	Betrag (Euro)	Habenkonto (SKR 04/SKR 03)	Betrag (Euro)
1340/1530 Forderungen gegen Personal	1.000,00	1600/1000 Kasse	1.000,00

Sollkonto (SKR 04/SKR 03)	Betrag (Euro)	Habenkonto (SKR 04/SKR 03)	Betrag (Euro)
6000/4100 Löhne und Gehälter	4.000,00	1800/1200 Bank[1]	1.369,67
		3730/1741 Verbindlichkeiten aus Lohn- und Kirchensteuer	809,33
		3740/1742 Verbindlichkeiten im Rahmen der sozialen Sicherheit	821,00
		1340/1530 Forderungen gegen Personal	**1.000,00**
6110/4130 Gesetzlich soziale Aufwendungen	777,00	3740/1742 Verbindlichkeiten im Rahmen der sozialen Sicherheit	777,00

Lösung zu Aufgabe 2: Vermögenswirksame Leistungen

Sollkonto (SKR 04/SKR 03)	Betrag (Euro)	Habenkonto (SKR 04/SKR 03)	Betrag (Euro)
6000/4100 Löhne und Gehälter	4.000,00	1800/1200 Bank	2.329,67
		3730/1741 Verbindlichkeiten aus Lohn- und Kirchensteuer	809,33
		3740/1742 Verbindlichkeiten im Rahmen der sozialen Sicherheit	821,00
		3770/1750 Verbindlichkeiten aus Vermögensbildung	**40,00**
6110/4130 Gesetzlich soziale Aufwendungen	777,00	3740/1742 Verbindlichkeiten im Rahmen der sozialen Sicherheit	777,00

---

[1] Der **Klausurenverbund** hat die Eigenart, dass in allen 15 Klausuren (und damit bei einer Prüfungswahrscheinlichkeit von 100 % in insgesamt 15 Lohn- und Gehaltsaufgaben) der **Auszahlungsbetrag** (= das Nettogehalt) **bereits per Bank überwiesen** worden ist. Mithin erfolgt die Gegenbuchung hier direkt immer an *1800/1200 Bank*. Ansonsten (NRW) muss natürlich gegen *3720/1740 Verbindlichkeiten aus Lohn und Gehalt* gebucht werden.

Abwandlung a):

Sollkonto (SKR 04/SKR 03)		Betrag (Euro)	Habenkonto (SKR 04/SKR 03)		Betrag (Euro)
6000/4100	Löhne und Gehälter	4.000,00	1800/1200	Bank	2.369,67
6080/4170	**Vermögens-wirksame Leistungen**	**40,00**	3730/1741	Verbindlichkei-tenaus Lohn- und Kirchensteuer	809,33
			3740/1742	Verbindlichkeiten im Rahmen der sozialen Sicherheit	821,00
			3770/1750	**Verbindlichkeiten aus Vermögens-bildung**	**40,00**
6110/4130	Gesetzlich soziale Auf-wendungen	777,00	3740/1742	Verbindlichkeiten im Rahmen der sozialen Sicherheit	777,00

Abwandlung b):

Sollkonto (SKR 04/SKR 03)		Betrag (Euro)	Habenkonto (SKR 04/SKR 03)		Betrag (Euro)
6000/4100	Löhne und Gehälter	4.000,00	1800/1200	Bank	2.339,67
6080/4170	**Vermögens-wirksame Leistungen**	**10,00**	3730/1741	Verbindlichkeiten aus Lohn- und Kirchensteuer	809,33
			3740/1742	Verbindlichkeiten im Rahmen der sozialen Sicherheit	821,00
			3770/1750	**Verbindlichkeiten aus Vermögens-bildung**	**40,00**
6110/4130	Gesetzlich soziale Auf-wendungen	777,00	3740/1742	Verbindlichkeiten im Rahmen der sozialen Sicherheit	777,00

Lösung zu Aufgabe 3: Der ungerechte Arbeitgeber

Biene Maya

Sollkonto (SKR 04/SKR 03)		Betrag (Euro)	Habenkonto (SKR 04/SKR 03)		Betrag (Euro)
6000/4100	Löhne und Gehälter	3.500,00	1800/1200	Bank	1.336,38
			3730/1741	Verbindlichkeiten aus Lohn- und Kirchensteuer	645,24
			3740/1742	Verbindlichkeiten im Rahmen der sozialen Sicherheit	718,38
			4860/2750	**Grundstücks-erträge**	**800,00**
6110/4130	Gesetzlich soziale Auf-wendungen	679,88	3740/1742	Verbindlichkeiten im Rahmen der sozialen Sicherheit	679,88

Willi von der Tulpe

Sollkonto (SKR 04/SKR 03)		Betrag (Euro)	Habenkonto (SKR 04/SKR 03)		Betrag (Euro)
6000/4100	Löhne und Gehälter	3.500,00	1800/1200	Bank	1.704,42
6000/4100	**Löhne und Gehälter**	**800,00**	3730/1741	Verbindlichkeiten aus Lohn- und Kirchensteuer	913,00
			3740/1742	Verbindlichkeiten im Rahmen der sozialen Sicherheit	882,58
			4949/8614	**Verrechnete sons-tige Sachbezüge ohne USt**	**800,00**
6110/4130	Gesetzlich soziale Auf-wendungen	835,28	3740/1742	Verbindlichkeiten im Rahmen der sozialen Sicherheit	835,28

Alois Siebenpunkt

Sollkonto (SKR 04/SKR 03)		Betrag (Euro)	Habenkonto (SKR 04/SKR 03)		Betrag (Euro)
6000/4100	Löhne und Gehälter	3.500,00	1800/1200	Bank	1.569,67
6000/4100	**Löhne und Gehälter**	**500,00**	3730/1741	Verbindlichkeiten aus Lohn- und Kirchensteuer	809,33
			3740/1742	Verbindlichkeiten im Rahmen der sozialen Sicherheit	821,00
			4949/8614	**Verrechnete sonstige Sachbezüge ohne USt**	**500,00**
			4860/2750	**Grundstückserträge**	**300,00**
6110/4130	Gesetzlich soziale Aufwendungen	777,00	3740/1742	Verbindlichkeiten im Rahmen der sozialen Sicherheit	777,00

Lösung zu Aufgabe 4: Der Firmenwagen

29.000 € (Nettolistenpreis) · 1,19 = 34.510 € **(Bruttolistenpreis)** < 34.500 €

	34.500 € (BLP) · 1 % =	345,00 €
+	34.500 € (BLP) · 0,03 % · 25 km =	258,75 €
=	**geldwerter Vorteil (brutto) =**	**603,75 €**

Sollkonto (SKR 04/SKR 03)		Betrag (Euro)	Habenkonto (SKR 04/SKR 03)		Betrag (Euro)
6000/4100	Löhne und Gehälter	3.300,00	1800/1200	Bank	1.722,14
6000/4100	**Löhne und Gehälter**	**603,75**	3730/1741	Verbindlichkeiten aus Lohn- und Kirchensteuer	776,62
			3740/1742	Verbindlichkeiten im Rahmen der sozialen Sicherheit	801,24
			4947/8595	**Verrechnete sonst. Sachbezüge aus Kfz-Gestellg. mit USt**	**507,35**
			3800/1770	**USt**	**96,40**
6110/4130	Gesetzlich soziale Aufwendungen	758,30	3740/1742	Verbindlichkeiten im Rahmen der sozialen Sicherheit	758,30

Lösung zu Aufgabe 5: Kostenlos Essen

Sollkonto (SKR 04/SKR 03)		Betrag (Euro)	Habenkonto (SKR 04/SKR 03)		Betrag (Euro)
6000/4100	Löhne und Gehälter	3.300,00	1800/1200	Bank	1.914,91
6000/4100	**Löhne und Gehälter**	**241,00**	3730/1741	Verbindlichkeiten aus Lohn- und Kirchen-steuer	658,30
			3740/1742	Verbindlichkeiten im Rahmen der sozialen Sicherheit	726,79
			4948/8613	**Verrechnete sonstige Sachbezüge mit USt**	**202,52**
			3800/1770	**USt**	**38,48**
6110/4130	Gesetzlich soziale Auf-wendungen	687,84	3740/1742	Verbindlichkeiten im Rahmen der sozialen Sicherheit	687,84

Lösung zu Aufgabe 6: Immerhin steuerfrei

Sollkonto (SKR 04/SKR 03)		Betrag (Euro)	Habenkonto (SKR 04/SKR 03)		Betrag (Euro)
6030/4190	Aushilfslöhne	440,00	1600/1000	Kasse	440,00

Sollkonto (SKR 04/SKR 03)		Betrag (Euro)	Habenkonto (SKR 04/SKR 03)		Betrag (Euro)
6110/4130	Gesetzlich soziale Auf-wendungen	123,20	1800/1200	Bank[1]	132,00
6040/4199	Pauschale Lohnsteuer für Aushilfen	8,80			

30 % von 440 € = 132,00 € (insgesamt)
28 % von 440 € = 123,20 € (13 % KV und 15 % RV)
2 % von 440 € = 8,80 € (2 % Steuern)

 INFO

Von Ihnen darf erwartet werden, dass Sie die 30 % und auch die Aufteilung (also insbesondere die 2 % Steuern) kennen. Was von Ihnen nicht erwartet wird, sind Kenntnisse über die Höhe der Umlagen (U 1, U 2 und die Insolvenz-umlage). Sollten diese zu buchen sein, werden die Prozente oder Euro-Beträge

---

[1] Falls noch nicht überwiesen: *3740/1742 Verbindlichkeiten im Rahmen der sozialen Sicherheit.*

bzgl. der Umlagen im Sachverhalt angegeben sein. Diese Umlagen wären dann für den Fall der Fälle ebenfalls auf dem Konto *6110/4130 Gesetzlich soziale Aufwendungen* zu erfassen.

Lösung zu Aufgabe 7: Alles selber ausrechnen

Sollkonto (SKR 04/SKR 03)		Betrag (Euro)	Habenkonto (SKR 04/SKR 03)		Betrag (Euro)
6000/4100	Löhne und Gehälter	3.300,00	1800/1200	Bank	2.157,35
6080/4170	**Vermögenswirksame Leistungen**	**15,00**	3730/1741	Verbindlichkeiten aus Lohn- und Kirchensteuer	587,25
6130/4140	**Freiwillige soziale Aufwendungen, lohnsteuerfrei**	**150,00**	3740/1742	Verbindlichkeiten im Rahmen der sozialen Sicherheit	680,40
			3770/1750	**Verbindlichkeiten aus Vermögensbildung**	**40,00**
6110/4130	Gesetzlich soziale Aufwendungen	643,94	3740/1742	Verbindlichkeiten im Rahmen der sozialen Sicherheit	643,94

Der Kindergartenzuschuss ist gem. **§ 3 Nr. 33 EStG steuerfrei**. Da keine gesetzliche Verpflichtung für den AG besteht, einen Kindergartenzuschuss zu gewähren, erfolgt die Buchung auf *6130/4140*.

AN-Anteil: 20,525 % von 3.315,00 € (mit vwL-Zuschuss des AG) = **680,40 €**

AG-Anteil: 19,425 % von 3.315,00 € (mit vwL-Zuschuss des AG) = **643,94 €**

 TIPP

Bei den Löhnen und Gehältern dürfen Sie sich nicht von der Vielzahl der möglichen Bestandteile (Vorschüsse, vwL in drei verschiedenen Varianten, Wohnung/Unterkunft in drei verschiedenen Varianten, Verpflegung, Gestellung von Kfz mit Berechnung des geldwerten Vorteils usw.) der Gehaltsabrechnung und damit einhergehend mit der Vielzahl von möglichen Konten irritieren lassen. Ich empfehle, **immer** mit dem Buchungssatz für eine normale **Brutto-lohnverbuchung** zu beginnen:

Sollkonto (SKR 04/SKR 03)	Betrag (Euro)	Habenkonto (SKR 04/SKR 03)		Betrag (Euro)
6000/4100 Löhne und Gehälter		1800/1200 3720/1740	Bank (Verbund) (NRW)	
		3730/1741	Verbindlichkeiten aus Lohn- und Kirchensteuer	
		3740/1742	Verbindlichkeiten im Rahmen der sozialen Sicherheit	
6110/4130 Gesetzlich soziale Auf-wendungen		3740/1742	Verbindlichkeiten im Rahmen der sozialen Sicherheit	

Dieser Buchungssatz wurde **in allen bisherigen 15 Verbundklausuren** genauso abgeprüft. In **NRW** gab es bei 25 ausgewerteten Klausuren bisher in 6 Klausuren eine Lohn und Gehaltsaufgabe. 4x wurde auch hier von Ihnen **genau diese Bruttolohnverbuchung** abverlangt. 2x war ein geringfügiges Beschäftigungs-verhältnis zu buchen (vgl. dazu Aufgabe 6).

Ich empfehle die Löhne und Gehälter in drei Schritten abzuarbeiten:

1. Schritt: Tragen Sie den o. a. Buchungssatz in das Lösungskästchen ein. Das ist nichts anderes als *copy and paste*.

2. Schritt: Tragen Sie die im Sachverhalt angegebenen Euro-Beträge ein. Die meisten werden vorgegeben sein (auf jeden Fall die Steuern aber im Normalfall auch der AN-Anteil und der AG-Anteil). Das ist nur Zahlen abschreiben.

3. Schritt: Nun gilt es, den Sachverhalt zu durchforsten auf der Suche nach zusätzlichen Positionen in der Gehaltsabrechnung. Hier müssen Sie sich letztlich die Frage stellen, welche zusätzlichen Konten Sie ggf. im Soll bzw. noch im Haben benötigen. Ich nenne das Baukas-tenprinzip oder *pimp my Buchungssatz*. Schnell noch die Zahlen eintragen und am Ende Summe Soll minus Summe Haben, um den Auszahlungsbetrag/das Nettogehalt gegen *1800/1200 Bank* bzw. *3720/1740 Verbindlichkeiten aus Lohn und Gehalt* buchen zu können. Fertig ist die fehlerfreie Lohnbuchung!

12. Periodengerechte Erfassung von Aufwand und Ertrag

12.5 Gemischte Aufgaben

Lösung zu Aufgabe 1: Das SEPA-Lastschriftmandat

a)

Sollkonto (SKR 04/SKR 03)	Betrag (Euro)	Habenkonto (SKR 04/SKR 03)	Betrag (Euro)
7685/4510 Kfz-Steuer	23,00	1800/1200 Bank	138,00
1900/0980 ARAP	115,00		

Alternativ könnte die Abgrenzung auch erst zum 31.12. vorgenommen werden (sog. nachträgliche Rechnungsabgrenzung). Dazu im Folgenden die Varianten b) und c).

b)

Sollkonto (SKR 04/SKR 03)	Betrag (Euro)	Habenkonto (SKR 04/SKR 03)	Betrag (Euro)
1900/0980 ARAP	115,00	7685/4510 Kfz-Steuer	115,00

c)

Sollkonto (SKR 04/SKR 03)	Betrag (Euro)	Habenkonto (SKR 04/SKR 03)	Betrag (Euro)
7685/4510 Kfz-Steuer	23,00	1900/0980 ARAP	23,00

Buchung in 2019

Sollkonto (SKR 04/SKR 03)	Betrag (Euro)	Habenkonto (SKR 04/SKR 03)	Betrag (Euro)
7685/4510 Kfz-Steuer	115,00	1900/0980 ARAP	115,00

Lösung zu Aufgabe 2: Das vermietete Ladenlokal

a)

Sollkonto (SKR 04/SKR 03)	Betrag (Euro)	Habenkonto (SKR 04/SKR 03)	Betrag (Euro)
1800/1200 Bank	17.136,00	4860/2750 Grundstücks-erträge	9.600,00
		3900/0990 PRAP	4.800,00
		3800/1770 USt	2.736,00

Alternativ könnte die Abgrenzung auch erst zum 31.12. vorgenommen werden (sog. nachträgliche Rechnungsabgrenzung). Dazu im Folgenden die Varianten b) und c).

b)

Sollkonto (SKR 04/SKR 03)	Betrag (Euro)	Habenkonto (SKR 04/SKR 03)	Betrag (Euro)
4860/2750 Grundstücks-erträge	4.800,00	3900/0990 PRAP	4.800,00

c)

Sollkonto (SKR 04/SKR 03)	Betrag (Euro)	Habenkonto (SKR 04/SKR 03)	Betrag (Euro)
3900/0990 PRAP	9.600,00	4860/2750 Grundstückserträge	9.600,00

Buchung in 2019

Sollkonto (SKR 04/SKR 03)	Betrag (Euro)	Habenkonto (SKR 04/SKR 03)	Betrag (Euro)
3900/0990 PRAP	4.800,00	4860/2750 Grundstückserträge	4.800,00

Lösung zu Aufgabe 3: Die nachträgliche Zinszahlung

Buchungssatz zum 31.12.2018

Sollkonto (SKR 04/SKR 03)	Betrag (Euro)	Habenkonto (SKR 04/SKR 03)	Betrag (Euro)
7300/2100 Zinsaufwand	122,50	3500/1700 Sonstige Verb.	122,50

Buchungssatz zum 28.02.2019 (1. Zinszahlung)

Sollkonto (SKR 04/SKR 03)	Betrag (Euro)	Habenkonto (SKR 04/SKR 03)	Betrag (Euro)
7300/2100 Zinsaufwand	245,00	1800/1200 Bank	367,50
3500/1700 Sonstige Verb.	122,50		

Lösung zu Aufgabe 4: Die Boutique in Krefeld

Gemäß § 250 Abs. 1 HGB bzw. § 5 Abs. 5 Satz 1 Nr. 1 EStG sind als Rechnungsabgrenzungsposten auf der Aktivseite (= ARAP) Ausgaben vor dem Abschlussstichtag (vorliegend die gezahlte Miete i. H. v. 21.208,80 €) auszuweisen, soweit sie Aufwand für eine bestimmte Zeit nach diesem Tag (vorliegend Miete für 13 Monate ab dem 01.01.2018) darstellen.

Aus diesem Grund ist ein ARAP für 13 Monate zu bilden (990 € · 13 = 12.870 €).

Die gebuchte Vorsteuer ist nicht zu beanstanden. Obwohl die Lieferung bzw. die sonstige Leistung für die 13 Monate ab dem 01.01.2018 noch nicht ausgeführt worden ist, ist ein voller Vorsteuerabzug möglich, vgl. § 15 Abs. 1 Satz 1 Nr. 1 Satz 3 UStG.

Buchung in 2017

Sollkonto (SKR 04/SKR 03)	Betrag (Euro)	Habenkonto (SKR 04/SKR 03)	Betrag (Euro)
1900/0980 ARAP	12.870,00	6310/4210 Miete	12.870,00

Buchung in 2018

Sollkonto (SKR 04/SKR 03)	Betrag (Euro)	Habenkonto (SKR 04/SKR 03)	Betrag (Euro)
6310/4210 Miete	11.880,00	1900/0980 ARAP	11.880,00

Buchung in 2019

Sollkonto (SKR 04/SKR 03)	Betrag (Euro)	Habenkonto (SKR 04/SKR 03)	Betrag (Euro)
6310/4210 Miete	990,00	1900/0980 ARAP	990,00

Lösung zu Aufgabe 5: Die überraschende Steuererstattung
Buchungssatz zum 31.12.2018

Sollkonto (SKR 04/SKR 03)	Betrag (Euro)	Habenkonto (SKR 04/SKR 03)	Betrag (Euro)
1300/1500 Sonstige Vermö-gensgegenstände	200,00	7641/2281 GewSt-Erstattg.	200,00

Buchungssatz zum 03.01.2019

Sollkonto (SKR 04/SKR 03)	Betrag (Euro)	Habenkonto (SKR 04/SKR 03)	Betrag (Euro)
1800/1200 Bank	200,00	1300/1500 Sonstige Vermögensge-genstände	200,00

Lösung zu Aufgabe 6: Der Wartungsvertrag
Buchungssatz zum 31.12.2018

Sollkonto (SKR 04/SKR 03)	Betrag (Euro)	Habenkonto (SKR 04/SKR 03)	Betrag (Euro)
6490/4809 Reparaturen und Instandhaltung	349,00	3500/1700 Sonstige Verb.	415,31
1400/1570 Abziehbare VoSt	66,31		

Buchungssatz zum 31.01.2019

Sollkonto (SKR 04/SKR 03)	Betrag (Euro)	Habenkonto (SKR 04/SKR 03)	Betrag (Euro)
3500/1700 Sonstige Verb.	415,31	1800/1200 Bank	415,31

Lösung zu Aufgabe 7: Die Reparatur des Firmenwagens

Buchungssatz zum 31.12.2018

Sollkonto (SKR 04/SKR 03)		Betrag (Euro)	Habenkonto (SKR 04/SKR 03)		Betrag (Euro)
6490/4809	Reparaturen und Instandhaltung[1]	777,00	3500/1700	Sonstige Verb.	924,63
1434/1548	VoSt im Folgejahr abziehbar	147,63			

Buchungssatz zum 10.01.2019

Sollkonto (SKR 04/SKR 03)		Betrag (Euro)	Habenkonto (SKR 04/SKR 03)		Betrag (Euro)
3500/1700	Sonstige Verb.	924,63	1800/1200	Bank	924,63
1400/1570	Abziehbare VoSt	147,63	1434/1548	VoSt im Folgejahr abziehbar	147,63

Lösung zu Aufgabe 8: Der Bescheid der Berufsgenossenschaft

Sollkonto (SKR 04/SKR 03)		Betrag (Euro)	Habenkonto (SKR 04/SKR 03)		Betrag (Euro)
6110/4130	Gesetzlich soziale Aufwendungen	150,00	3500/1700	Sonstige Verb.	150,00

Lösung zu Aufgabe 9: Die Unfallversicherung

Sollkonto (SKR 04/SKR 03)		Betrag (Euro)	Habenkonto (SKR 04/SKR 03)		Betrag (Euro)
6110/4130	Gesetzlich soziale Aufwendungen	1.500,00	3070/0970	Sonstige Rückstellungen[2]	1.500,00

Lösung zu Aufgabe 10: Der verwirrte Buchhalter

Sollkonto (SKR 04/SKR 03)		Betrag (Euro)	Habenkonto (SKR 04/SKR 03)		Betrag (Euro)
1900/0980	ARAP[3]	400,00	6400/4360	Versicherungen	880,00
2100/1800	Privatentnahmen[4]	480,00			

---

[1] Alternativ: *6500/4500 Fahrzeugkosten*.

[2] Einzelheiten zu den Rückstellungen finden Sie in dem **>> Kapitel 20. Rückstellungen**.

[3] Abzugrenzen ist hier nur die Betriebshaftpflichtversicherung.

[4] Die Berufsunfähigkeitsversicherung ist **nicht** betrieblich verursacht. Deshalb handelt es sich hierbei um eine Privatentnahme.

Lösung zu Aufgabe 11: Die vermieteten Büroräume

Buchungssatz zum 31.12.2018

Sollkonto (SKR 04/SKR 03)		Betrag (Euro)	Habenkonto (SKR 04/SKR 03)		Betrag (Euro)
1300/1500	Sonstige Vermögensgegenstände	2.644,18	4860/2750	Grundstückserträge	2.222,00
			3800/1770	USt	422,18

Buchungssatz zum 15.01.2019

Sollkonto (SKR 04/SKR 03)		Betrag (Euro)	Habenkonto (SKR 04/SKR 03)		Betrag (Euro)
1800/1200	Bank	5.288,36	4860/2750	Grundstückserträge	2.222,00
			3800/1770	USt	422,18
			1300/1500	Sonstige Vermögensgegenstände	2.644,18

 TIPP

Die erforderlichen Buchungen für diese Thematik sind nicht sonderlich anspruchsvoll. Die Problematik liegt in der Vielzahl der möglichen Geschäftsvorfälle und damit einhergehend mit einer gewissen Unübersichtlichkeit (Einnahme oder Ausgabe vor oder nach dem Abschlussstichtag, Ertrag oder Aufwand vor oder/und nach dem Abschlussstichtag, Buchungen über zwei Perioden, Ergänzungs- oder Berichtigungsbuchungen ...).

Damit Sie fehlerfrei buchen können, sollten Sie grundsätzlich in folgenden Schritten vorgehen bzw. sich folgende Fragen stellen, wobei die Reihenfolge irrelevant ist:

1. Schritt: Erfassen Sie die Aufgabenstellung und überprüfen Sie, für welches Jahr bzw. für welche Jahre Sie buchen müssen. Nur wenn das geklärt ist, wird eine fehlerfreie Abgrenzung gelingen.

2. Schritt: Kontrollieren Sie, ob es in dem zu beurteilenden Jahr eine Einnahme oder Ausgabe gegeben hat. Sollte dies der Fall sein, können Sie die Bank oder die Kasse im Soll oder Haben ansprechen und damit einen ersten Teil des Buchungssatzes bilden.

3. Schritt: Kontrollieren Sie, ob es in dem zu beurteilenden Jahr einen Ertrag oder Aufwand gegeben hat. Sollte dies der Fall sein, können Sie das entsprechende Aufwandskonto im Soll oder Ertragskonto im Haben (periodengerecht) ansprechen und so einen weiteren Teil des Buchungssatzes bilden.

4. Schritt: Überprüfen Sie schließlich mithilfe der Übersicht zu Beginn des **>> Kapitels 12. Periodengerechte Erfassung von Aufwand und Ertrag**, welcher Bilanzposten (ARAP oder PRAP oder Sonstige Verbindlichkeiten oder Sonstige Vermögensgegenstände) jetzt noch für die transitorische oder antizipative Buchung erforderlich ist. Damit können Sie den Buchungssatz vervollständigen und abschließend überprüfen, ob die Summe der Sollbuchungen mit der Summe der Habenbuchungen übereinstimmt.

13. Immaterielle Vermögensgegenstände
13.1 Entgeltlich erworbene Software
Lösung zu Aufgabe 1: Die teure Standardsoftware

Sollkonto (SKR 04/SKR 03)	Betrag (Euro)	Habenkonto (SKR 04/SKR 03)	Betrag (Euro)
0135/0027 EDV-Software	3.060,00	3310/1610 VerbaLuL	3.641,40
1400/1570 VoSt	581,40		

Die **Versandkosten** i. H. v. 60,00 € zzgl. 11,40 € USt sind **Anschaffungsnebenkosten** i. S. d. **§ 255 Abs. 1 HGB** und deshalb **aktivierungspflichtig** auf dem *Konto 0135/0027 EDV- Software*. Hier darf auf gar keinen Fall auf das Konto *5800/3800 BNK* gebucht werden. Einzelheiten zur Ermittlung der AK gem. § 255 Abs. 1 HGB folgen in dem **≫ Kapitel 14. Ermittlung der Anschaffungskosten**.

Sollkonto (SKR 04/SKR 03)	Betrag (Euro)	Habenkonto (SKR 04/SKR 03)	Betrag (Euro)
3310/1610 VerbaLuL	3.641,40	1800/1200 Bank	3.570,00
		0135/0027 EDV-Software	60,00
		1400/1570 VoSt	11,40

Der **Skonto** i. H. v. 2 % auf die Standardsoftware (2 % von 3.000 € = 60 €) ist als **Anschaffungsminderung** i. S. d. **§ 255 Abs. 1 Satz 3 HGB** von den Anschaffungskosten **abzusetzen** und deshalb **gegen das Konto 0135/0027 EDV-Software** zu buchen. Hier darf auf gar keinen Fall auf das Konto *5700/3700 Nachlässe Wareneingang* (bzw. in NRW: „erhaltener Skonto") gebucht werden. Einzelheiten zur Ermittlung der AK gem. § 255 Abs. 1 HGB folgen in dem **≫ Kapitel 14. Ermittlung der Anschaffungskosten**.

Sollkonto (SKR 04/SKR 03)	Betrag (Euro)	Habenkonto (SKR 04/SKR 03)	Betrag (Euro)
6200/4822 Abschreibungen auf immaterielle Vermögensgegenstände	250,00	0135/0027 EDV-Software	250,00

3.000 € (Kaufpreis) + 60 € (ANK) - 60 € (Skonto) = 3.000 € (AK) : 3 Jahre $\cdot$ $^3/_{12}$ = 250 €

Die EDV-Software ist ein immaterieller Vermögensgegenstand. Hierfür gibt es ein extra „Abschreibungskonto". Bitte buchen Sie also nicht einfach auf *6220/4830 Abschreibungen auf Sachanlagen*. Das führt zu unnötigen Punktabzügen.

Eine Sonderabschreibung gem. § 7g Abs. 5 EStG auf die EDV-Software ist **nicht** möglich, da Voraussetzung für die Sonderabschreibung unter anderem ist, dass es sich um ein **bewegliches** Wirtschaftsgut handelt. Die EDV-Software gilt aber als immaterieller Vermögensgegenstand als **nicht beweglich**.

Lösung zu Aufgabe 2: Die günstige Standardsoftware

Sollkonto (SKR 04/SKR 03)	Betrag (Euro)	Habenkonto (SKR 04/SKR 03)	Betrag (Euro)
0670/0480 GWG	375,00	3310/1610 VerbaLuL	446,25
1400/1570 VoSt	71,25		

Die EDV-Software gilt (vgl. Aufgabe 1) als immaterieller Vermögensgegenstand als nicht beweglich. Voraussetzung für die Anwendbarkeit des § 6 Abs. 2 EStG (GWG) ist aber unter anderem, dass es sich um ein bewegliches Wirtschaftsgut handelt. Die GWG-Regelung scheint deshalb nicht anwendbar zu sein.

Gemäß R 5.5 Abs. 1 Satz 2 und 3 EStR werden allerdings Computerprogramme, deren AK nicht mehr als 410 € betragen, wie **Trivialsoftware** behandelt. Trivialsoftware/Trivialprogramme **gelten** nach der o. a. Richtlinie **als** abnutzbare, **bewegliche**, selbstständig nutzbare **Wirtschaftsgüter**. Mithin ist die GWG-Regelung doch anwendbar.

Sollkonto (SKR 04/SKR 03)	Betrag (Euro)	Habenkonto (SKR 04/SKR 03)	Betrag (Euro)
6260/4855 Sofortabschreibungen GWG	375,00	0670/0480 GWG	375,00

Da § 6 Abs. 2 EStG als Wahlrecht ausgestalten ist, hätte die EDV-Software grundsätzlich auch auf *0135/0027 EDV-Software* aktiviert werden können und dann über die Nutzungsdauer abgeschrieben werden können (vgl. insofern Aufgabe 1). Ausweislich der Aufgabenstellung ist aber die **höchstmögliche** Abschreibung zu buchen. Einzelheiten zu den GWG finden Sie bereits in dem >> **Kapitel 9. Geringwertige Wirtschaftsgüter**.

13.2 Geschäfts- oder Firmenwert

Lösung zu Aufgabe 3: Goodwill

Kaufpreis - (Summe Vermögen - Summe Schulden) = Geschäfts- oder Firmenwert

590.000 € - (98.000 € - 35.000 €) = **527.000 €**

oder

Kaufpreis - EK = Geschäfts- oder Firmenwert

590.000 € - 63.000 € = **527.000 €**

Steuerrechtliche Abschreibung

Sollkonto (SKR 04/SKR 03)	Betrag (Euro)	Habenkonto (SKR 04/SKR 03)	Betrag (Euro)
6205/4824 Abschreibung auf den Geschäfts- oder Firmenwert	17.566,67	0150/0035 Geschäfts- oder Firmen- wert	17.566,67

StB: 527.000 € : **15 J** · $^{6}/_{12}$ = 17.566,67 €

Handelsrechtliche Abschreibung

Sollkonto (SKR 04/SKR 03)	Betrag (Euro)	Habenkonto (SKR 04/SKR 03)	Betrag (Euro)
6205/4824 Abschreibung auf den Geschäfts- oder Firmenwert	26.350,00	0150/0035 Geschäfts- oder Firmen- wert	26.350,00

HB: 527.000 € : **10 J** · $^{6}/_{12}$ = 26.350,00 €

Lösung zu Aufgabe 4: Ein Kiosk wird gekauft

Kaufpreis - (Summe Vermögen - Summe Schulden) = Geschäfts- oder Firmenwert

100.000 € - (50.000 € - 10.000 €) = **60.000 €**

oder

Kaufpreis - EK = Geschäfts- oder Firmenwert

100.000 € - 40.000 € = **60.000 €**

	Handelsbilanz	Steuerbilanz
Anschaffungskosten	60.000,00 €	60.000,00 €
- Abschreibung/AfA 2018	- 1.500,00 €[1]	- 1.000,00 €[2]
= Bilanzansatz zum 31.12.18	**58.500,00 €**	**59.000,00 €**
- Abschreibung/AfA 2019	- 6.000,00 €[3]	- 4.000,00 €[4]
= Bilanzansatz zum 31.12.19	**52.500,00 €**	**55.000,00 €**

---

[1] 60.000 € : 10 Jahre · $^{3}/_{12}$.
[2] 60.000 € : 15 Jahre · $^{3}/_{12}$.
[3] 60.000 € : 10 Jahre.
[4] 60.000 € : 15 Jahre.

14. Ermittlung der Anschaffungskosten

Lösung zu Aufgabe 1: Die wackelige Maschine

	Kaufpreis, netto (§ 9b EStG)	82.500,00 €	
+	ANK, netto (§ 9b EStG)	1.695,00 €	(Transportkosten)
+	ANK, netto (§ 9b EStG)	2.455,00 €	(Fundament)
-	Anschaffungspreisminderungen, netto (§ 9b EStG)	1.650,00 €	(2 % Skonto auf 82.500 €)
=	AK gem. § 255 Abs. 1 HGB	85.000,00 €	

Die nun folgenden Buchungen für April müssen zu dieser Berechnung der AK korrespondieren, d. h. schon hier lässt sich erkennen, dass die Transportkosten und die Kosten für die Errichtung des Fundaments als ANK auf das Konto *0440/0240 Maschinen* und der erhaltene Skonto als Anschaffungspreisminderung gegen das Konto *0440/0240 Maschinen* gebucht werden müssen. Zudem (das ist dann die Folge der richtigen Buchungen) müssen auf dem Maschinenkonto zum 31.12. vor der Abschreibung die AK (85.000 €) aktiviert sein.

Sollkonto (SKR 04/SKR 03)	Betrag (Euro)	Habenkonto (SKR 04/SKR 03)	Betrag (Euro)
0440/0240 Maschinen	82.500,00	3310/1610 VerbaLuL	98.175,00
1400/1570 VoSt	15.675,00		

Sollkonto (SKR 04/SKR 03)	Betrag (Euro)	Habenkonto (SKR 04/SKR 03)	Betrag (Euro)
0440/0240 Maschinen	1.695,00	1600/1000 Kasse	2.017,05
1400/1570 VoSt	322,05		

Sollkonto (SKR 04/SKR 03)	Betrag (Euro)	Habenkonto (SKR 04/SKR 03)	Betrag (Euro)
0440/0240 Maschinen	2.455,00	3310/1610 VerbaLuL	2.921,45
1400/1570 VoSt	466,45		

Sollkonto (SKR 04/SKR 03)	Betrag (Euro)	Habenkonto (SKR 04/SKR 03)	Betrag (Euro)
3310/1610 VerbaLuL	98.175,00	1800/1200 Bank	96.211,50
		0440/0240 Maschinen	1.650,00
		1400/1570 VoSt	313,50

Sollkonto (SKR 04/SKR 03)	Betrag (Euro)	Habenkonto (SKR 04/SKR 03)	Betrag (Euro)
6220/4830 Abschreibungen auf Sachanlagen	6.375,00	0440/0240 Maschinen	6.375,00

85.000 € (AK) : 10 Jahre • $\frac{9}{12}$ = 6.375 €

 ACHTUNG

Bei dieser Aufgabe (die exemplarisch für ganz viele Prüfungsaufgaben steht, bei denen die AK ermittelt werden müssen) ist es ganz wichtig, dass Sie die Transportkosten und die Kosten für das Fundament als **Anschaffungsnebenkosten** identifizieren und auf dem Konto *0440/0240 Maschinen* aktivieren. Nur so befolgen Sie den § 255 Abs. 1 HGB und buchen fehlerfrei. Diese Kosten dürfen auf **keinen Fall** als Aufwand (z. B. auf dem Konto *5800/3800 BNK* oder ein ähnliches Aufwandskonto) gebucht werden. Wer hier auf *5800/3800 BNK* bucht (klassischer Fehler) bekommt im weiteren Verlauf der Aufgabe Probleme mit der AfA – Bemessungsrundlage und damit mit der Höhe des Abschreibungsbetrages. Außerdem wird das Konto *5800/3800 BNK* im Rahmen des Kontenabschlusses über das Konto *5200/3200 Wareneingang* abgeschlossen. Hat Bob Baumeister Waren eingekauft? Nein. Er hat eine Maschine eingekauft. Die Buchung auf *5800/3800 BNK* würde also nicht nur zu fehlerhaften AK der Maschine führen, sondern auch die Buchungen im Warenverkehr (und damit im übrigen auch die Handelskalkulation bei der Ermittlung des Wareneinsatzes) durcheinander bringen.

Ähnliches gilt für den Skonto. Auch hier ist es ganz wichtig, dass Sie den Skonto als **Anschaffungspreisminderung** der Maschine erkennen (vgl. Wortlaut des § 255 Abs. 1 Satz 3 HGB) und konsequenter Weise gegen das Konto *0440/0240 Maschinen* buchen. Der Skonto darf hier auf **keinen** Fall an *5700/3700 Nachlässe Wareneingang* (oder in NRW: *„erhaltener Skonto"*) gebucht werden. Denn auch dieses Konto (siehe obige Ausführungen zu dem Konto *BNK*) muss im Rahmen des Kontenabschlusses über das Konto *5200/3200 Wareneingang* abgeschlossen werden. Es bleibt aber dabei, dass Bob Baumeister gar keine Waren eingekauft hat!

Die hier beschriebenen Fehler (Buchung auf BNK statt Maschine und Buchung gegen Nachlässe Wareneingang/Skonto statt gegen Maschine) sind ganz klassische Fehler, die immer und immer wieder passieren. Auch in den Abschlussprüfungen wird eine große Anzahl an Prüflingen der Verlockung erliegen die Transportkosten auf BNK und den Skonto auf Skonto zu buchen. Gehören Sie nicht dazu!

Lösung zu Aufgabe 2: Die Scanner-Kasse

a)

Abstrakte Rechnung:

	Kaufpreis, netto (§ 9b EStG)
+	Anschaffungsnebenkosten, netto (§ 9b EStG)
-	Anschaffungspreisminderungen, netto (§ 9b EStG)
=	**Anschaffungskosten i. S. d. § 255 Abs. 1 HGB**

Konkrete Rechnung:

	2.700,00 €	(Kaufpreis, netto)
+	90,00 €	(Installation, netto)
-	81,00 €	(Skonto, netto) 3 % von 2.700,00 € netto
=	**2.709,00 €**	**(Anschaffungskosten des Scanner-Kasse)**

b)

Buchungssatz zum 28.08.

Sollkonto (SKR 04/SKR 03)	Betrag (Euro)	Habenkonto (SKR 04/SKR 03)	Betrag (Euro)
0650/0410 BGA	2.700,00	3310/1610 VerbaLuL	3.213,00
1400/1570 Abziehbare VoSt	513,00		

Buchungssatz zum 31.08.

Sollkonto (SKR 04/SKR 03)	Betrag (Euro)	Habenkonto (SKR 04/SKR 03)	Betrag (Euro)
3310/1610 VerbaLuL	3.213,00	1600/1000 Kasse	3.116,61
		0650/0410 BGA	81,00
		1400/1570 Abziehbare VoSt	15,39

c)

Sollkonto (SKR 04/SKR 03)	Betrag (Euro)	Habenkonto (SKR 04/SKR 03)	Betrag (Euro)
0650/0410 BGA	90,00	1800/1200 Bank	107,10
1400/1570 Abziehbare VoSt	17,10		

d)

Sollkonto (SKR 04/SKR 03)	Betrag (Euro)	Habenkonto (SKR 04/SKR 03)	Betrag (Euro)
6220/4830 Abschreibung auf Sachanlagen	84,66	0650/0410 BGA	84,66

2.709 € : 8 Jahre • $^{3}/_{12}$ = 84,66 €

 **ACHTUNG**

Problematisch – wenn überhaupt – dürfte der Beginn der Abschreibung sein. Laut Sachverhalt erwarb Dennis Rater die Scanner-Kasse im August, die Installation erfolgte aber erst im Oktober. Fraglich ist also, ob ab August (= 5 Monate) oder erst ab Oktober (= 3 Monate) abgeschrieben werden darf. Nach **R 7.4 Abs. 1 EStR** ist **AfA** vorzunehmen, **sobald ein Wirtschaftsgut angeschafft oder hergestellt** ist. Ein **Wirtschaftsgut** ist **im Zeitpunkt** seiner **Lieferung angeschafft**. Ist Gegenstand eines Kaufvertrages über ein Wirtschaftsgut auch dessen Montage durch den Verkäufer (wie vorliegend), ist das **Wirtschaftsgut erst mit der Beendigung der Montage geliefert**.

Lösung zu Aufgabe 3: Der unglaubliche Pkw

a)

Abstrakte Rechnung:

	Kaufpreis, netto (§ 9b EStG)
+	Anschaffungsnebenkosten, netto (§ 9b EStG)
-	Anschaffungspreisminderungen, netto (§ 9b EStG)
=	**Anschaffungskosten i. S. d. § 255 Abs. 1 HGB**

Konkrete Rechnung:

	50.000,00 €	(Kaufpreis, netto)
+	1.000,00 €	(Autoradio, netto)
+	300,00 €	(Überführung, netto)
+	70,00 €	(Zulassungsgebühr)
+	39,00 €	(Nummernschilder, **netto**)
-	1.026,00 €	(**Skonto, netto**) 2 % vom Rechnungsbetrag – also 2 % von 51.300 € netto
=	50.383,00 €	(Anschaffungskosten des Pkw)

Die **erste Tankfüllung** gehört nicht zu den **Anschaffungskosten** (klassischer Fehler).

Auch die Kosten für die **nachträgliche Lackierung** gehören *nicht* zu den **Anschaffungskosten** (klassischer Fehler). Bei Bedarf zur Vertiefung: Tenor des FG München vom 10.05.2006: „*Aufwendungen für die Umlackierung und Beschriftung von Fahrzeugen und Maschinen des Anlagevermögens zu Werbezwecken führen nicht zu aktivierungspflichtigen Anschaffungskosten oder Herstellungskosten, sondern sind sofort abziehbare Betriebsausgaben.*"

b)

Sollkonto (SKR 04/SKR 03)	Betrag (Euro)	Habenkonto (SKR 04/SKR 03)	Betrag (Euro)
0520/0320 Fuhrpark	51.300,00	3310/1610 VerbaLuL	61.047,00
1400/1570 Abziehbare VoSt	9.747,00		

c)

Sollkonto (SKR 04/SKR 03)	Betrag (Euro)	Habenkonto (SKR 04/SKR 03)	Betrag (Euro)
3310/1610 VerbaLuL	61.047,00	1800/1200 Bank	59.826,06
		0520/0320 Fuhrpark	**1.026,00**
		1400/1570 Abziehbare VoSt	194,94

d)

Variante mit zwei Buchungssätzen

Sollkonto (SKR 04/SKR 03)	Betrag (Euro)	Habenkonto (SKR 04/SKR 03)	Betrag (Euro)
0520/0320 Fuhrpark	70,00	1600/1000 Kasse	70,00

Zulassungsgebühr gehört zu den AK des Pkw.

Sollkonto (SKR 04/SKR 03)	Betrag (Euro)	Habenkonto (SKR 04/SKR 03)	Betrag (Euro)
0520/0320 Fuhrpark	39,00	1600/1000 Kasse	46,41
1400/1570 Abziehbare VoSt	7,41		

Nummernschilder gehören zu den AK des Pkw.

oder (in einem Buchungssatz)

Sollkonto (SKR 04/SKR 03)	Betrag (Euro)	Habenkonto (SKR 04/SKR 03)	Betrag (Euro)
0520/0320 Fuhrpark	**109,00**	1600/1000 Kasse	116,41
1400/1570 Abziehbare VoSt	**7,41**		

Vorsicht beim Buchen in einem Buchungssatz. Die VoSt (7,41 €) passt hier nicht zur Bemessungsgrundlage (109 €), da sich in dem Pkw auch die steuerfreie Zulassungsgebühr „versteckt".

e)

Sollkonto (SKR 04/SKR 03)	Betrag (Euro)	Habenkonto (SKR 04/SKR 03)	Betrag (Euro)
6500/4500 Fahrzeugkosten	83,19	1800/1200 Bank	99,00
1400/1570 Abziehbare VoSt	15,81		

Die erste Tankfüllung gehört nicht zu den AK des Pkw.

f)

Sollkonto (SKR 04/SKR 03)	Betrag (Euro)	Habenkonto (SKR 04/SKR 03)	Betrag (Euro)
6600/4610 Werbekosten	1.200,00	3310/1610 VerbaLuL	1.428,00
1400/1570 Abziehbare VoSt	228,00		

Die Kosten für die Lackierung gehören nicht zu den (nachträglichen) AK des Pkw.

Großzügige Prüfungsämter werden auch *6500/4500 Fahrzeugkosten* oder *6300/4900 Sonstige betriebliche Aufwendungen* akzeptieren. Das Entscheidende ist hier, dass Aufwand gebucht worden ist und keinesfalls eine Aktivierung auf *0520/0320 Fuhrpark* vorgenommen wurde.

g)

Sollkonto (SKR 04/SKR 03)	Betrag (Euro)	Habenkonto (SKR 04/SKR 03)	Betrag (Euro)
6220/4830 Abschreibungen auf Sachanlagen	7.697,40	0520/0320 Fuhrpark	7.697,40

50.383 € : 6 Jahre • $^{11}/_{12}$ = 7.697,40 €

Spätestens in dem Moment der Abschreibung wird besonders deutlich, dass eine fehlerhafte Ermittlung der AK des Pkw im Rahmen der Zugangsbewertung immer zu einem fehlerhaften Abschreibungsbetrag im Rahmen der Folgebewertung führen wird.

Beim Ausrechnen des Abschreibungsbetrags hat man im übrigen eine prima Kontroll-möglichkeit, ob die Ermittlung der AK mit den entsprechenden Buchungssätzen über-einstimmt. Dies soll mit einem Blick in das T-Konto Fuhrpark veranschaulicht werden:

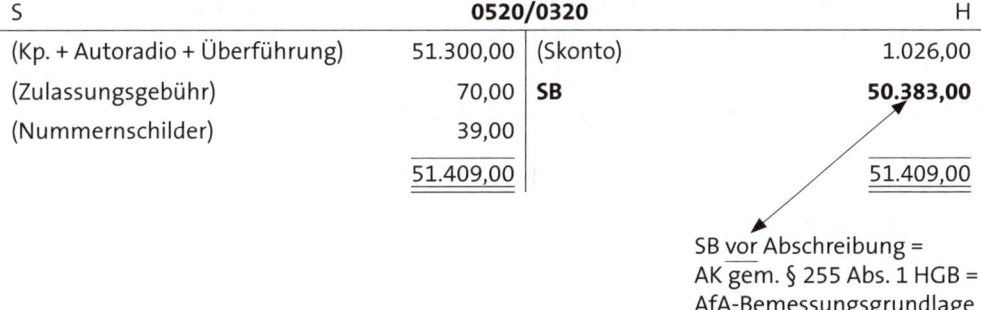

S		0520/0320		H
(Kp. + Autoradio + Überführung)	51.300,00	(Skonto)		1.026,00
(Zulassungsgebühr)	70,00	**SB**		**50.383,00**
(Nummernschilder)	39,00			
	51.409,00			51.409,00

SB vor Abschreibung =
AK gem. § 255 Abs. 1 HGB =
AfA-Bemessungsgrundlage

Lösung zu Aufgabe 4: Das Büromaterial

Sollkonto (SKR 04/SKR 03)	Betrag (Euro)	Habenkonto (SKR 04/SKR 03)	Betrag (Euro)
6815/4930 Bürobedarf	1.000,00	3310/1610 VerbaLuL	1.190,00
1400/1570 Abziehbare VoSt	190,00		

Sollkonto (SKR 04/SKR 03)	Betrag (Euro)	Habenkonto (SKR 04/SKR 03)	Betrag (Euro)
3310/1610 VerbaLuL	1.190,00	1800/1200 Bank	1.154,30
		6815/4930 Bürobedarf	**30,00**
		1400/1570 Abziehbare VoSt	5,70

Lösung zu Aufgabe 5: Der Laptop bei Ebay

Sollkonto (SKR 04/SKR 03)	Betrag (Euro)	Habenkonto (SKR 04/SKR 03)	Betrag (Euro)
0670/0480 GWG	407,90	3310/1610 VerbaLuL	485,40
1400/1570 VoSt	77,50		

Sollkonto (SKR 04/SKR 03)	Betrag (Euro)	Habenkonto (SKR 04/SKR 03)	Betrag (Euro)
3310/1610 VerbaLuL	485,40	1800/1200 Bank	471,16
		0670/0480 GWG	**11,97**
		1400/1570 VoSt	2,27

Sollkonto (SKR 04/SKR 03)	Betrag (Euro)	Habenkonto (SKR 04/SKR 03)	Betrag (Euro)
6260/4855 Sofortabschrei-bungen GWG	395,93	0670/0480 GWG	395,93

Einzelheiten zu den GWG finden Sie bereits in dem >> **Kapitel 9. Geringwertige Wirtschaftsgüter**.

Vorliegend geht es um die Ermittlung der AK gem. § 255 Abs. 1 HGB und damit die Buchung des Anschlusskabels und des Versands als ANK auf dem aktiven Bestandskonto *0670/0480 GWG* und die Gegenbuchung auf diesem Konto hinsichtlich des Skontos.

Lösung zu Aufgabe 6: Das bebaute Grundstück

a)

Abstrakte Rechnung:

> Kaufpreis, netto (§ 9b EStG)
> + Anschaffungsnebenkosten, netto (§ 9b EStG)
> - Anschaffungspreisminderungen, netto (§ 9b EStG)
> = **Anschaffungskosten i. S. d. § 255 Abs. 1 HGB**

Konkrete Rechnung:

Lagerhalle	Grund und Boden	Insgesamt
Anteiliger Kaufpreis: 180.000 €	Anteiliger Kaufpreis: 45.000 €	Kaufpreis: 225.000 €
Anteilige GrESt: 9.000 €	Anteilige GrESt: 2.250 €	GrESt: 11.250 €
Anteilige Maklerkosten: 6.800 €	Anteilige Maklerkosten: 1.700 €	Makler: 8.500 €
Notar KV anteilig: 1.440 €	Notar **KV** anteilig: 360 €	Notar **Kaufvertrag**: 1.800 €
Grundbuchamt **Eigentums-übertragung** anteilig: 360 €	Grundbuchamt **Eigentums-übertragung** anteilig: 90 €	Grundbuchamt **Eigentums-übertragung**: 450 €
= AK Lagerhalle: 197.600 €	= AK Grund und Boden: 49.400 €	247.000 €

 **TIPP**

Beim Kauf eines bebauten Grundstücks ist es elementar, die identifizierten Anschaffungsnebenkosten auf das Gebäude bzw. den Grund und Boden richtig zu verteilen. Hierfür setzt man den Kaufpreis des Gebäudes ins Verhältnis zum Gesamtkaufpreis (hier: 180.000 € : 225.000 € = 80 %) und den Kaufpreis des Grund und Bodens ins Verhältnis zum Gesamtkaufpreis (45.000 € : 225.000 € = 20 %). Sodann werden alle Anschaffungsnebenkosten in diesem Verhältnis auf die Anschaffungskosten des Gebäudes und des Grund und Bodens verteilt.

 INFO

Diese Darstellungsform ist kein Diktum. Insbesondere die rechte Spalte (insgesamt) ist in der Klausur überflüssig. Sicherlich kann man die AK der Lagerhalle und des Grund und Bodens auf unterschiedliche Art und Weisen fehlerfrei ermitteln. Wichtig ist nur, dass dies (vgl. Aufgabenstellung des Prüfungsamtes) in einer **übersichtlichen Darstellung** geschieht.

 ACHTUNG

Die Kosten des Notars hinsichtlich der **Grundschuld** (400 € netto) und die Kosten für die Grundbucheintragung hinsichtlich der **Grundschuld** (220 €) gehören als **Finanzierungskosten** nicht zu den **Anschaffungskosten** der Lagerhalle bzw. des Grund und Bodens (klassische Fehler).

b)

Sollkonto (SKR 04/SKR 03)		Betrag (Euro)	Habenkonto (SKR 04/SKR 03)	Betrag (Euro)
0240/0090	Gebäude	197.600,00	1800/1200 Bank	249.653,00
0235/0085	Grundstückswerte eigener bebauter Grundstücke	49.400,00		
6855/4970	**Nebenkosten des Geldverkehrs**	620,00		
1400/1570	Abziehbare VoSt	2.033,00		

Bei diesem durchaus anspruchsvollen Buchungssatz muss man sich bewusst machen, dass durch die Ermittlung der **Anschaffungskosten** der **Lagerhalle** und des **Grund und Bodens** aus der vorherigen Aufgabe a) zwei von vier Beträgen für die Sollbuchungen bereits feststehen.

Da die o. a. **Finanzierungskosten** nicht zu den Anschaffungskosten der Lagerhalle bzw. des Grund und Bodens gehören, benötigt man im Soll ein weiteres Konto. Großzügige Prüfungsämter werden hier alternativ sicherlich auch *6350/4290 Sonstige Grundstücksaufwendungen, betrieblich* oder gar *6300/4900 Sonstige betriebliche Aufwendungen* akzeptieren. Das Entscheidende ist hier gar nicht so sehr die exakte Kontenbezeichnung, sondern das ein **Aufwandskonto** angesprochen wird ("Hauptsache Aufwand"), denn damit zeigt man dem Prüfer, dass man den Sachverhalt verstanden und die Finanzierungskosten nicht aktiviert hat.

Hinsichtlich des **Vorsteuerabzugs** muss der gesamte Sachverhalt noch einmal durch-forstet werden, auf der Suche nach Positionen, wo ein solcher möglich ist. Dies ist vorliegend beim **Makler** (8.500 € netto → **1.615 € USt**) und beim Notar (1.800 € netto + 400 € netto → **418 € USt**) der Fall.

Der **Überweisungsbetrag** ergibt sich dann durch die Summe der Sollbuchungen.

c)

Bei der Lagerhalle handelt es sich um ein Gebäude i. S. d. **§ 7 Abs. 4 Satz 1 Nr. 1 EStG**, da sie zum Betriebsvermögen des Dennis Rater gehört, nicht Wohnzwecken dient und der Bauantrag (bei lebensnaher Auslegung des Sachverhalts → Baujahr 2001) nach dem 31. März 1985 gestellt worden ist.

Der **jährliche** Abschreibungsbetrag ermittelt sich deshalb wie folgt: **Anschaffungskosten · 3 %**

Beginn der AfA mit übergang von Besitz, Nutzen und Lasten (bei Bedarf zur Vertiefung: R 7.4 Abs. 1 EStR und H 7.4 Stichwort *Lieferung*); d. h. vorliegend ab Mai.

Also: 197.600 € (AK Lagerhalle) · 3 % · $^{8}/_{12}$ = 3.952 €

Sollkonto (SKR 04/SKR 03)	Betrag (Euro)	Habenkonto (SKR 04/SKR 03)	Betrag (Euro)
6220/4830 Abschreibungen auf Sachanlagen	3.952,00	0240/0090 Gebäude	3.952,00

15. Investitionsabzugsbeträge (IAB) und Sonderabschreibungen

Lösung zu Aufgabe 1: Die Produktionsmaschine

In 2019 wird der 3-jährige Investitionszeitraum ablaufen, d. h., der in 2016 gebildete **IAB** i. H. v. 200.000 € muss jetzt auf jeden Fall außerbilanziell **hinzugerechnet** werden.

Hierfür stehen in 2019 grundsätzlich **zwei Möglichkeiten** zur Auswahl: Gemäß **§ 7g Abs. 3 Satz 1 EStG n. F. (ab 01.01.2016)** ist die vorzeitige Rückgängigmachung von IAB vor Ablauf der Investitionsfrist zulässig. Diese freiwillige Rückgängigmachung des IAB hätte aber zur Folge, dass der in 2016 gebildete IAB **in 2016** außerbilanziell hinzugerechnet werden müsste. Dann würde Herr Herz so gestellt, als ob er niemals einen IAB gebildet hätte. Dies würde gleichzeitig Nachzahlungszinsen auf eventuelle Steuernachforderungen gem. § 233a AO auslösen. Das wiederum soll laut Aufgabenstellung vermieden werden. Deshalb ist eine freiwillige Rückgängigmachung des IAB nicht möglich.

Stattdessen muss der IAB dann über **§ 7g Abs. 2 Satz 1 EStG** im Wirtschaftsjahr der Anschaffung oder Herstellung eines begünstigten Wirtschaftsguts (vorliegend also in 2019) i. H. v. bis zu 40 % der (tatsächlichen) AK/HK außerbilanziell gewinnerhöhend hinzugerechnet werden. Diese Hinzurechnung ist zwar nach § 7g Abs. 2 Satz 1 EStG n. F. (ab 01.01.2016) als Wahlrecht ausgestaltet, muss aber im vorliegenden Fall zwingend erfolgen, da die Investitionsfrist abläuft und eine freiwillige Rückgängigmachung laut Aufgabenstellung (s. o. wegen der Zinsen) ausgeschlossen ist.

Zwischenergebnis: Außerbilanzielle Hinzurechnung in 2019 i. H. v. 40 % der tatsächlichen AK/HK (max. aber in Höhe des IAB). Also: 40 % von 500.000 € = 200.000 €.

In einem nächsten Schritt kann nun die Produktionsmaschine aktiviert werden:

Sollkonto (SKR 04/SKR 03)		Betrag (Euro)	Habenkonto (SKR 04/SKR 03)		Betrag (Euro)
0440/0240	Maschinen	500.000,00	3310/1610	VerbaLuL	595.000,00
1400/1570	Abziehbare VoSt	95.000,00			

Da Herr Herz in 2019 einen möglichst **niedrigen** steuerlichen Gewinn wünscht, sollte jetzt auch von der Möglichkeit der AK/HK-Kürzung Gebrauch gemacht werden: Gemäß § 7g Abs. 2 Satz 2 EStG (insofern keine geänderte Rechtslage) können die AK/HK des Wirtschaftsguts in dem in Satz 1 genannten Wirtschaftsjahr (also in 2019) um bis zu 40 %, höchstens jedoch um die Hinzurechnung nach Satz 1, gewinnmindernd herabgesetzt werden. Dies löst dann auch eine **steuerrechtliche** Buchung aus:

Sollkonto (SKR 04/SKR 03)		Betrag (Euro)	Habenkonto (SKR 04/SKR 03)		Betrag (Euro)
6243/4853	AK-Kürzung nach § 7g Abs. 2 EStG	200.000,00	0440/0240	Maschinen	200.000,00

Außerdem sollte jetzt auch (möglichst **niedriger** steuerlicher Gewinn) von dem Wahlrecht der Sonder-AfA Gebrauch gemacht werden:

Sollkonto (SKR 04/SKR 03)	Betrag (Euro)	Habenkonto (SKR 04/SKR 03)	Betrag (Euro)
6241/4851 Sonderabschreibungen nach § 7g Abs. 5 EStG	60.000,00	0440/0240 Maschinen	60.000,00

(AK 500.000 € - AK-Kürzung 200.000 € = AfA-BMG 300.000 € • 20 % = Sonder-AfA 60.000 €)

Schließlich verbleibt die „normale" lineare AfA:

Sollkonto (SKR 04/SKR 03)	Betrag (Euro)	Habenkonto (SKR 04/SKR 03)	Betrag (Euro)
6220/4830 Abschreibungen auf Sachanlagen	10.000,00	0440/0240 Maschinen	10.000,00

(AfA-BMG 300.000 € : 10 Jahre • $^4/_{12}$ = 10.000 €)

Endergebnis: Gewinnerhöhung i. H. v. 200.000 € (außerbilanziell)

Gewinnminderung i. H. v. 200.000 € (AK-Kürzung)

Gewinnminderung i. H. v. 60.000 € (Sonder-AfA)

Gewinnminderung i. H. v. 10.000 € (lineare AfA)

Gewinnminderung in 2019 insgesamt i. H. v. 70.000 €

In der **Handelsbilanz** ist der § 7g EStG **nicht anwendbar**. Das heißt, der Wertansatz in der Handelsbilanz ist wie folgt zu ermitteln:

	AK	500.000,00 €
	Abschreibung	16.666,67 €
=	**Wertansatz**	**483.333,33 €**

Lösung zu Aufgabe 2: Der Lkw

a)

	Kaufpreis, netto (§ 9b EStG)	500.000 €	
+	ANK, netto (§ 9b EStG)		
-	Anschaffungspreisminderungen, netto (§ 9b EStG)	- 50.000 €	(Rabatt)
-		- 13.500 €	(Skonto)
=	**Anschaffungskosten gem. § 255 Abs. 1 HGB**	**= 436.500 €**	

b)

In 2019 wird der 3-jährige Investitionszeitraum ablaufen, d. h. der in 2016 gebildete **IAB** i. H. v. 200.000 € muss jetzt auf jeden Fall außerbilanziell **hinzugerechnet** werden.

Hier stehen in 2019 grundsätzlich **zwei Möglichkeiten** zur Auswahl (vgl. insofern auch die Lösung zu Aufgabe 1: Die Produktionsmaschine). Um eine eventuelle Verzinsung von Steuernachforderungen gem. § 233a Abs. 1 AO – soweit möglich – zu vermeiden, sollte eine außerbilanzielle Hinzurechnung gem. § 7g Abs. 2 Satz 1 EStG in max. Höhe erfolgen. Der IAB ist dann im Wirtschaftsjahr der Anschaffung oder Herstellung eines begünstigten Wirtschaftsguts (vorliegend also in 2019) i. H. v. bis zu 40 % der (tatsächlichen) AK/HK außerbilanziell gewinnerhöhend hinzuzurechnen: 40 % von 436.500 € = 174.600 €.

Der bisher nicht hinzugerechnete IAB i. H. v. 25.400 € (IAB in 2016 i. H. v. 200.000 € abzüglich der gerade dargestellten Hinzurechnung i. H. v. 174.600 €) ist nun gem. § 7g Abs. 3 in dem Jahr der Inanspruchnahme des IAB (also 2016) rückgängig zu machen. Dabei ist es irrelevant, ob dies zwingend über § 7g Abs. 3 Satz 1 1. HS EStG oder freiwillig über § 7g Abs. 3 Satz 1 2. HS EStG geschieht. Jedenfalls müssen die 25.400 € in 2016 außerbilanziell hinzugerechnet werden.

Der in 2016 gebildete IAB ist also wie folgt außerbilanziell hinzuzurechnen:

In 2019 i. H. v. 174.600 €
In 2016 i. H. v. 25.400 €

Da eine eventuelle Verzinsung von Steuernachforderungen gem. § 233a Abs. 1 AO – soweit möglich – vermieden werden soll, muss dafür Sorge getragen werden, dass die Hinzurechnung in 2016 möglichst niedrig ist. Das wiederum hat zur Folge, dass die Hinzurechnung in 2019 in max. Höhe (also 40 % der tatsächlichen AK/HK) zu erfolgen hat.

c)

	436.500,00 €	AK des Lkw
-	174.600,00 €	AK-Kürzung[1] (40 % von den tatsächlichen AK)
-	52.380,00 €	Sonder-AfA[2] (20 % von 261.900 € (AfA-BMG))
-	14.550,00 €	Lineare AfA (261.900 € : 9 Jahre • 6/12)
=	**194.970,00 €**	**Wertansatz des Lkw zum 31.12.2019 in der Steuerbilanz**

d)

	436.500,00 €	AK des Lkw
-	24.250,00 €	Lineare AfA (436.500 € : 9 Jahre • 6/12)
=	**412.250,00 €**	**Wertansatz des Lkw zum 31.12.2019 in der Handelsbilanz**

---

[1] Wahlrecht! Hier aber geboten, da Gewinn möglichst niedrig sein soll.

[2] Wahlrecht! Hier aber geboten, da Gewinn möglichst niedrig sein soll.

16. Bewertung von Grund und Boden

Lösung zu Aufgabe 1: Die steigenden Grundstückspreise

Handelsbilanz	Steuerbilanz
Wertansatz zum 31.12.2019: **100.000 €**	**Wertansatz** zum 31.12.2019: **100.000 €**
Gemäß **§ 253 Abs. 1 Satz 1 HGB** sind Vermögensgegenstände **höchstens** mit den **Anschaffungs**- oder Herstellungs**kosten** anzusetzen. Außerdem sind nach **§ 252 Abs. 1 Nr. 4 HGB** Gewinne nur zu berücksichtigen, wenn sie am Abschlussstichtag realisiert sind (**Realisationsprinzip** = GoB).	Gemäß **§ 6 Abs. 1 Nr. 2 Satz 1 EStG** sind andere als die in Nr. 1 bezeichneten Wirtschaftsgüter des Betriebs (**Grund und Boden**, Beteiligungen, Umlaufvermögen) mit den **Anschaffungs**- oder Herstellungs**kosten** anzusetzen (Bewertungsobergrenze).
Damit ist zum 31.12.2019 für die **Handelsbilanz keine Buchung erforderlich** (unveränderter Wertansatz i. H. v. 100.000 €).	Damit ist zum 31.12.2019 auch für die **Steuerbilanz keine Buchung erforderlich** (unveränderter Wertansatz i. H. v. 100.000 €).

Lösung zu Aufgabe 2: Der Verkauf

Sollkonto (SKR 04/SKR 03)	Betrag (Euro)	Habenkonto (SKR 04/SKR 03)	Betrag (Euro)
4855/2315 Anlagenabgänge (RBW) bei Buchgewinn	100.000,00	0215/0065 Unbebaute Grundstücke	100.000,00

Sollkonto (SKR 04/SKR 03)	Betrag (Euro)	Habenkonto (SKR 04/SKR 03)	Betrag (Euro)
1800/1200 Bank	190.000,00	4845/8820 Erlöse aus Anlagenverkäufen bei Buchgewinn	190.000,00

Gewinnauswirkung für 2020: gewinnerhöhend um 90.000 € (Buchgewinn)

 INFO

Thematisch gehört die Aufgabe 2 zu dem **»** **Kapitel 4. Sachanlagenabgang**. In der Aufgabe 1 bleibt die Wertsteigerung des unbebauten Grundstücks im Betriebsvermögen von 100.000 € auf 190.000 € unberücksichtigt, da die **Anschaffungskosten** (100.000 €) sowohl in der Handelsbilanz, als auch in der Steuerbilanz die **Wertobergrenze** bilden. Mithin handelt es sich bei den 90.000 € um nicht realisierten Gewinn, der nicht ausgewiesen werden darf (vgl. § 252 Abs. 1 Nr. 4 HGB). In der Bilanz befindet sich demnach eine **stille Reserve** in Höhe von 90.000 €.

Durch den Verkauf des unbebauten Grundstücks in der Aufgabe 2 wird der Gewinn nunmehr realisiert (alternativ hätte das Grundstück auch entnommen werden können) und demnach auch ausgewiesen. Jetzt ist die stille Reserve in Höhe von 90.000 € aufgedeckt.

Lösung zu Aufgabe 3: Der B-Plan

Handelsbilanz	Steuerbilanz
Wertansatz zum 31.12.2019: **60.000 €**	Wertansatz zum 31.12.2019: **60.000 - 100.000 €**
Gemäß **§ 253 Abs. 3 Satz 5 HGB** sind bei Vermögensgegenständen des Anlagevermögens ohne Rücksicht darauf, ob ihre Nutzung zeitlich begrenzt ist, **bei voraussichtlicher dauernder Wertminderung außerplanmäßige Abschreibungen vorzunehmen**, um diese mit dem niedrigeren Wert anzusetzen, der ihnen am Abschlussstichtag beizulegen ist (**Abschreibungspflicht**).	Gemäß **§ 6 Abs. 1 Nr. 2 Satz 2 EStG kann** aufgrund einer **voraussichtlichen dauernden Wertminderung** der niedrigere **Teilwert** angesetzt werden (**Abschreibungswahlrecht**). Auch der Ansatz von Zwischenwerten ist zulässig. Um einen möglichst niedrigen steuerlichen Gewinn auszuweisen, sollte von dem Wahlrecht der Teilwert-AfA Gebrauch gemacht werden.

Sollkonto (SKR 04/SKR 03)		Betrag (Euro)	Habenkonto (SKR 04/SKR 03)		Betrag (Euro)
6230/4840	**Außerplanmäßige Abschreibungen auf Sachanlagen**	40.000,00	0215/0065	Unbebaute Grundstücke	40.000,00

Lösung zu Aufgabe 4: Plan B

Sollkonto (SKR 04/SKR 03)		Betrag (Euro)	Habenkonto (SKR 04/SKR 03)		Betrag (Euro)
6895/2310	Anlagenabgänge (RBW) bei Buchverlust	60.000,00[1]	0215/0065	Unbebaute Grundstücke	60.000,00

Sollkonto (SKR 04/SKR 03)		Betrag (Euro)	Habenkonto (SKR 04/SKR 03)		Betrag (Euro)
1800/1200	Bank	59.000,00	6885/8800	Erlöse aus Anlagenverkäufen bei Buchverlust	59.000,00

Gewinnauswirkung für 2020: gewinnmindernd um 1.000 € (Buchverlust)

---

[1] Bilanzansatz zum 31.12.2019 in Handels- und Steuerbilanz: 60.000 € (vgl. Ergebnis aus Aufgabe 3).

Lösung zu Aufgabe 5: Die Altlasten

Handelsbilanz	Steuerbilanz
Wertansatz zum 31.12.2020: **200.000 €**	**Wertansatz** zum 31.12.2020: **200.000 €**
Gemäß **§ 253 Abs. 5 Satz 1 HGB darf ein niedrigerer Wertansatz nach Abs. 3 Satz 5** (dies ist hier der Fall, es ist eine außerplanmäßige Abschreibung auf 10.000 € zum 31.12.2019 vorgenommen worden) **nicht beibehalten werden**, wenn die Gründe dafür nicht mehr bestehen. Es **muss** also **bis max.** zu den ursprünglichen **Anschaffungs-** oder Herstellungskosten **zugeschrieben** werden **(Zuschreibungspflicht/Wertaufholungsgebot)**.	Gemäß **§ 6 Abs. 1 Nr. 2 Satz 3 EStG** gilt Nr. 1 Satz 4 entsprechend. Nach **§ 6 Abs. 1 Nr. 1 Satz 4 EStG sind Wirtschaftsgüter**, die bereits am Schluss des vorangegangenen Wirtschaftsjahres zum Anlagevermögen des Steuerpflichtigen gehört haben (vorliegend der Grund und Boden, welcher zum 31.12.2019 mit 10.000 € in der Bilanz steht), **in den folgenden Wirtschaftsjahren gemäß Satz 1 anzusetzen** (also mit den **ursprünglichen Anschaffungs-** oder Herstellungskosten). Es **muss** also auch in der Steuerbilanz **bis max.** zu den ursprünglichen **Anschaffungs-** oder Herstellungskosten **zugeschrieben** werden **(Zuschreibungspflicht/Wertaufholungsgebot)**.

Sollkonto (SKR 04/SKR 03)	Betrag (Euro)	Habenkonto (SKR 04/SKR 03)	Betrag (Euro)
0215/0065 Unbebaute Grundstücke	190.000,00	**4910/2710 Erträge aus Zuschreibungen des Sachanlagevermögens**	190.000,00

Sollkonto (SKR 04/SKR 03)	Betrag (Euro)	Habenkonto (SKR 04/SKR 03)	Betrag (Euro)
6859/4969 Aufwendungen für Abraum- und Abfallbeseitigung[1]	159.000,00	**3310/1610 VerbaLuL**	189.210,00
1400/1570 VoSt	30.210,00		

 INFO

Einzelheiten zu den Teilwertabschreibungen gemäß § 6 Abs. 1 Nr. 1 und Nr. 2 EStG, zu den Voraussetzungen einer voraussichtlich dauernden Wertminderung und zum Wertaufholungsgebot können Sie dem **BMF-Schreiben vom 02.09.2016** entnehmen. Zum Begriff der voraussichtlich dauernden Wertminderung insbesondere die Rn. 5-7. Bezogen auf die hier vorliegende **Aufgabe 5** insbesondere die **Rn. 11 und 12**.

---

[1] Oder ähnliche Konten (z. B. *Grundstücksaufwendungen*).

 INFO

Aufgaben und Fragen zu der **Folgebewertung des Grund und Bodens** gehören sicherlich zu den **anspruchsvolleren Aufgaben**. Hier liegt die Problematik nicht so sehr in dem Bilden der erforderlichen Buchungssätze (entweder ist gar nichts zu buchen oder es ist eine Abschreibung oder Zuschreibung vorzunehmen), sondern in der **Wahl des richtigen Wertansatzes**. Hinzu kommt, dass es sich bei diesem Thema aus Sicht des Prüfungsamtes nahezu aufdrängt, nach den entsprechenden **Normen** zu fragen.

 ACHTUNG

Klassische Fehler

► **einschlägige Normen nicht gefunden**

► daraus resultierend fehlerhafter Wertansatz in Handels- und/oder Steuerbilanz

► daraus resultierend fehlerhafte Buchung

► **Sachverhalt nicht genau gelesen** und damit etwas geprüft, was nicht Gegenstand der Aufgabe war (z. B. in Aufgabe 5 Ausführungen zur außerplanmäßigen Abschreibung bzw. Teilwert-AfA gemacht, obwohl diese laut Sachverhalt schon zulässigerweise in den Vorjahren vorgenommen wurde).

Wird im Rahmen der Folgebewertung nach den **einschlägigen Normen** aus dem HGB und EStG gefragt, so kann es sich für die **Handelsbilanz** nur um **§ 253 HGB** (vgl. Überschrift: Zugangs- und **Folgebewertung**) und für die **Steuerbilanz** nur um **§ 6 EStG** (vgl. Überschrift: **Bewertung**) handeln. Die richtigen **Absätze und Nummern** im § 253 HGB bzw. § 6 EStG wird man finden, wenn man sich bewusst macht, **was zu bewerten ist** (**Anlage-** oder **Umlaufvermögen**? **Abnutzbar** oder **nicht abnutzbar**?). Mit der zusätzlichen Erkenntnis, dass bei

► **gefallenen Grundstückspreisen** (und unterstellter dauerhafter Wertminderung) in der **Handelsbilanz** eine **Abschreibungspflicht** und in der **Steuerbilanz** ein **Abschreibungswahlrecht** besteht,

► bei **späterer Werterholung** (nach außerplanmäßiger Abschreibung bzw. Teilwert-AfA) sowohl in der **Handels-** als auch in der **Steuerbilanz** eine **Zuschreibungspflicht** bis max. zu den ursprünglichen Anschaffungs-/Herstellungskosten besteht und

► bezüglich des Wertansatzes in der **Handelsbilanz** (Realisationsprinzip) **und Steuerbilanz niemals** ein **höherer Wert** als die **ursprünglichen Anschaffungs-/Herstellungskosten** möglich ist,

sollte auch in diesem anspruchsvollen Themengebiet das Erreichen der vollen Punktzahl möglich sein.

17. Bewertung der sonstigen Wertpapiere (Aktien)

Lösung zu Aufgabe 1: Steigende Aktienkurse

Handelsbilanz	Steuerbilanz
Wertansatz zum 31.12.2018: **365.400 €**	**Wertansatz** zum 31.12.2018: **365.400 €**
Gemäß **§ 253 Abs. 1 Satz 1 HGB** sind Vermögensgegenstände **höchstens** mit den **Anschaffungs**- oder Herstellungs**kosten** anzusetzen. Außerdem sind nach **§ 252 Abs. 1 Nr. 4 HGB** Gewinne nur zu berücksichtigen, wenn sie am Abschlussstichtag realisiert sind (**Realisationsprinzip** = GoB).	Gemäß **§ 6 Abs. 1 Nr. 2 Satz 1 EStG** sind andere als die in Nr. 1 bezeichneten Wirtschaftsgüter des Betriebs (Grund und Boden, **Beteiligungen, Umlaufvermögen**) mit den **Anschaffungs**- oder Herstellungs**kosten** anzusetzen (Bewertungsobergrenze).
Damit ist zum 31.12.2018 für die **Handelsbilanz keine Buchung erforderlich** (unveränderter Wertansatz i. H. v. 365.400 €).	Damit ist zum 31.12.2018 auch für die **Steuerbilanz keine Buchung erforderlich** (unveränderter Wertansatz i. H. v. 365.400 €).

Lösung zu Aufgabe 2: Fallende Aktienkurse

Handelsbilanz	Steuerbilanz
Wertansatz zum 31.12.2018: **152.250 €**	**Wertansatz** zum 31.12.2018: **152.250 € - 192.850 €**
Gemäß **§ 253 Abs. 4 Satz 1 HGB sind** bei Vermögensgegenständen des Umlaufvermögens **Abschreibungen vorzunehmen**, um diese mit einem niedrigeren Wert anzusetzen, der sich aus einem Börsen- oder Marktpreis am Abschlussstichtag ergibt (**Abschreibungspflicht**). Die Abschreibungspflicht kann auf die allgemeinen Bewertungsregeln in § 252 Abs. 1 Nr. 4 HGB (Vorsichts- und Imparitätsprinzip) gestützt werden und erfüllt das strenge Niederstwertprinzip. Für die Handelsbilanz ist es **nicht entscheidend**, ob die **Wertminderung von Dauer** ist.	Gemäß **§ 6 Abs. 1 Nr. 2 Satz 2 EStG kann** aufgrund einer **voraussichtlichen dauernden Wert minderung** der niedrigere **Teilwert** angesetzt werden (**Abschreibungswahlrecht**). Auch der Ansatz von Zwischenwerten ist zulässig. Um einen möglichst niedrigen steuerlichen Gewinn auszuweisen, sollte von dem Wahlrecht der Teilwert-AfA Gebrauch gemacht werden.

Aktueller Wert zum 31.12.2018: 1.000 Stck. à 150 € **zzgl. 1,5 % (ANK)** = 152.250 €

Abschreibung auf den aktuellen Wert; also in Höhe der Differenz der ursprünglichen AK (192.850 €) und dem aktuellen Wert (152.250 €).

Sollkonto (SKR 04/SKR 03)		Betrag (Euro)	Habenkonto (SKR 04/SKR 03)		Betrag (Euro)
7210/4875	Abschreibungen auf Wertpapiere d. UV	40.600,00	1510/1348	Sonstige Wertpapiere	40.600,00

Lösung zu Aufgabe 3: SpVgg Unterhaching

Handelsbilanz

Gemäß **§ 253 Abs. 4 Satz 1 HGB sind** bei Vermögensgegenständen des Umlaufvermögens **Abschreibungen vorzunehmen**, um diese mit einem niedrigeren Wert anzusetzen, der sich aus einem Börsenpreis am Abschlussstichtag ergibt (**Abschreibungsgebot**). Auf das Erfordernis einer dauerhaften Wertminderung kommt es in der Handelsbilanz für das Umlaufvermögen nicht an.

Da in allen Varianten a) - d) der Kurs am Abschlussstichtag unter den AK (10.000 €) liegt, ist in der **Handelsbilanz** zwingend jeweils der aktuelle (niedrigere) Wert zum 31.12.2019 anzusetzen:

a) 9.000 € (= Börsenpreis zum 31.12.2019: 1.000 Aktien à 9,00 €)

b) 9.000 € (= Börsenpreis zum 31.12.2019: 1.000 Aktien à 9,00 €)

c) 9.800 € (= Börsenpreis zum 31.12.2019: 1.000 Aktien à 9,80 €)

d) 9.500 € (= Börsenpreis zum 31.12.2019: 1.000 Aktien à 9,50 €)

Steuerbilanz

Gemäß **§ 6 Abs. 1 Nr. 2 Satz 2 EStG kann** aufgrund einer voraussichtlich dauernden Wertminderung der **niedrigere Teilwert** angesetzt werden (**Abschreibungswahlrecht**). Mithin stellt sich die Frage, wann bei Aktien des Umlaufvermögens von einer voraussichtlich dauernden Wertminderung ausgegangen werden kann. Hier hilft das **BMF-Schreiben vom 02.09.2016** weiter: Rn 17:

„Bei börsennotierten (...) Wertpapieren des Anlage- und Umlaufvermögens ist von einer ***voraussichtlich dauernden Wertminderung*** *auszugehen, wenn der Börsenwert zum Bilanzstichtag unter denjenigen im Erwerbszeitpunkt gesunken ist und der* ***Kursverlust*** *die* ***Bagatellgrenze von 5 %*** *der Notierung bei Erwerb* ***überschreitet.“***

Da in allen Varianten a) - d) der Kurs am Abschlussstichtag unter den AK (10.000 €) liegt, ist nun zu prüfen, ob der Kursverlust die Bagatellgrenze von 5 % überschreitet.

Sollte dies der Fall sein, ist von einer voraussichtlich dauernden Wertminderung auszugehen. Mithin kann dann eine TW-AfA vorgenommen werden (Abschreibungswahlrecht).

Sollte der Kursverlust die Bagatellgrenze von 5 % nicht überschreiten, so liegt keine voraussichtlich dauernde Wertminderung vor. Mithin könnte dann auch keine TW-AfA vorgenommen werden.

a) 9.000 €[1] (= Börsenpreis zum 31.12.2019, da Kursverlust i. H. v. 10 %)

b) 9.000 €[2] (= Börsenpreis zum 31.12.2019, da Kursverlust i. H. v. 10 %)

---

[1] Grundsätzlich Wahlrecht. Es könnte auch mit den AK (10.000 €) bewertet werden. Auch Zwischenwerte wären möglich. Also jeder €-Betrag zwischen 9.000 € (TW) und 10.000 € (AK). F. M. wünscht aber einen möglichst niedrigen steuerrechtlichen Gewinn, deshalb muss der niedrigst mögliche Wertansatz (also 9.000 €) gewählt werden.

[2] Siehe obige Fußnote.

c) 10.000 € (= AK, da Kursverlust nur i. H. v. 2 %)

d) 10.000 € (= AK, da Kursverlust genau i. H. v. 5 % und damit **keine Überschreitung** der **Bagatellgrenze**)

Die weiteren Kurse am Tag der Bilanzaufstellung, die im Sachverhalt angegeben sind, und damit auch die Kursveränderungen zwischen Abschlussstichtag (31.12.2019) und Bilanzaufstellungstag sind für die Lösung irrelevant. Vergleiche hierzu das **BMF-Schreiben vom 2. September 2016**, Rn 19:

„Bei den bis zum Tag der Bilanzaufstellung eintretenden Kursänderungen handelt es sich um wertbeeinflussende (wertbegründende) Umstände, die die Bewertung der Wertpapiere zum Bilanzstichtag grundsätzlich nicht berühren."

Beachten Sie bitte auch die Rn 20 (inkl. 20a, 20b und 20c) des **BMF-Schreiben vom 02.09.2016**. Die hier vorliegende Aufgabe 3 ist den Beispielen des BMF-Schreibens nachgebildet.

 TIPP

Vergleichen Sie die Bewertung der Aktien unbedingt mit dem Themengebiet in ›› **Kapitel 16. Bewertung von Grund und Boden**. Hinsichtlich der **Steuerbilanz** ergeben sich keine Unterschiede. Hier gilt jeweils § 6 Abs. 1 Nr. 2 EStG. Hinsichtlich der **Handelsbilanz** müssen Sie lediglich mit den Absätzen des § 253 HGB aufpassen: Für Aktien des **Umlaufvermögens** gilt § 253 Abs. 4 HGB (außerplanmäßige Abschreibung ohne das Erfordernis einer voraussichtlich dauernden Wertminderung) und für den Grund und Boden (= **Anlagevermögen**) gilt § 253 Abs. 3 Satz 5 HGB (außerplanmäßige Abschreibung nur bei einer voraussichtlich dauernden Wertminderung).

Das bedeutet: Wer die Bewertung von Grund und Boden verinnerlicht hat, wird auch mit der Bewertung von Aktien keinerlei Probleme haben und umgekehrt.

Es bedeutet aber auch: Wer bereits im Themengebiet **Bewertung von Grund und Boden** „schwimmt", wird auch bei der Bewertung von Aktien „baden gehen" und umgekehrt.

Schauen Sie sich in Ruhe die **Lösungstabellen** zu den beiden Themengebieten an. **Mehr oder andere Varianten wird es in Ihrer Prüfung nicht geben können!**

18. Bewertung der Vorräte/Waren

Lösung zu Aufgabe 1: Mehr oder weniger?

Sollkonto (SKR 04/SKR 03)	Betrag (Euro)	Habenkonto (SKR 04/SKR 03)	Betrag (Euro)
1140/3980 Bestand an Waren	19.600	5200/3200 Wareneingang	19.600

Gewinnauswirkung: gewinnerhöhend i. H. v. 19.600 € (Bestandsmehrung)

Abwandlung:

Sollkonto (SKR 04/SKR 03)	Betrag (Euro)	Habenkonto (SKR 04/SKR 03)	Betrag (Euro)
5200/3200 Wareneingang	10.400	1140/3980 Bestand an Waren	10.400

Gewinnauswirkung: gewinnmindernd i. H. v. 10.400 € (Bestandsminderung)

Lösung zu Aufgabe 2: Stiftung Warenrest

Handelsbilanz	Steuerbilanz
Wertansatz zum 31.12.: **2.000 €**	**Wertansatz** zum 31.12.: jeder €-Betrag zwischen **2.000 €** und **5.000 €**
Gemäß **§ 253 Abs. 4 Satz 1 HGB sind** bei Vermögensgegenständen des Umlaufvermögens **Abschreibungen vorzunehmen**, um diese mit einem niedrigeren Wert anzusetzen, der sich aus einem Börsen- oder Marktpreis am Abschlussstichtag ergibt (**Abschreibungsgebot**). Die Abschreibungspflicht kann auf die allgemeinen Bewertungsregeln in § 252 Abs. 1 Nr. 4 HGB (Vorsichts- und Imparitätsprinzip) gestützt werden und erfüllt das strenge Niederstwertprinzip. Für die **Handelsbilanz** ist es **nicht entscheidend**, ob die **Wertminderung von Dauer** ist; vgl. Wortlaut des § 253 Abs. 4 Satz 1 HGB	Gem. **§ 6 Abs. 1 Nr. 2 Satz 2 EStG kann** aufgrund einer **voraussichtlichen dauernden Wertminderung** der niedrigere **Teilwert** angesetzt werden (**Abschreibungswahlrecht**). Auch der Ansatz von Zwischenwerten ist zulässig. Nach BMF-Schreiben vom 2. September 2016 ist die Wertminderung voraussichtlich von Dauer, wenn die Minderung bis zum Zeitpunkt der Aufstellung der Bilanz anhält. Da der Marktpreis auch zum Zeitpunkt der Aufstellung der Bilanz (31.03.) unverändert bei 2.000 € lag, ist damit das Erfordernis der **dauerhaften Wertminderung** (für die **Steuerbilanz entscheidende Voraussetzung** für eine Teilwert-AfA) erfüllt. Um einen möglichst niedrigen steuerlichen Gewinn auszuweisen, sollte von dem Wahlrecht der Teilwert-AfA Gebrauch gemacht werden.

Lösung zu Aufgabe 3: Alles nur vorübergehend

Handelsbilanz:

Sollkonto (SKR 04/SKR 03)	Betrag (Euro)	Habenkonto (SKR 04/SKR 03)	Betrag (Euro)
5200/3200 Wareneingang	10.000	1140/3980 Bestand an Waren	10.000

Die Waren sind in der **Handelsbilanz** zum 31.12. mit einem **Wertansatz** i. H. v. **40.000 €** auszuweisen. Daraus resultierend ist eine Bestandsminderung zu buchen. Bezüglich des Wertansatzes zum 31.12. darf auf die Begründung für die Handelsbilanz der Lösung zu Aufgabe 2 verwiesen werden (Abschreibungsgebot, dauernde Wertminderung nicht erforderlich).

Steuerbilanz:

Sollkonto (SKR 04/SKR 03)	Betrag (Euro)	Habenkonto (SKR 04/SKR 03)	Betrag (Euro)
1140/3980 Bestand an Waren	20.000	5200/3200 Wareneingang	20.000

Die Waren sind in der **Steuerbilanz** zum 31.12. mit einem **Wertansatz** i. H. v. **70.000 €** auszuweisen. Daraus resultierend ist eine Bestandsmehrung zu buchen.
Nach BMF-Schreiben vom 2. September 2016 ist die Wertminderung voraussichtlich von Dauer, wenn die Minderung bis zum Zeitpunkt der Aufstellung der Bilanz anhält. Vorliegend ist die Wertminderung von 70.000 € auf 40.000 € nicht von Dauer, da der Marktpreis zum Zeitpunkt der Aufstellung der Bilanz (31.03.) wieder bei 70.000 € liegt. Deshalb kann der niedrigere Teilwert (40.000 €) nicht angesetzt werden.

Lösung zu Aufgabe 4: Mit Kaffee und Humor kommt man dem Stress zuvor

Ermittlung der AK nach der Durchschnittsmethode

01.01.	Inventurbestand	500 kg à	23,50 €	= 11.750 €
28.02.	Zugang	400 kg à	22,00 €	= 8.800 €
01.04.	Zugang	900 kg à	24,00 €	= 21.600 €
03.06.	Zugang	300 kg à	17,00 €	= 5.100 €
01.11.	Zugang	450 kg à	26,00 €	= 11.700 €
		2.550 kg		58.950 €

Während des abgelaufenen Wirtschaftsjahres wurden also insgesamt 2.550 kg für insgesamt 58.950 € eingekauft. **Die Anschaffungskosten für den Endbestand zum 31.12. nach der Durchschnittsmethode betragen daher 21.961,76 €[1].**

---

[1] 58.950,00 € : 2.550 kg • 950 kg.

Ermittlung der AK nach der Lifo-Methode

Bei der Lifo-Methode („last in first out") gilt der zuletzt eingekaufte Kaffee als zuerst veräußert, vgl. § 256 Satz 1 HGB. Mithin muss sich der Endbestand (950 kg) aus dem Inventurbestand zum 01.01., dem ersten Zugang (28.02.) und teilweise dem zweiten Zugang (01.04.) zusammensetzen. Alle weiteren (späteren) Zugänge gelten als veräußert.

01.01.	Inventurbestand	500 kg à	23,50 €	= 11.750 €
28.02.	Zugang	400 kg à	22,00 €	= 8.800 €
01.04.	Zugang	50 kg à	24,00 €	= 1.200 €
		950 kg		21.750 €

Die Anschaffungskosten für den Endbestand zum 31.12. nach der Lifo-Methode betragen also 21.750 €.

Ermittlung der AK nach der Fifo-Methode

Bei der Fifo-Methode („first in first out") gilt der zuerst eingekaufte Kaffee als zuerst veräußert, vgl. § 256 Satz 1 HGB. Mithin muss sich der Endbestand (950 kg) aus dem letzten Zugang (01.11.), dem vorletzten Zugang (03.06.) und teilweise aus dem vorvorletzten Zugang (01.04.) zusammensetzen. Alle früheren Zugänge gelten als veräußert.

01.11.	Zugang	450 kg á	26,00 €	= 11.700 €
03.06.	Zugang	300 kg á	17,00 €	= 5.100 €
01.04.	Zugang	200 kg á	24,00 €	= 4.800 €
		950 kg		21.600 €

Die Anschaffungskosten für den Endbestand zum 31.12. nach der Fifo-Methode betragen also 21.600 €.

	Anschaffungskosten	Wertansatz Handelsbilanz	Wertansatz Steuerbilanz
Durchschnittsmethode	21.961,76 €		
Lifo-Methode	21.750,00 €		X
Fifo-Methode	21.600,00 €	X	

Um einen möglichst geringen handelsrechtlichen Jahresüberschuss (Handelsbilanz) bzw. einen möglichst geringen steuerrechtlichen Gewinn (Steuerbilanz) auszuweisen, muss der jeweils niedrigste mögliche Wertansatz gewählt werden. Das ist in der Handelsbilanz der Wertansatz nach der Fifo-Methode (21.600 €) und in der Steuerbilanz der Wertansatz nach der Lifo-Methode (21.750 €), da in der Steuerbilanz die Fifo-Methode nicht anwendbar ist.

Lösung zu Aufgabe 5: Lieber den Spatz im Tank als die Taube auf dem Dach

	Wertansatz Handelsbilanz	Wertansatz Steuerbilanz
Durchschnittsmethode	95.000 € § 253 Abs. 4 Satz 1 HGB strenges Niederstwertprinzip	100.000 € § 6 Abs. 1 Nr. 2 Satz 2 EStG keine dauerhafte Wertminderung
Lifo-Methode	90.000 € § 253 Abs. 1 Satz 1 HGB Wertobergrenze = AK Realisationsprinzip	90.000 € § 6 Abs. 1 Nr. 2 Satz 1 EStG § 5 Abs. 1 Satz 1 EStG Wertobergrenze = AK Realisationsprinzip
Fifo-Methode	95.000 € § 253 Abs. 4 Satz 1 HGB strenges Niederstwertprinzip	nicht zulässig § 6 Abs. 1 Nr. 2a Satz 1 EStG Umkehrschluss

19. Bewertung der Forderungen

Lösung zu Aufgabe 1: Die Insolvenz

Handelsbilanz	Steuerbilanz
Wertansatz zum 31.12.2019: **0 €**	**Wertansatz** zum 31.12.2019: **0 €**
Gemäß **§ 253 Abs. 4 Satz 1 HGB sind** bei Vermögensgegenständen des Umlaufvermögens **Abschreibungen vorzunehmen**, um diese mit einem niedrigeren Wert anzusetzen, der sich aus einem Börsen- oder Marktpreis am Abschlussstichtag ergibt (**Abschreibungsgebot**).	Gemäß **§ 6 Abs. 1 Nr. 2 Satz 2 EStG kann** aufgrund einer voraussichtlich dauernden Wertminderung der niedrigere **Teilwert** angesetzt werden (**Abschreibungswahlrecht**). Um einen möglichst niedrigen steuerlichen Gewinn auszuweisen, sollte von dem Wahlrecht der TW-AfA Gebrauch gemacht werden.

Gemäß **§ 17 Abs. 2 Nr. 1 UStG** (i. V. m. § 17 Abs. 1 UStG) ist die **Umsatzsteuer** zu **berichtigen**, da das **vereinbarte Entgelt** für eine steuerpflichtige Lieferung **uneinbringlich** geworden ist.

Sollkonto (SKR 04/SKR 03)	Betrag (Euro)	Habenkonto (SKR 04/SKR 03)	Betrag (Euro)
6930/2400 Forderungs- verluste	1.985,00	1210/1410 FordaLuL	2.362,15
3800/1770 USt	377,15		

Lösung zu Aufgabe 2: Die späte Kenntnis

Gemäß **§ 252 Abs. 1 Nr. 4 HGB** sind alle vorhersehbaren Risiken und Verluste, die bis zum Abschlussstichtag entstanden sind zu berücksichtigen, selbst wenn diese erst zwischen dem Abschlussstichtag und dem Tag der Aufstellung des Jahresabschlusses bekannt geworden sind.

Vorliegend ist der Verlust bis zum Abschlussstichtag (31.12.2019) entstanden (Insolvenzverfahren mangels Masse im Dezember nicht eröffnet).

Das der Gläubiger hiervon erst nach dem Abschlussstichtag im Januar 2020[1] Kenntnis erlangte ist irrelevant. Der Forderungsverlust ist deshalb zum 31.12.2019 zu berücksichtigen:

Sollkonto (SKR 04/SKR 03)	Betrag (Euro)	Habenkonto (SKR 04/SKR 03)	Betrag (Euro)
6930/2400 Forderungs- verluste	1.986,00	1210/1410 FordaLuL	2.363,34
3800/1770 USt	377,34		

---

[1] Bei lebensnaher Sachverhaltsauslegung ist davon auszugehen, dass im Januar 2020 der Jahresabschluss noch nicht aufgestellt worden ist. Kenntniserlangung ist also nach dem Abschlussstichtag (31.12.2019), aber noch vor Aufstellung des Jahresabschlusses.

Lösung zu Aufgabe 3: EWB in allen Varianten

2019

Sollkonto (SKR 04/SKR 03)	Betrag (Euro)	Habenkonto (SKR 04/SKR 03)	Betrag (Euro)
1240/1460 Zweifelhafte Forderungen	23.669,10	1210/1410 FordaLuL	23.669,10
6923/2451 Einstellung in die EWB zu Forderungen	4.972,50[1]	1246/0998 EWB auf Forderungen	4.972,50

2020 Variante a)

Sollkonto (SKR 04/SKR 03)	Betrag (Euro)	Habenkonto (SKR 04/SKR 03)	Betrag (Euro)
1800/1200 Bank		1240/1460 Zweifelhafte Forderungen	
1246/0998 EWB auf Forderungen	4.972,50	4923/2731 Erträge aus der Auflösung EWB	4.972,50
6930/2400 Forderungsverluste	19.890,00	1240/1460 Zweifelhafte Forderungen	23.669,10
3800/1770 USt	3.779,10		

2020 Variante b)

Sollkonto (SKR 04/SKR 03)	Betrag (Euro)	Habenkonto (SKR 04/SKR 03)	Betrag (Euro)
1800/1200 Bank	17.751,83	1240/1460 Zweifelhafte Forderungen	17.751,83
1246/0998 EWB auf Forderungen	4.972,50	4923/2731 Erträge aus der Auflösung EWB	4.972,50
6930/2400 Forderungsverluste	4.972,50	1240/1460 Zweifelhafte Forderungen	5.917,27
3800/1770 USt	944,77		

2020 Variante c)

Sollkonto (SKR 04/SKR 03)	Betrag (Euro)	Habenkonto (SKR 04/SKR 03)	Betrag (Euro)
1800/1200 Bank	14.776,83	1240/1460 Zweifelhafte Forderungen	14.776,83
1246/0998 EWB auf Forderungen	4.972,50	4923/2731 Erträge aus der Auflösung EWB	4.972,50
6930/2400 Forderungsverluste	7.472,50	1240/1460 Zweifelhafte Forderungen	8.892,27
3800/1770 USt	1.419,77		

---

[1] 25 % von 19.890 € (netto).

2020 Variante d)

Sollkonto (SKR 04/SKR 03)	Betrag (Euro)	Habenkonto (SKR 04/SKR 03)	Betrag (Euro)
1800/1200 Bank	19.893,83	1240/1460 Zweifelhafte Forderungen	19.893,83
1246/0998 EWB auf Forderungen	4.972,50	4923/2731 Erträge aus der Auflösung EWB	4.972,50
6930/2400 Forderungsverluste	3.172,50	1240/1460 Zweifelhafte Forderungen	3.775,27
3800/1770 USt	602,77		

Var.	Tatsächlicher Forderungsausfall BRUTTO	Tatsächlicher Forderungsausfall NETTO	GA 2019	GA 2020
a)	Forderung (100 %) 23.669,10 € abzgl. 0,00 € (Geldeingang) = **23.669,10 €**	23.669,10 € : 1,19 = **19.890,00 €**	- 4.972,50 €	+ 4.972,50 € - 19.890,00 € = - **14.917,50 €**
b)	Forderung (100 %) 23.669,10 € abzgl. 17.751,83 € (Geldeingang) = **5.917,27 €**	5.917,27 € : 1,19 = **4.972,50 €**	- 4.972,50 €	+ 4.972,50 € - 4.972,50 € = **0,00 €**
c)	Forderung (100 %) 23.669,10 € abzgl. 14.776,83 € (Geldeingang) = **8.892,27 €**	8.892,27 € : 1,19 = **7.472,50 €**	- 4.972,50 €	+ 4.972,50 € - 7.472,50 € = - **2.500,00 €**
d)	Forderung (100 %) 23.669,10 € abzgl. 19.893,83 € (Geldeingang) = **3.775,27 €**	3.775,27 € : 1,19 = **3.172,50 €**	- 4.972,50 €	+ 4.972,50 € - 3.172,50 € = **1.800,00 €**

Die Tabelle zeigt, dass die Summe der Gewinnauswirkungen 2019 und 2020 mit dem tatsächlichen Forderungsausfall (netto) übereinstimmt. Oder anders ausgedrückt: In 2020 steht der tatsächliche Forderungsausfall endgültig fest. Dieser lässt sich nun auch rechnerisch ermitteln. Genau in dieser Höhe darf/muss Aufwand (Forderungsverluste) gebucht werden. Da aber im Vorjahr schon (geschätzter) Aufwand gebucht wurde (nämlich in allen Varianten 4.972,50 €), muss die Differenz aus tatsächlichem Aufwand (Forderungsausfall) und schon im Vorjahr gebuchten Aufwand (4.972,50 €) die Gewinnauswirkung in 2020 sein.

 TIPP

Für die Buchungssätze in 2020 in den vier Varianten a) - d) gibt es **Buchungsalternativen**: So muss die im Vorjahr gebildete EWB nicht zwingend gegen *4923/2731 Erträge aus der Auflösung der EWB* in voller Höhe aufgelöst werden. Alternativ kann die EWB auch gegen *1240/1460 Zweifelhafte Forderungen* gebucht werden. Diese Buchung ist allerdings erfolgsneutral (Buchen auf Bestandskonten). Dies führt dazu, dass nunmehr der fehlende Aufwand oder Ertrag als Differenz aus geschätztem (und im Vorjahr gebuchtem) Aufwand und dem tatsächlichen Aufwand (Ausfall) entweder auf *6930/2400 Forderungsverluste* oder *4925/2732 Erträge aus abgeschriebenen Forderungen* gebucht werden muss. Dies hat zur weiteren Folge, dass nunmehr die zu korrigierende

Umsatzsteuer (ein Teil der Forderung ist ja uneinbringlich) nicht mehr zu dem Konto *6930/2400 Forderungsverluste* passt. Die Buchungsalternative hat also den **sehr großen Nachteil**, dass Sie abhängig von der jeweiligen Variante (vgl. vorliegende Aufgabe a) - d)) immer anders buchen müssen. Warum so kompliziert, wenn es auch ganz einfach geht?

Die hier bevorzugte Buchung (die übrigens auch in den Lösungen der Prüfungsämter präferiert wird) hat den großen Vorteil, dass Sie unabhängig von der jeweiligen Variante immer gleich buchen können. Außerdem passen auch die Zahlen zueinander: Die zu korrigierende Umsatzsteuer entspricht 19 % (ggf. 7 %) des Forderungsverlustes (gebucht auf 6930/2400).

Schauen Sie sich nochmal die Lösungen a) - d) in Ruhe an. Hier werden alle vorstellbaren Varianten abgehandelt. Der Buchungssatz ist immer gleich!

Lösung zu Aufgabe 4: Was geschah im letzten Jahr?

Sollkonto (SKR 04/SKR 03)		Betrag (Euro)	Habenkonto (SKR 04/SKR 03)		Betrag (Euro)
1800/1200	Bank	3.500,00	1240/1460	Zweifelhafte Forderungen	3.500,00
1246/0998	EWB auf Forderungen	5.332,80[1]	4923/2731	Erträge aus der Auflösung EWB	5.332,80
6930/2400	Forderungs-verluste	5.946,82	1240/1460	Zweifelhafte Forderungen	7.076,72[2]
3800/1770	USt	1.129,90			

Lösung zu Aufgabe 5: Zurück in die Vergangenheit

Sollkonto (SKR 04/SKR 03)		Betrag (Euro)	Habenkonto (SKR 04/SKR 03)		Betrag (Euro)
1800/1200	Bank	3.123,75	1240/1460	Zweifelhafte Forderungen	3.123,75
1246/0998	EWB auf Forderungen	5.250,00[3]	4923/2731	Erträge aus der Auflösung EWB	5.250,00
6930/2400	Forderungs-verluste	4.875,00	1240/1460	Zweifelhafte Forderungen	5.801,25[4]
3800/1770	USt	926,25			

---

[1] 60 % von 8.888 € (netto).

[2] Ursprüngliche Forderung 10.576,72 € (brutto) abzgl. Geldeingang 3.500 € (brutto) = Tatsächlicher Forderungsausfall (brutto).

[3] 35 % = 3.123,75 € : 35x100 = 8.925 € (100 % Ursprüngliche Forderung brutto).
8.925 € : 1,19 = 7.500 € (100 % Ursprüngliche Forderung netto). Davon 70 % = 5.250 € (EWB).

[4] Ursprüngliche Forderung 8.925 € (brutto) abzgl. Geldeingang 3.123,75 € (brutto) = Tatsächlicher Forderungsausfall (brutto).

Lösung zu Aufgabe 6: PWB mit Bankbürgschaft und Barcelona

	140.000 €	FordaLuL vorläufig
-	**18.600 €**	**Forderung aus steuerfreier i. L.**
-	50.000 €	Abgesicherte Forderung
=	71.400 €	FordaLuL brutto
: 1,19 =	60.000 €	FordaLuL netto
+	**18.600 €**	**Forderung aus steuerfreier i. L.**
=	78.600 €	BMG für die PWB
· 1 % =	786 €	Neuer PWB für 2019

Anpassungsmethode

Sollkonto (SKR 04/SKR 03)		Betrag (Euro)	Habenkonto (SKR 04/SKR 03)		Betrag (Euro)
6920/2450	Einstellung in die PWB zu Forderungen	336,00[1]	1248/0996	PWB auf Forderungen	336,00

Auflösungsmethode

Sollkonto (SKR 04/SKR 03)		Betrag (Euro)	Habenkonto (SKR 04/SKR 03)		Betrag (Euro)
1248/0996	PWB auf Forderungen	450,00	4920/2730	Erträge aus der Herabsetzung der PWB	450,00
6920/2450	Einstellung in die PWB zu Forderungen	786,00	1248/0996	PWB auf Forderungen	786,00

Lösung zu Aufgabe 7: PWB mit 19 % und 7 % und 0 %

Topf 1 Forderungen nur mit 19 %	Topf 2 Forderungen nur mit 7 %	Topf 3 Forderungen nur mit 0 %
121.735 € (insgesamt) - 5.885 € (7 %) - 14.700 € (0 %) = 101.150 € (Rest brutto)	5.885 € (brutto)	steuerfreie Ausfuhrlieferung
: 1,19 = **85.000 € (netto)**	: 1,07 = **5.500 € (netto)**	**14.700 €**
Summe Töpfe 1-3: **105.200 €** (BMG für die Pauschalwertberichtigung) Davon 2 % = 2.104 € (Neuer PWB für 2019)		

---

[1] Alter PWB laut Sachverhalt 450 €. Neuer PWB laut aktueller Berechnung 786 €. Mithin muss im Rahmen der **Anpassungsmethode** die **Differenz** (336 €) eingestellt werden.

Anpassungsmethode

Sollkonto (SKR 04/SKR 03)	Betrag (Euro)	Habenkonto (SKR 04/SKR 03)	Betrag (Euro)
1248/0996 PWB auf Forderungen	896,00[1]	4920/2730 Erträge aus der Herabsetzung der PWB	896,00

Auflösungsmethode

Sollkonto (SKR 04/SKR 03)	Betrag (Euro)	Habenkonto (SKR 04/SKR 03)	Betrag (Euro)
1248/0996 PWB auf Forderungen	3.000,00	4920/2730 Erträge aus der Herabsetzung der PWB	3.000,00
6920/2450 Einstellung in die PWB zu Forderungen	2.104,00	1248/0996 PWB auf Forderungen	2.104,00

Lösung zu Aufgabe 8: Die Summen- und Saldenliste

a)

Sollkonto (SKR 04/SKR 03)	Betrag (Euro)	Habenkonto (SKR 04/SKR 03)	Betrag (Euro)
1800/1200 Bank	3.568,81	4925/2732 Erträge aus abgeschriebenen Forderungen	2.999,00
		3800/1770 USt	569,81

b)

Sollkonto (SKR 04/SKR 03)	Betrag (Euro)	Habenkonto (SKR 04/SKR 03)	Betrag (Euro)
1800/1200 Bank	1.606,50	1240/1460 Zweifelhafte Forderungen	1.606,50
1246/0998 EWB auf Forderungen	7.200,00	4923/2731 Erträge aus der Auflösung EWB	7.200,00
6930/2400 Forderungs-verluste	7.650,00	1240/1460 Zweifelhafte Forderungen	9.103,50
3800/1770 USt	1.453,50		

c)

Sollkonto (SKR 04/SKR 03)	Betrag (Euro)	Habenkonto (SKR 04/SKR 03)	Betrag (Euro)
6930/2400 Forderungs-verluste	62.000,00	1210/1410 FordaLuL	73.780,00
3800/1770 USt	11.780,00		

---

[1] Alter PWB laut Sachverhalt 3.000 €. Neuer PWB laut aktueller Berechnung 2.104 €. Mithin muss im Rahmen der **Anpassungsmethode** die **Differenz** (896 €) herabgesetzt werden.

d)

Sollkonto (SKR 04/SKR 03)		Betrag (Euro)	Habenkonto (SKR 04/SKR 03)		Betrag (Euro)
1240/1460	Zweifelhafte Forderungen	17.374,00	1210/1410	FordaLuL	17.374,00
6923/2451	Einstellung in die EWB zu Forderungen	10.950,00	1246/0998	EWB auf Forderungen	10.950,00

e)

	108.776,72 €	FordaLuL vorläufig
-	73.780,00 €	Buchung zu c)
-	17.374,00 €	Buchung zu d)
-	**3.000 €**	**Steuerfreie Ausfuhrlieferung**
=	14.622,72 €	FordaLuL brutto
: 1,19 =	12.288,00 €	FordaLuL netto
+	**3.000 €**	**Steuerfreie Ausfuhrlieferung**
=	15.288,00 €	BMG für die PWB
· 1 % =	152,88 €	Neuer PWB für 2019

Anpassungsmethode

Sollkonto (SKR 04/SKR 03)		Betrag (Euro)	Habenkonto (SKR 04/SKR 03)		Betrag (Euro)
1248/0996	PWB auf Forderungen	1.847,12	4920/2730	Erträge aus der Herabsetzung der PWB	1.847,12

Auflösungsmethode

Sollkonto (SKR 04/SKR 03)		Betrag (Euro)	Habenkonto (SKR 04/SKR 03)		Betrag (Euro)
1248/0996	PWB auf Forderungen	2.000,00	4920/2730	Erträge aus der Herabsetzung der PWB	2.000,00
6920/2450	Einstellung in die PWB zu Forderungen	152,88	1248/0996	PWB auf Forderungen	152,88

 TIPP

Die Forderungsbewertung mag aufgrund der Vielzahl der zur Verfügung stehenden Konten und der Vielzahl der möglichen Geschäftsvorfälle unübersichtlich und deshalb anspruchsvoll erscheinen. Letztlich gibt es aber auch in diesem Themengebiet eine **feste Anzahl von verschiedenen Varianten** (insgesamt 6 Varianten) und damit **grundsätzlich feststehende Buchungssätze**, sodass die eigentliche Aufgabenstellung lautet: Tragen Sie bitte die im Sachverhalt vorgegebenen Zahlen in die (feststehenden) Buchungssätze ein.

Ein Großteil der insgesamt 6 Varianten sind gut beherrschbar: ein kompletter Forderungsausfall mit und ohne „Umweg" über die zweifelhaften Forderungen, das Buchen einer Bankgutschrift auf eine in den Vorjahren komplett abgeschriebene Forderung und eine Einzelwertberichtigung (Einstellung in die EWB) zum Abschlussstichtag.

Die **größte Schwierigkeit** dürfte das Buchen einer **Bankgutschrift auf eine in den Vorjahren einzelwertberichtigte Forderung** bereiten. Hier gibt es, wie bereits oben erwähnt, verschiedene Buchungsalternativen. Die hier vorgeschlagene Buchungsalternative hat den großen Vorteil, dass der Buchungssatz immer gleich bleibt, unabhängig davon, wie hoch der tatsächliche Forderungsausfall ist. Arbeiten Sie einen solchen Sachverhalt immer in drei Schritten ab:

1. Buchen Sie die **Bankgutschrift** gegen die zweifelhaften Forderungen (die Höhe der Bankgutschrift muss im Sachverhalt angegeben sein).
2. Lösen Sie die EWB gegen Ertrag (*4923/2731 Erträge aus der Auflösung der EWB*) in **voller** Höhe auf.
3. Buchen Sie dann den **anteiligen Forderungsausfall**.

Im Rahmen der **Anpassungs- oder Auflösungsmethode** geht es vorrangig um ein **sauberes Ausrechnen der Bemessungsgrundlage** für die Pauschalwertberichtigung. Meistens müssen die vorher gebuchten Geschäftsvorfälle berücksichtigt werden, ggf. befindet sich im einwandfreien Schlussbestand der Forderungen auch eine steuerfreie oder sichere Forderung. Sollte das Prüfungsamt dann die zu buchende Methode (Anpassungs- oder Auflösungsmethode) **nicht** vorgeben, sucht man sich die Methode aus, bei welcher man sich sicherer fühlt.

 ACHTUNG

Klassische Fehler

- ▸ Konten nicht richtig ermittelt bzw. zugeordnet
- ▸ Probleme mit der Bemessungsgrundlage (§ 17 UStG) und damit USt-Korrektur nicht im richtigen Zeitpunkt gebucht
- ▸ Bankgutschrift auf eine in den Vorjahren einzelwertberichtigte Forderung nicht wie empfohlen gebucht, sondern unnötig verkompliziert und damit einhergehend unnötiger Zeitverlust
- ▸ Bemessungsgrundlage für PWB nicht Nettobetrag genommen
- ▸ Bei voraussichtlichem Zahlungseingang i. H. v. 35 % für EWB nicht mit 65 % für den voraussichtlichen Ausfall gerechnet
- ▸ Bemessungsgrundlage für PWB nicht in der richtigen Höhe ermittelt.

20. Rückstellungen

20.1 Ungewisse Verbindlichkeiten

Lösung zu Aufgabe 1: Bildung einer Gewerbesteuerrückstellung

Sollkonto (SKR 04/SKR 03)	Betrag (Euro)	Habenkonto (SKR 04/SKR 03)	Betrag (Euro)
7610/4320 Gewerbesteuer	5.500,00	3035/0956 GewSt-Rückstellung	5.500,00

Handelsrechtliche Gewinnauswirkung: **gewinnmindernd** i. H. v. 5.500 €

Steuerrechtliche Gewinnauswirkung: **gewinnneutral**, da gem. **§ 4 Abs. 5b EStG** die **Gewerbesteuer** und die darauf entfallenden Nebenleistungen **keine Betriebsausgaben** sind.

Lösung zu Aufgabe 2: Auflösung einer Gewerbesteuerrückstellung

Sollkonto (SKR 04/SKR 03)	Betrag (Euro)	Habenkonto (SKR 04/SKR 03)	Betrag (Euro)
3035/0956 GewSt-Rückstellung	5.500,00	7643/2283 Erträge Aufl. GewSt-Rückst.	5.500,00
7641/2281 GewSt-Nachzahlungen	7.000,00	3700/1736 Verbindlichkeiten aus Steuern	7.000,00

gewinnmindernd i. H. v. 1.500 € (7.000 € - 5.500 €)

Abwandlung a)

Sollkonto (SKR 04/SKR 03)	Betrag (Euro)	Habenkonto (SKR 04/SKR 03)	Betrag (Euro)
3035/0956 GewSt-Rückstellung	5.500,00	7643/2283 Erträge Aufl. GewSt-Rückst.	5.500,00
7641/2281 GewSt-Nachzahlungen	1.000,00	3700/1736 Verbindlichkeiten aus Steuern	1.000,00

gewinnerhöhend i. H. v. 4.500 € (5.500 € - 1.000 €)

Abwandlung b)

Sollkonto (SKR 04/SKR 03)	Betrag (Euro)	Habenkonto (SKR 04/SKR 03)	Betrag (Euro)
3035/0956 GewSt-Rückstellung	5.500,00	7643/2283 Erträge Aufl. GewSt-Rückst.	5.500,00
7641/2281 GewSt-Nachzahlungen	5.500,00	3700/1736 Verbindlichkeiten aus Steuern	5.500,00

gewinnneutral (5.500 € - 5.500 €)

Abwandlung c)

Sollkonto (SKR 04/SKR 03)	Betrag (Euro)	Habenkonto (SKR 04/SKR 03)	Betrag (Euro)
3035/0956 GewSt-Rück-stellung	5.500,00	7643/2283 Erträge Aufl. GewSt-Rückst.	5.500,00
1800/1200 Bank	850,00	7641/2281 GewSt-Erstattungen	850,00

gewinnerhöhend i. H. v. 6.350 € (5.500 € + 850 €)

 INFO

Hier gibt es Buchungsalternativen. Die hier **vorgeschlagene Lösung** hat den **großen Vorteil**, dass unabhängig von der entsprechenden Variante (im Ausgangsfall war die gebildete Rückstellung zu niedrig, in der Abwandlung a) war die gebildete Rückstellung zu hoch, in der Abwandlung b) war die gebildete Rückstellung genau richtig und in der Abwandlung c) war die gebildete Rückstellung viel zu hoch, stattdessen gab es sogar eine Erstattung) **immer gleich gebucht werden kann**. Das macht das Auflösen einer Gewerbesteuerrückstellung sehr übersichtlich und damit sehr einfach!

Vergleichen Sie dieses Themengebiet buchungstechnisch auch mit einem anteiligen Zahlungseingang auf eine in den Vorjahren einzelwertberichtigte Forderung, wo auch immer zunächst die EWB (1246/0998) voll gegen Ertrag (4923/2731) aufgelöst wird. Warum unübersichtlich und kompliziert buchen, wenn es auch ganz einfach geht!

 TIPP

Gehen Sie beim Auflösen einer Gewerbesteuerrückstellung immer in **zwei Schritten** vor:

1. Schritt: **Lösen** Sie die **Rückstellung** (Eurobetrag muss im Sachverhalt angegeben sein) in voller Höhe **gegen Ertrag** (7643/2283) **auf**. Jetzt stehen Sie so dar, als sei niemals eine Rückstellung gebildet worden.

2. Schritt: **Buchen** Sie die **Nachzahlung oder Erstattung** (Abwandlung c)) mit *7641/2281 GewSt-Nachzahlungen und Erstattungen*. Jetzt müssen Sie gar nicht mehr darüber nachdenken, in welcher Variante (insgesamt gibt es vier!) Sie sich befinden.

Lösung zu Aufgabe 3: Bildung einer Rückstellung für Abschlusskosten

Sollkonto (SKR 04/SKR 03)		Betrag (Euro)	Habenkonto (SKR 04/SKR 03)		Betrag (Euro)
6825/4950	Rechts- und Beratungskosten	6.000,00	3070/0970	Sonstige Rückstellungen	6.000,00

Lösung zu Aufgabe 4: Auflösung einer Rückstellung für Abschlusskosten

Sollkonto (SKR 04/SKR 03)		Betrag (Euro)	Habenkonto (SKR 04/SKR 03)		Betrag (Euro)
3070/0970	Sonstige Rückstellungen	6.000,00	4930/2735	Erträge aus der Auflösung von Rückstellungen	6.000,00
6825/4950	Rechts- und Beratungskosten	5.800,00	1800/1200	Bank	6.902,00
1400/1570	Abziehbare VoSt	1.102,00			

gewinnerhöhend i. H. v. 200 € (6.000 € - 5.800 €)

Abwandlung

Sollkonto (SKR 04/SKR 03)		Betrag (Euro)	Habenkonto (SKR 04/SKR 03)		Betrag (Euro)
3070/0970	Sonstige Rückstellungen	6.000,00	4930/2735	Erträge aus der Auflösung von Rückstellungen	6.000,00
6825/4950	Rechts- und Beratungskosten	6.100,00	1800/1200	Bank	7.259,00
1400/1570	Abziehbare VoSt	1.159,00			

gewinnmindernd i. H. v. 100 € (6.100 € - 6.000 €)

 INFO

Auch hier gibt es Buchungsalternativen! Die hier **vorgeschlagene Lösung** hat den **großen Vorteil**, dass unabhängig von der entsprechenden Variante (im Ausgangsfall war die gebildete Rückstellung zu hoch, in der Abwandlung war die gebildete Rückstellung zu niedrig) **immer gleich gebucht werden kann**. Vergleichen Sie hierzu auch die obige Info bei der Lösung zu Aufgabe 2 und insbesondere den Tipp bzgl. des Buchens in zwei Schritten.

20.2 Drohende Verluste aus schwebenden Geschäften

Lösung zu Aufgabe 5: Bildung einer Drohverlustrückstellung (Miete)

Sollkonto (SKR 04/SKR 03)	Betrag (Euro)	Habenkonto (SKR 04/SKR 03)	Betrag (Euro)
6300/4900 Sonstige betriebliche Aufwendungen	28.800,00	3070/0970 Sonstige Rückstellungen	28.800,00

Handelsrechtliche Gewinnauswirkung: **gewinnmindernd** i. H. v. 28.800 €
Gemäß **§ 249 Abs. 1 Satz 1 HGB** muss eine Rückstellung für den drohenden Verlust aus dem schwebenden Geschäft gebildet werden.

Steuerrechtliche Gewinnauswirkung: **gewinnneutral**
Gemäß **§ 5 Abs. 4a Satz 1 EStG** dürfen Rückstellungen für drohende Verluste aus schwebenden Geschäften nicht gebildet werden.

Lösung zu Aufgabe 6: Bildung einer Drohverlustrückstellung (Waren)

Sollkonto (SKR 04/SKR 03)	Betrag (Euro)	Habenkonto (SKR 04/SKR 03)	Betrag (Euro)
6300/4900 Sonstige betriebliche Aufwendungen	1.000,00	3070/0970 Sonstige Rückstellungen	1.000,00

20.3 Instandhaltungsrückstellungen

Lösung zu Aufgabe 7: Bildung einer Instandhaltungsrückstellung I

Sollkonto (SKR 04/SKR 03)	Betrag (Euro)	Habenkonto (SKR 04/SKR 03)	Betrag (Euro)
6475/4808 Zuführung zu Aufwandsrückstellungen	20.000,00	3075/0971 Rückstellungen für unterlassene Aufwendungen für Instandhaltung	20.000,00

 INFO

Sollte nun in 2019 nach Abschluss der Arbeiten die Rechnung vorliegen, gibt es wieder drei Varianten: Gesamtkosten (netto) = 20.000 € oder < 20.000 € oder > 20.000 €. Für die Auflösung der Rückstellung in den verschiedenen Varianten darf auf die Lösung zu Aufgabe 4 verwiesen werden.

Lösung zu Aufgabe 8: Bildung einer Instandhaltungsrückstellung II
Dachreparatur Badstraße 2

Sollkonto (SKR 04/SKR 03)	Betrag (Euro)	Habenkonto (SKR 04/SKR 03)	Betrag (Euro)
6475/4808 Zuführung zu Aufwandsrückstellungen	11.000,00	3075/0971 Rückstellungen für unterlassene Aufwendungen für Instandhaltung	11.000,00

Für die Dachreparatur **Schlossallee 1** kann keine **Rückstellung** gebildet werden, da die voraussichtlichen Kosten nicht betrieblich, sondern privat (private Villa) verursacht sind.

Für die Dachreparatur **Turmstraße 3** kann ebenfalls keine **Rückstellung** gebildet werden, da diese Instandhaltungsmaßnahme nicht im folgenden Geschäftsjahr innerhalb von drei Monaten nachgeholt wird; vgl. § 249 Abs. 1 Satz 2 Nr. 1 HGB.

21. Darlehensabgeld (Damnum/Disagio)

Lösung zu Aufgabe 1: Aufnahme eines Darlehens mit Abschlussbuchung ohne Zinsen

Sollkonto (SKR 04/SKR 03)	Betrag (Euro)	Habenkonto (SKR 04/SKR 03)	Betrag (Euro)
1800/1200 Bank	242.500,00	3150/0650 Verbindlichkeiten gegenüber Kreditinstituten	250.000,00
1940/0986 Damnum/ Disagio	7.500,00		

Sollkonto (SKR 04/SKR 03)	Betrag (Euro)	Habenkonto (SKR 04/SKR 03)	Betrag (Euro)
7300/2100 Zinsauf- wand	1.406,25	1940/0986 Damnum/Disagio	1.406,25

7.500 € : 4 Jahre • $^{9}/_{12}$ = 1.406,25 €

Lösung zu Aufgabe 2: Aufnahme eines Darlehens mit Abschlussbuchung und Zinsen

Sollkonto (SKR 04/SKR 03)	Betrag (Euro)	Habenkonto (SKR 04/SKR 03)	Betrag (Euro)
1800/1200 Bank	480.000,00	3150/0650 Verbindlichkeiten gegenüber Kreditinstituten	500.000,00
1940/0986 Damnum/ Disagio	20.000,00		

Sollkonto (SKR 04/SKR 03)	Betrag (Euro)	Habenkonto (SKR 04/SKR 03)	Betrag (Euro)
7300/2100 Zinsauf- wand	500,00	1940/0986 Damnum/Disagio	500,00

20.000 € : 10 Jahre • $^{3}/_{12}$ = 500,00 €

Sollkonto (SKR 04/SKR 03)	Betrag (Euro)	Habenkonto (SKR 04/SKR 03)	Betrag (Euro)
7300/2100 Zins- aufwand	3.625,00	**3500/1700 Sonstige Verbindlichkeiten**	3.625,00

500.000 € • 2,9 % = 14.500 € Zinsen/Jahr
14.500 € • $^{3}/_{12}$ = 3.625 € (Zinsen für die Zeitspanne 01.10.2018 bis 31.12.2018)

Lösung zu Aufgabe 3: Aufnahme eines Darlehens mit Abschlussbuchung und Korrekturbuchung I

Bei der bereits **erfolgten Buchung** wurden die *Verbindlichkeiten gegenüber Kreditinstituten* (unter Verstoß gegen § 253 Abs. 1 Satz 2 HGB bzw. § 6 Abs. 1 Nr. 3 Satz 1 i. V. m. § 6 Abs. 1 Nr. 2 Satz 1 EStG) **nicht in Höhe des Rückzahlungs- bzw. Erfüllungsbetrags passiviert**.

Zudem wurde das **Damnum/Disagio** (entgegen § 5 Abs. 5 Satz 1 Nr. 1 EStG und H 6.10 EStH) **nicht aktiviert**.

Durch die folgende Ergänzungsbuchung werden diese beiden „Probleme" beseitigt:

Sollkonto (SKR 04/SKR 03)	Betrag (Euro)	Habenkonto (SKR 04/SKR 03)	Betrag (Euro)
1940/0986　Damnum/ Disagio	4.750,00	3150/0650　Verbindlichkeiten gegenüber Kreditinstituten	4.750,00

Nun kann das Damnum/Disagio zum 31.12. „normal" abgeschrieben werden:

Sollkonto (SKR 04/SKR 03)	Betrag (Euro)	Habenkonto (SKR 04/SKR 03)	Betrag (Euro)
7300/2100　Zinsaufwand	475,00	1940/0986　Damnum/ Disagio	475,00

4.750 € : 5 Jahre • $^{6}/_{12}$ = 475 €

Alternativ könnten diese beiden Buchungen unter Saldierung des Damnums/Disagios auch zu **einer Buchung** zusammengefasst werden:

Sollkonto (SKR 04/SKR 03)	Betrag (Euro)	Habenkonto (SKR 04/SKR 03)	Betrag (Euro)
1940/0986　Damnum/ Disagio	4.275,00	3150/0650　Verbindlichkeiten gegenüber Kreditinstituten	4.750,00
7300/2100　Zinsaufwand	475,00		

Lösung zu Aufgabe 4: Aufnahme eines Darlehens mit Abschlussbuchung und Korrekturbuchung II

Auch hier (vgl. Aufgabe 3) wurden bei der bereits erfolgten Buchung die *Verbindlichkeiten gegenüber Kreditinstituten* nicht in Höhe des Rückzahlungsbetrags passiviert und das Damnum/Disagio nicht aktiviert.

Zudem (zusätzliches Problem im Vergleich zu Aufgabe 3) wurden die Zinsen für Dezember 2018 i. H. v. 1.990 € (1.200.000 € • 1,99 % = 23.880 € Zinsen/Jahr • $^1/_{12}$) bisher gar nicht gebucht.

Durch die folgenden Ergänzungsbuchungen werden die ersten beiden „Probleme" beseitigt:

Sollkonto (SKR 04/SKR 03)	Betrag (Euro)	Habenkonto (SKR 04/SKR 03)	Betrag (Euro)
1940/0986 Damnum/ Disagio	24.000,00	3150/0650 Verbindlichkeiten gegenüber Kreditinstituten	24.000,00

Nun können die Zinsen gebucht werden:

Sollkonto (SKR 04/SKR 03)	Betrag (Euro)	Habenkonto (SKR 04/SKR 03)	Betrag (Euro)
7300/2100 Zinsaufwand	1.990,00	3150/0650 Verbindlichkeiten gegenüber Kreditinstituten	1.990,00

Durch diese beiden Buchungen ist jetzt das Damnum/Disagio aktiviert (i. H. v. 2 % von 1.200.000 €) und der Zinsaufwand erfasst. Zudem sind jetzt auch die Verbindlichkeiten gegenüber KI in richtiger Höhe passiviert (passiviert waren 1.174.010 € + 24.000 € + 1.990 € = 1.200.000 €).

Schließlich kann das Damnum/Disagio zum 31.12. „normal" abgeschrieben werden:

Sollkonto (SKR 04/SKR 03)	Betrag (Euro)	Habenkonto (SKR 04/SKR 03)	Betrag (Euro)
7300/2100 Zinsaufwand	133,33	1940/0986 Damnum/Disagio	133,33

24.000 € : 15 Jahre • $^1/_{12}$ = 133,33 €

Alternativ könnten diese drei Buchungen auch zu **einer Buchung** zusammengefasst werden:

Sollkonto (SKR 04/SKR 03)		Betrag (Euro)	Habenkonto (SKR 04/SKR 03)		Betrag (Euro)
1940/0986	Damnum/ Disagio	**23.866,67**	3150/0650	Verbindlichkeiten gegenüber Kreditinstituten	**25.990,00**
7300/2100	Zinsaufwand	1.990,00			
7300/2100	Zinsaufwand	133,33			

TIPP

Die Zugangs- und Folgebewertung eines Damnums/Disagios in der Grundkonstellation (vgl. Aufgabe 1) sollte sicher beherrscht werden. Bei Kombinationsaufgaben (vgl. Aufgabe 2) muss man sich bewusst machen, dass es sich erneut um die Grundkonstellation eines Damnums/Disagios handelt zzgl. der periodengerecht zu erfassenden Zinsaufwendungen. Also im Ergebnis geht es um zwei Standardbuchungssätze, die lediglich in einer einzigen Aufgabe abverlangt werden. Die **größten Schwierigkeiten** dürften die **Korrekturbuchungen (Aufgaben 3 und 4)** bereiten. Hier gibt es nicht „die eine" richtige Lösung, sondern verschiedene Alternativen. **Wie bei allen Korrekturbuchungen sollte (notfalls) ein Abgleich mit dem richtigen Buchungssatz (Was hätten Sie gebucht, wenn noch gar nicht gebucht worden wäre?) und dem vom Prüfungsamt absichtlich vorgegebenen falschen Buchungssatz vorgenommen werden.**

ACHTUNG

Klassische Fehler

- *pro rata temporis* bei der Abschreibung des Damnums/Disagios vergessen
- Kombinationsaufgabe übersehen und damit Zinsproblematik nicht richtig gelöst
- Probleme bei Korrekturbuchungen.

22. Handelskalkulation/Wirtschaftsrechnung

Lösung zu Aufgabe 1: Alles auf einmal

	105.000,00 €	AB			
+	550.000,00 €	Wareneinkäufe			
-	99.000,00 €	SB			
+	48.000,00 €	BNK		980.000,00 €	Warenverkäufe
-	42.500,00 €	Warenrücksendungen	-	29.178,00 €	Warenrücksendungen
-	2.450,00 €	Nachlässe Wareneingang	-	7.890,00 €	Erlösschmälerungen
=	**559.050,00 €**	**Wareneinsatz**		**942.932,00 €**	**Umsatzerlöse**

	942.932,00 €	Umsatzerlöse		383.882,00 €	Rohgewinn
-	559.050,00 €	Wareneinsatz	-	12.575,00 €	Handlungskosten (s. b. A.)
=	**383.882,00 €**	**Rohgewinn**		**371.307,00 €**	**Reingewinn**

$$\textbf{Rohgewinnaufschlagssatz (Kalkulationszuschlag)} = \frac{\text{Rohgewinn } 383.882\ \text{€}}{\text{Wareneinsatz } 559.050\ \text{€}} \cdot 100 = \mathbf{68{,}67\ \%}$$

$$\textbf{Rohgewinnsatz (Handelsspanne)} = \frac{\text{Rohgewinn } 383.882\ \text{€}}{\text{Umsatzerlöse } 942.932\ \text{€}} \cdot 100 = \mathbf{40{,}71\ \%}$$

$$\textbf{Reingewinnsatz (Umsatzrendite)} = \frac{\text{Reingewinn } 371.307\ \text{€}}{\text{Umsatzerlöse } 942.932\ \text{€}} \cdot 100 = \mathbf{39{,}38\ \%}$$

$$\textbf{Handlungskostenzuschlag} = \frac{\text{Handlungskosten } 12.575\ \text{€}}{\text{Wareneinsatz } 559.050\ \text{€}} \cdot 100 = \mathbf{2{,}25\ \%}$$

Lösung zu Aufgabe 2: Ein T-Konto für Herrn Toronto

Sollkonto (SKR 04/SKR 03)		Betrag (Euro)	Habenkonto (SKR 04/SKR 03)		Betrag (Euro)
	SBK	145.000,00	1140/3980	Bestand an Waren	145.000,00
1140/3980	Bestand an Waren	25.000,00	5200/3200	Wareneingang	25.000,00
5200/3200	Wareneingang	20.000,00	5800/3800	BNK	20.000,00
5700/3700	Nachlässe Wareneingang	10.000,00	5200/3200	Wareneingang	10.000,00
	GuV	**400.000,00**	5200/3200	**Wareneingang**	**400.000,00**
4000/8000	Umsatzerlöse	12.000,00	4700/8700	Erlösschmälerungen	12.000,00
4000/8000	**Umsatzerlöse**	**886.000,00**		**GuV**	**886.000,00**
	GuV	18.000,00	6700/4700	Kosten der Warenabgabe	18.000,00
	GuV	**468.000,00**		**Eigenkapital**	**468.000,00**
3250/1710	Erhaltene Anzahlungen	5.000,00		SBK	5.000,00

	120.000,00 €	AB			
+	440.000,00 €	Wareneinkäufe			
-	145.000,00 €	SB			
+	20.000,00 €	BNK		898.000,00 €	Warenverkäufe
-	25.000,00 €	Warenrücksendungen	-	0,00 €	Warenrücksendungen
-	10.000,00 €	Nachlässe Wareneingang	-	12.000,00 €	Erlösschmälerungen
=	**400.000,00 €**	**Wareneinsatz**		**886.000,00 €**	**Umsatzerlöse**

	886.000,00 €	Umsatzerlöse		486.000,00 €	Rohgewinn
-	400.000,00 €	Wareneinsatz	-	18.000,00 €	Kosten der Warenabgabe
=	**486.000,00 €**	**Rohgewinn**	=	**468.000,00 €**	**Reingewinn**

Anmerkung:

Die Höhe des **Wareneinsatzes**, der **Umsatzerlöse** und des **Reingewinns** lassen sich bereits den Buchungssätzen entnehmen. Aus Gründen der Übersichtlichkeit erfolgt die Ermittlung hier nochmals analog der Aufgabe 1. Durch den Kontenabschluss wird besonders deutlich, dass der Wareneinsatz nichts anderes ist, als der Saldo des geschlossenen Kontos **5200/3200 Wareneingang**, die Umsatzerlöse nichts anders sind, als der Saldo des geschlossenen Kontos **4000/8000 Umsatzerlöse** und der Reingewinn nichts anderes ist, als der Saldo des geschlossenen Kontos **GuV**. Lediglich der Rohgewinn muss ausgerechnet werden, denn dieser ergibt sich nicht durch eine eigene Kontenabschlussbuchung.

Rohgewinnaufschlagssatz (Kalkulationszuschlag) $= \dfrac{\text{Rohgewinn } 486.000\,\text{€}}{\text{Wareneinsatz } 400.000\,\text{€}} \cdot 100 = \mathbf{121{,}50\,\%}$

$$\text{Rohgewinnsatz (Handelsspanne)} = \frac{\text{Rohgewinn } 486.000\,€}{\text{Umsatzerlöse } 886.000\,€} \cdot 100 = \mathbf{54{,}85\,\%}$$

$$\text{Reingewinnsatz (Umsatzrendite)} = \frac{\text{Reingewinn } 468.000\,€}{\text{Umsatzerlöse } 886.000\,€} \cdot 100 = \mathbf{52{,}82\,\%}$$

Lösung zu Aufgabe 3: Bis zum Bezugspreis

	5.000,00 €	Netto-Listeneinkaufspreis (500 €/Stück · 10)
-	250,00 €	Lieferrabatt (5 % von 5.000 €)
=	4.750,00 €	Netto-Zieleinkaufspreis
-	95,00 €	Liefererskonto (2 % von 4.750 €)
=	4.655,00 €	Netto-Bareinkaufspreis
+	50,00 €	Bezugskosten (5 €/Stück · 10)
=	**4.705,00 €**	**Bezugspreis** (Netto-Einstandspreis)

Lösung zu Aufgabe 4: Vom Bezugspreis bis zum Netto-Listenverkaufspreis

	4.705,00 €	Bezugspreis (470,50 €/Stück · 10)
+	705,75 €	Handlungskosten (15 % von 4.705,00 €)
=	5.410,75 €	Selbstkosten
+	378,75 €	Gewinn (7 % von 5.410,75 €)
=	5.789,50 €	Netto-Barverkaufspreis
+	179,06 €	Kundenskonto (5.789,50 € = 97 % bei 3 % Kundenskonto[1])
=	5.968,56 €	Netto-Zielverkaufspreis
+	663,17 €	Kundenrabatt (5.968,56 € = 90 % bei 10 % Kundenrabatt[2])
=	**6.631,73 €**	**Netto-Listenverkaufspreis**

---

[1] Also: 5.789,50 € : 97 · 3 = 179,06 € Gegenprobe: 3 % von 5.968,56 € = 179,06 €.
[2] Also: 5.968,56 € : 90 · 10 = 663,17 € Gegenprobe: 10 % von 6.631,73 € = 663,17 €.

Lösung zu Aufgabe 5: Geht das auch rückwärts?

	8.000,00 €	Netto-Listenverkaufspreis (800 €/Stück · 10)
-	800,00 €	Kundenrabatt (10 % von 8.000 €)
=	7.200,00 €	Netto-Zielverkaufspreis
-	216,00 €	Kundenskonto (3 % von 7.200 €)
=	6.984,00 €	Netto-Barverkaufspreis
-	? €	**Gewinn (? % von ? €)**
=	5.000,00 €	Selbstkosten (500 €/Stück · 10)

Daraus folgt ein **Gewinn** i. H. v. **1.984 €**.

Das sind in **Prozent 39,68 %** (1.984 € : 5.000 € · 100).

Nur zur Vervollständigung der oben fehlenden Zeile bzw. Gegenprobe:

-	**1.984,00 €**	**Gewinn (39,68 % von 5.000 €)**

Lösung zu Aufgabe 6: Der Kalkulationszuschlag und der Kalkulationsfaktor

	4.705,00 €	Bezugspreis = 100 % (für 10 Stück aus Aufgabe 3)
+	? €	Kalkulationszuschlag = ? %
=	8.000,00 €	Listenverkaufspreis = 170,0319 % (für 10 Stück)

Daraus folgt ein **Kalkulationszuschlag** i. H. v. **3.295 €** (8.000 € - 4.705 €)

Daraus folgt ein **Kalkulationszuschlag** i. H. v. **70,0319 %** (3.295 € : 4.705 € · 100)

Kontrolle (laut Aufgabenstellung nicht erforderlich):

	4.705,00 €	Bezugspreis = 100 % (für 10 Stück aus Aufgabe 3)
+	**3.295,00 €**	**Kalkulationszuschlag = 70,0319 %**
=	8.000,00 €	Listenverkaufspreis = 170,0319 % (für 10 Stück)

Bezugspreis · Kalkulationsfaktor = Listenverkaufspreis

Kalkulationsfaktor = Listenverkaufspreis : Bezugspreis

Kalkulationsfaktor = 8.000 € : 4.705 € = **1,7003**

oder

Kalkulationsfaktor = 170,0319 % : 100 % = **1,7003**

Kontrolle (laut Aufgabenstellung nicht erforderlich):

> **Bezugspreis · Kalkulationsfaktor = Listenverkaufspreis**

4.705 € · **1,7003(19)** = 8.000 €

Lösung zu Aufgabe 7: Die Handelsspanne

	470,50 €	Bezugspreis (? %)
+	? €	Handelsspanne (? % und ? €)
=	800,00 €	Netto-Listenverkaufspreis (100 %)

oder

	800,00 €	Netto-Listenverkaufspreis (100 %)
-	? €	Handelsspanne (? % und ? €)
=	470,50 €	Bezugspreis (? %)

Daraus folgt eine **Handelsspanne** i. H. v. **329,50 €** (800,00 € - 470,50 €)

Daraus folgt eine **Handelsspanne** i. H. v. **41,1875 %** (329,50 € : 800,00 € · 100)

Kontrolle (laut Aufgabenstellung nicht erforderlich):

	470,50 €	Bezugspreis (58,8125 %)
+	**29,50 €**	**Handelsspanne (41,1875 %)**
=	800,00 €	Netto-Listenverkaufspreis (100 %)

oder

	800,00 €	Netto-Listenverkaufspreis (100 %)
-	**329,50 €**	**Handelsspanne (41,1875 %)**
=	470,50 €	Bezugspreis (58,8125 %)

Lösung zu Aufgabe 8: Das vergebliche Ziel

	800.000,00 €	Umsatzerlöse
-	600.000,00 €	Wareneinsatz
=	**200.000,00 €**	**Rohgewinn**

$$\text{Rohgewinnsatz (Handelsspanne)} = \frac{\text{Rohgewinn } 200.000 \text{ €}}{\text{Umsatzerlöse } 800.000 \text{ €}} \cdot 100 = \textbf{25 \%}$$

	800.000,00 €	Netto-Listenverkaufspreis (100 %)
-	320.000,00 €	Handelspanne (40 % von 800.000 €)
=	**480.000,00 €**	Bezugspreis (60 %), hier **Wareneinsatz**

Damit Anna Theke ihr Ziel erreichen kann, hätte der **Wareneinsatz** also max. **480.000 €** betragen dürfen.

oder

$$\text{Rohgewinnsatz (Handelsspanne)} = \frac{\text{Rohgewinn}}{\text{Umsatzerlöse}} \cdot 100 = \textbf{40 \%}$$

Daraus folgt (auf beiden Seiten • Umsatzerlöse):
Rohgewinn • 100 = 40 % • Umsatzerlöse

Daraus folgt (auf beiden Seiten geteilt durch 100):
Rohgewinn = 0,4 • Umsatzerlöse
Umsatzerlöse - Wareneinsatz = 0,4 • Umsatzerlöse

Daraus folgt (nun auf beiden Seiten + Wareneinsatz):
Umsatzerlöse = 0,4 • Umsatzerlöse + Wareneinsatz

Daraus folgt (nun auf beiden Seiten - 0,4 • Umsatzerlöse):
Wareneinsatz = Umsatzerlöse - 0,4 • Umsatzerlöse

Also:
Wareneinsatz = 800.000 € (UE) - 0,4 • 800.000 € (UE)
Wareneinsatz = 800.000 € - 320.000 €
Wareneinsatz = 480.000 €

Lösung zu Aufgabe 9: Die zu geringen Umsatzerlöse

	800.000,00 €	Umsatzerlöse
-	600.000,00 €	Wareneinsatz
=	**200.000,00 €**	**Rohgewinn**

$$\text{Rohgewinnsatz (Handelsspanne)} = \frac{\text{Rohgewinn } 200.000 \,€}{\text{Umsatzerlöse } 800.000 \,€} \cdot 100 = \mathbf{25\,\%}$$

	600.000,00 €	Bezugspreis (**? %**), hier Wareneinsatz
+	? €	**Handelsspanne (70 %)**
=	? €	**Netto-Listenverkaufspreis (100 %)**

Damit muss der Bezugspreis bei 30 % liegen.

	600.000,00 €	Bezugspreis (**30 %**), hier Wareneinsatz
+	? €	Handelsspanne (70 %)
=	? €	**Netto-Listenverkaufspreis (100 %)**

Jetzt lässt sich die Handelspanne in Euro berechnen: 600.000 € : 30 • 70 = 1.400.000 €

	600.000,00 €	Bezugspreis (30 %), hier Wareneinsatz
+	1.400.000,00 €	Handelsspanne (70 %)
=	2.000.000,00 €	Netto-Listenverkaufspreis (100 %), hier **Umsatzerlöse**

Die **Umsatzerlöse** müssten demnach bei **2.000.000 €** liegen, wenn Anna Theke die branchentypische Handesspanne bei ihrem tatsächlich erzielten Wareneinsatz ansetzen würde.

23. Gewinnverteilung bei einer OHG und KG
23.1 OHG
Lösung zu Aufgabe 1: Handelsrechtliche Gewinnverteilungstabelle
a)

Gesellschafter	Kapitalanteile	Zinsen	Restgewinn	Gesamtgewinn
Krstajic	300.000 €	12.000 €	89.600 €	101.600 €
Ismaël	320.000 €	12.800 €	89.600 €	102.400 €
	620.000 €	24.800 €	179.200 €	204.000 €

b)

Gesellschafter		Krstajic	Ismaël
Kapitalanteil zum 01.01.2018		300.000 €	320.000 €
+	Gewinnbeteiligung	101.600 €	102.400 €
+	Einlagen		40.000 €
-	Entnahmen	30.000 €	
=	Kapitalanteil zum 31.12.2018	371.600 €	462.400 €

c)

Gesellschafter		Krstajic	Ismaël
Gewinnbeteiligung OHG		101.600 €	102.400 €
+	jährliches Gehalt/Pacht	6.000 €	52.800 €
=	Gewinn nach § 15 EStG	107.600 €	155.200 €

Lösung zu Aufgabe 2: Steuerrechtliche Gewinnverteilungstabelle
a)

Handelsrechtlicher Jahresüberschuss		852.004 €
+	Jahresgehalt Micoud	118.800 €
+	Zinsen Borowski	5.000 €
=	Steuerrechtlicher Gewinn der W-KG	975.804 €

b)

Gesellschafter	Kapitalanteile	Vorweg-vergütung	Zinsen	Rest-gewinn[1]	Gesamt-gewinn
Micoud	320.000 €	118.800 €	22.400 €	710.591 €	851.791 €
Borowski	250.000 €	5.000 €	17.500 €	101.513 €	124.013 €
	570.000 €	123.800 €	39.900 €	812.104 €	975.804 €

Lösung zu Aufgabe 3: Handelsrechtliche und steuerrechtliche Gewinnverteilungstabelle

a)

Gesellschafter	Kapitalanteile	Zinsen	Restgewinn[2]	Gesamtgewinn
Ailton	280.000 €	11.200 €	5.600 €	16.800 €
Klasnic	130.000 €	5.200 €	2.600 €	7.800 €
Valdez	90.000 €	3.600 €	1.800 €	5.400 €
	500.000 €	20.000 €	10.000 €	30.000 €

b)

	Handelsrechtlicher Jahresüberschuss	30.000 €
+	Jahresgehalt Ailton	216.000 €
+	Miete Klasnic	14.400 €
+	Zinsen Valdez	625 €
=	Steuerrechtlicher Gewinn der W-KG	261.025 €

c)

Gesellschafter	Kapitalanteile	Vorweg-vergütung	Zinsen	Rest-gewinn[3]	Gesamtgewinn
Ailton	280.000 €	216.000 €	11.200 €	5.600 €	232.800 €
Klasnic	130.000 €	14.400 €	5.200 €	2.600 €	22.200 €
Valdez	90.000 €	625 €	3.600 €	1.800 €	6.025 €
	500.000 €	231.025 €	20.000 €	10.000 €	261.025 €

---

[1] Bei einem Verhältnis von 7 zu 1 erhält Micoud $7/_8$ und Borowski $1/_8$ des Restgewinns (und eben nicht $1/_7$).

[2] Restgewinnverteilung im Verhältnis der Kapitalanteile, also Ailton 56 % (280.000 €/500.000 €), Klasnic 26 % (130.000 € 500.000 €) und Valdez 18 % (90.000 €/500.000 €).

[3] Restgewinnverteilung siehe Lösung zu a).

 TIPP

Achten Sie unbedingt auf die Aufgabenstellung bzw. die angegebene Tabelle! Soll der **handelsrechtliche** Jahresüberschuss oder der **steuerrechtliche** Gewinn verteilt werden? Hier ergeben sich Unterschiede hinsichtlich der Handhabung der Vorwegvergütung. Solange Sie wissen, dass die **Kapitalanteile grundsätzlich mit 4 %** zu verzinsen sind und die **Restgewinnverteilung grundsätzlich nach Köpfen** erfolgt (soll etwas anderes gelten, muss es dazu Angaben im Sachverhalt geben), gibt es kaum Fehlerquellen beim Ausfüllen einer vorgegebenen Tabelle.

Aber **Achtung**: Nicht immer wird lediglich die Tabelle auszufüllen sein. In der Winterprüfung 2013 des Verbundes war das Prüfungsamt so „dreist", eine handelsrechtliche Verteilung des Jahresüberschusses abzuverlangen, ohne vorgedruckte Tabelle. Eine solche müssten Sie also für den Fall der Fälle selber aufstellen können.

Besonders „kreativ" (eher eine Verzweiflungstat auf der Suche nach neuen Aufgabenstellungen) war das Prüfungsamt in der Winterprüfung 2014: Hier wurde die übliche Tabelle um 90 Grad nach links gedreht mit der Folge, dass die Namen der Gesellschafter nunmehr waagerecht und die anderen Angaben (Kapitalanteile, Zinsen, Restgewinn …) nunmehr senkrecht einzutragen waren. Lassen Sie sich davon nicht irritieren!

24. Gewinnermittlung nach § 4 Abs. 3 EStG

Lösung zu Aufgabe 1: Kosmetikstudio Wegelagerer

	Erklärung/Berechnung	BE +	BE -	BA +	BA -
	Vorläufig	30.000,00 €		795,56 €	
1.	**BA i. H. d. AfA:** 780 € : 13 Jahre • $\frac{1}{12}$ = **5 €** **BA i. H. d. gezahlten VoSt: 148,20 €**			5,00 € 148,20 €	
2.	**BA i. H. d. AfA:** 384 € : 8 Jahre • $\frac{1}{12}$ = **4 €** **Keine BA i. H. d. VoSt**, da kein Geldabfluss			4,00 €	
3.	**Keine BA i. H. d. AfA**, da AfA erst ab Lieferung **BA i. H. d. gezahlten VoSt: 114,00 €**			114,00 €	
4.	**BA i. H. d. AfA:** 4.320 € : 6 Jahre • $\frac{1}{12}$ = **60 €** **BA i. H. d. gezahlten VoSt: 164,16 €**			60,00 € 164,16 €	
5.	**BE i. H. d. zugeflossenen Entgelts** **BE i. H. d. vereinnahmten USt** **BE i. H. d. bezahlten Waren** **BE i. H. d. vereinnahmten USt**	65,00 € 12,35 € 19,00 € 3,61 €			
6.	**BE i. H. d. zugeflossenen 100 €**	100,00 €			
7.	**BA i. H. d. bezahlten Waren** **BA i. H. d. gezahlten VoSt**			3.333,00 € 633,27 €	
8.	**Keine BA i. H. d. entsorgten Waren**, da bereits als BA beim Einkauf erfasst (s. 7.)				57,23 €
		30.199,96 €	-	5.257,19 €	57,23 €
			30.199,96 €		5.199,96 €
	Korrekturen				
	Steuerrechtlicher Gewinn		25.000,00 €		

Lösung zu Aufgabe 2: Rechtsanwältin Wegelagerer

	Erklärung/Berechnung	BE +	BE -	BA +	BA -
	Vorläufig	34.880,00 €		2.900,43 €	
1.	**BA i. H. d. AfA, hier Sofort-AfA gem. § 6 Abs. 2 EStG: 408 €** **BA i. H. d. gezahlten VoSt: 77,52 €**			408,00 € 77,52 €	
2.	**BA i. H. d. AfA, hier Sofort-AfA gem. § 6 Abs. 2 EStG: 389 €** **Keine BA i. H. d. VoSt**, da kein Geldabfluss			389,00 €	
3.	**Keine BA i. H. d. AfA**, da AfA erst ab Lieferung **BA i. H. d. gezahlten VoSt: 75,05 €**			75,05 €	
4.	**BA i. H. d. RBW: 100 €** **BE i. H. d. zugeflossenen Veräußerungserlöses**	120,00 €		100,00 €	
5.	Zwar Geldabfluss erst in 2019, aber: **10-Tages-Regelung (+)**, da wiederkehrende Leistung und Fälligkeit und Zahlungsvorgang innerhalb der 10 Tage			2.500,00 €	
6.	**BA in voller Höhe (900 G), da Geldabfluss 10-Tages-Regelung (-)**, zwar wiederkehrende Leistung aber kein Zahlungsvorgang innerhalb der 10 Tage			900,00 € (450,00 €)	450,00 € (-)
7.	**Keine BA/BA erst in 2019** **10-Tages-Regelung (-)**, zwar wiederkehrende Leistung und Zahlungsvorgang innerhalb der 10 Tage, aber keine Fälligkeit innerhalb der 10 Tage				
8.	**Keine BA/BA erst in 2019** **10-Tages-Regelung (+)**, da wiederkehrende Leistung und Fälligkeit und Zahlungsvorgang innerhalb der 10 Tage				1.900,00 €
		35.000,00 €	-	7.350,00 €	2.350,00 €
		35.000,00 €		**5.000,00 €**	
	Korrekturen				
	Steuerrechtlicher Gewinn	**30.000,00 €**			

Lösung zu Aufgabe 3: Tierärztin Wegelagerer

	Erklärung/Berechnung	BE +	BE -	BA +	BA -
	Vorläufig	80.227,05 €		158.500 €	
1.	Keine BE i. H. d. Auszahlungs-betrags BA i. H. d. Damnums BA i. H. d. gezahlten Zinsen			22.500,00 € 9.187,50 €	
2.	Keine BA i. H. d. gezahlten Kaufpreises Gemäß § 4 Abs. 3 Satz 4 EStG sind die AK für Grund und Boden erst im Zeitpunkt des Zuflusses des Veräußerungserlöses als BA zu berücksichtigen.				150.000 €
3.	Keine BA i. H. d. gezahlten GrESt Die GrESt gehört zu den AK i. S. d. § 255 Abs. 1 HGB. Auch hier gilt (vgl. 2.) § 4 Abs. 3 Satz 4 EStG.				7.500 €
4.	BA i. H. d. AfA, hier AfA auf den Sammelposten gem. § 6 Abs. 2a EStG: 200 € BA i. H. d. gezahlten VoSt: 190 €			200,00 € 190,00 €	
5.	Zwar Geldzufluss erst in 2019, aber: 10-Tages-Regelung (+), da wiederkehrende Leistung und Fälligkeit und Zahlungsvorgang innerhalb der 10 Tage	5.000,00 €			
6.	BE in voller Höhe (1.850,45 €) Zahlungen durch Scheck sind grds. mit der übergabe (30.12.2018) zugeflossen.	1.850,45 €			
7.	BA i. H. v. 5.000 € (Impfstoffe neu) Geldabfluss mit Hingabe des Schecks Keine BA i. H. v. 1.000 € (Impfstoffe alt), da bereits BA beim Einkauf			5.000,00 €	1.000 €
		87.077,50 €	-	195.577,50 €	158.500 €
		87.077,50 €		37.077,50 €	
	Korrekturen				
	Steuerrechtlicher Gewinn	50.000,00 €			

Lösung zu Aufgabe 4: Ingenieur Zenke

	Erklärung/Berechnung	BE +	BE -	BA +	BA -
	Vorläufig	59.885,76 €		2.000,00 €	
1.	**BA i. H. d. Kürzung der AK** 40 % von 42.000 € (AK) = 16.800 €			16.800,00 €	
	BA i. H. d. Sonder-AfA 20 % von 25.200 € = 5.040 €			5.040,00 €	
	BA i. H. d. linearen AfA 25.200 € : 6 Jahre • $^{5}/_{12}$ = 1.750 €			1.750,00 €	
	BA i. H. d. gezahlten VoSt: 7.980 €			7.980,00 €	
2.	**BA i. H. d. gezahlten Messeeintritts**			25,00 €	
	BA i. H. d. gezahlten Hotelkosten (netto)			135,00 €	
	BA i. H. d. gezahlten VoSt 7 % (!)			9,45 €	
	BA i. H. d. Pauschalen: 2 • 12 € = 24 €			24,00 €	
	Keine BA i. H. d. Fahrtkosten, da betrieblicher Pkw und sämtliche Kosten daher bereits als BA erfasst				228,00 €
3.	**BA i. H. v. 70 % der Netto-B.-kosten**			329,00 €	
	BA i. H. d. gezahlten VoSt			89,30 €	
	BA i. H. v. 70 % des Trinkgeldes (vgl. § 4 Abs. 5 Satz 1 Nr. 2 EStG)			28,49 €	
4.	**BA in voller Höhe ist i. O.,** da Geschenke jeweils < 35 € (34 € netto) und VoSt abzugsfähig **(vgl. § 4 Abs. 5 Satz 1 Nr. 1)**				
5.	**Keine BA bzgl. des 9. Kundens,** da Geschenke > 35 € (2 • 34 €)/VoSt (12,92 €) nicht abzugsfähig/da als BA erfasst (s. 4.) Storno **(vgl. § 4 Abs. 5 Satz 1 Nr. 1 EStG)**				68,00 € 12,92 € (80,92 €)

	Erklärung/Berechnung	BE +	BE -	BA +	BA -
6.	Keine BA für Bußgeld (vgl. § 4 Abs. 5 Satz 1 Nr. 8 EStG)				600,00 €
	Keine BA für voraussichtl. Anwaltskosten Keine Rückstellungen bei $\frac{4}{3}$				60,00 €
7.	Keine BA für Zinsen auf hinterzogene Steuern (§ 4 Abs. 5 Satz 1 Nr. 8a EStG)				1.000,00 €
		59.885,76 €	-	34.210,24 €	1.968,92 €
		59.885,76 €		32.241,32 €	
	Korrekturen	+ 16.800 € (IAB, s. Tz. 1)			
	Steuerrechtlicher Gewinn	44.444,44 €			

Lösung zu Aufgabe 5: Krankengymnastin Kate Upton

	Erklärung/Berechnung	BE +	BE -	BA +	BA -
	Vorläufig	10.000,00 €		38.444,11 €	
1.	**Keine BA**, da Kosten der priva- ten Lebensführung				9.800,00 €
2.	**BA i. H. d. RBW** **BE i. H. d. Sachentnahme zum Teilwert** **BE i. H. d. USt auf die Sachent- nahme**	110,00 € 20,90 €		100,00 €	
3.	**BE i. H. d. Nutzungsentnahme:** 22.990 € + 1.000 € = 23.990 € · 1,19 = **28.548,10 € (BLP)** 28.500 € · 1 % = 285 € **BE i. H. d. USt auf Nutzungs- entnahme:** 285 € · 80 % · 19 % = 43,32 €	285,00 € 43,32 €			
4.	**BE i. H. d. Warenentnahme zum Teilwert** **BE i. H. d. USt auf Warenent- nahme**	12,50 € 2,38 €			
5.	**BA i. H. d. RBW Laptop ist i. O.** **BA i. H. d. Bargeldes ist i. O.**, da Abfluss **Keine BA bei Diebstahl Waren,** da bereits BA beim Einkauf				500,00 €
6.	**BE i. H. d. Versicherungsent- schädigung**	2.000,00 €			
7.	**BE i. H. d. zugeflossenen 2.000 €** **BA i. H. d. RBW**	2.000,00 €		1.800,00 €	
8.	**BE i. H. d. zugeflossen 200.000 €** **BA i. H. d. AK (§ 4 Abs. 3 Satz 4 EStG)**	200.000,00 €		88.000,00 €	
9.	**BE i. H. d. zugeflossen 3.000 €** **Keine BA i. H. d. „Forderungs- verlustes",** da kein Geldabfluss	3.000,00 €			570,00 €
		217.474,10 €	-	128.344,11 €	10.870,00 €
		217.474,10 €		**117.474,11 €**	
	Korrekturen				
	Steuerrechtlicher Gewinn	**99.999,99 €**			

TIPP

Die Gewinnermittlung gem. § 4 Abs. 3 EStG ist kein „Hexenwerk" und grundsätzlich gut in den Griff zu bekommen. Dennoch zeigt die Erfahrung, dass hier größere Lücken bestehen und eine gewisse Angst vor der $^4/_3$-Rechnung herrscht. Dies liegt insbesondere daran, dass in ein und derselben Klausur (Rewe) mit **zwei völlig unterschiedlichen Gewinnermittlungsarten** hantiert werden muss und es vielen Prüflingen schwer fällt, den Hebel zwischen § 4 Abs. 1 und Abs. 3 EStG „umzulegen". Hierfür besteht kein Grund. Nehmen Sie sich die Zeit, einmal in Ruhe die **entscheidenden Paragraphen** durchzulesen: **§ 4 Abs. 3 EStG** (komplett) und **§ 11 EStG**.

Machen Sie sich bewusst, dass in diesem Bereich **fast nur Klassiker** abgeprüft werden. Unterstellen wir einmal, in Ihrer Abschlussprüfung müssen acht Geschäftsvorfälle bearbeitet werden. Mindestens sechs (vielleicht sogar sieben oder gar alle acht) finden Sie in den o. a. Tabellen wieder.

MEDIEN

Ergänzend zu dem vorliegenden Titel bieten wir Ihnen zur optimalen Prüfungsvorbereitung unsere digitalen Lernkarten an, die das gesamte Prüfungswissen für den Fachbereich Rechnungswesen, in Form von Fragen und Lösungen, abdecken.

Sie finden das Produkt **Digitale Lernkarten Rechnungswesen für Steuerfachangestellte** auf unserer Homepage www.kiehl.de.

Wissen für alle!

Kiehl Zeitschriften, Bücher, Online-Trainings und Apps. Plus Lehrpläne, Ausbildungsverordnungen und Gesetze. Online immer verfügbar und perfekt aufbereitet für die mobile Nutzung per Tablet oder Smartphone.
Ab sofort unter www.kiehl.de im Online-Portal mein**kiehl**.